U0362328

美国环境法与能源法译丛

气候变化与可持续发展法精要

［美］约翰·R.诺朗（John R. Nolon）

［美］帕特里夏·E.萨尔金（Patricia E. Salkin ）著

申进忠　曹彩丹　译

南开大学出版社

天　津

图书在版编目(CIP)数据

气候变化与可持续发展法精要／（美）约翰·R.诺朗（John R.Nolon），（美）帕特里夏·E.萨尔金（Patricia E.Salkin）著；申进忠，曹彩丹译. —天津：南开大学出版社，2016.6
（美国环境法与能源法译丛）
书名原文：Climate Change and Sustainable Development Law in a Nutshell
ISBN 978-7-310-05185-4

Ⅰ.①气… Ⅱ.①约… ②帕… ③申… ④曹… Ⅲ.①气候变化－法律－研究－美国②可持续性发展－法律－研究－美国 Ⅳ.①D971.226

中国版本图书馆CIP数据核字(2016)第196387号

南开大学出版社出版发行
出版人：刘立松

地址：天津市南开区卫津路94号　　邮政编码：300071
营销部电话：(022)23508339　23500755
营销部传真：(022)23508542　邮购部电话：(022)23502200

*

北京楠海印刷厂印刷
全国各地新华书店经销

*

2016年6月第1版　　2016年6月第1次印刷
185×130毫米　32开本　11.375印张　2插页　240千字
定价：36.00元

如遇图书印装质量问题，请与本社营销部联系调换，电话：(022)23507125

气候变化与可持续发展法精要

Climate Change and Sustainable Development Law in a Nutshell
by John R.Nolon；Patricia E.Salkin

©2013 LEG, Inc., d/b/a West Academic Publishing.

All Rights Reserved

This translation Climate Change and Sustainable Development Law in a Nutshell by John R.Nolon；Patricia E.Salkin is published and by arrangement with LEG, Inc., d/b/a West Academic Publishing.

本书中文简体字版由西部学术出版公司授权南开大学出版社翻译出版。版权所有，侵权必究。

天津市出版局著作权合同登记号：图字 02-2014-254

译丛序言

　　我国环境法制建设离不开对国外经验的借鉴,在这方面,外国环境法译介起着不可替代的作用。美国作为现代环境法制建设的先行国家,其在解决诸多环境问题方面的做法受到国内理论和实践部门的广泛关注。然而,不无遗憾的是,目前国内有关美国环境法的译作并不多见,南开大学出版社组织翻译出版的本套《美国环境法与能源法译丛》,在一定程度上弥补了这一不足。

　　本译丛选自美国的《法律精要系列丛书》(Nutshell Series)。该系列丛书以简洁、明快的风格著称,每本书都由经验丰富的法学教授执笔,对相关法律的基本原理、法律规定以及重点案例做了精确、权威性的分析解读,深受读者的欢迎和喜爱。本译丛推出的七本书既包括对美国环境法与能源法的总括性分析,也包括对危险废物管理、有毒物质侵权等专门领域的重点解读,不仅涉及水法、动物法等传统环境法律部门,也包含了对气候变化与可持续发展这一新兴环境法领域的介绍,有助于国内读者更为全面深入地领会美国环境与能源法体系。

　　对环境法著作的翻译是一项极具挑战性的工作,其中不仅涉及相关法学术语,还涉及大量有关科学、技术、经济、管理等各方面的专业术语,需要译者付出艰辛的努力。本译丛由工作在环境法与能源法学术研究与法律实务一线的学者、专家担任译者。秉持译者文责自负的原则,在具体翻译过程中各书译者享有充分的自主性。

对于本译丛的几个体例问题说明如下。

第一,为充分体现译者负责的主旨,本译丛各书仅设译者,未设审校者。

第二,为了便于读者查找原文和深入学习,本译丛对书中涉及的部分人名、案例名称未做翻译,对于无法准确译为中文的地名也保留了英文原名。

第三,对于美国使用的诸如英尺、英亩、夸特、加仑等计量单位,本译丛遵从原著用法,未做换算。

致　谢

　　我们承认本书组织和探讨的许多法律主题复杂，并且正处在快速发展之中。气候变化和可持续发展法包括国际、联邦、州、区域和地方法律以及在环境、土地利用、能源、运输、居住、城市开发和不动产法的教学与实践中涉及的实质性问题。全面理解该法的努力才刚刚开始，我们希望得到读者的反馈与建议。

　　本书致力于全面审视在研究和践行可持续发展法中所遇到的法律战略，那些研究和撰写我们自然世界变化本质的人为本书的写作铺平了道路。科学家、学者和新闻工作者就气候变化的后果以及资源枯竭进行了大量的工作，并培养了对此问题感兴趣和关心的读者群，这些读者想知道解决不可持续发展问题的所有可用工具。学生和毕业生中存在快速成长的群体，他们认识到我们必须描绘出未来更加可持续的发展路线以确保支持我们自身与我们经济的自然环境能够长期存续。

　　感谢我们的家人、同事、学生、研究助手以及法学院在过去十年间给予我们的支持，使我们得以开发和致力于一个研究议程，用来展示气候变化是如何通过可持续发展的法律与政策来进行管理，并获得诸多其他利益的。

　　特别感谢在本书成书过程中与我们一道工作的人，包括：佩斯大学法学院土地利用法中心专职律师 Jennie C. Nolon，奥尔巴尼大学法学院政府法律中心专职律师 Amy Lavine，以及佩斯大学法学院土地利用法中心的研究学者 Michael J. Goonan。还要感谢政府法律中心的 Katherine Rosenberg、Michelle Monforte 在行政管理方面给予的帮助。

作者简介

John R. Nolon 是佩斯大学法学院 James D. Hopkins 荣誉法学教授、土地利用法律中心顾问，以及基尔环境权益争端解决中心主任。他在土地利用和可持续发展法领域出版著作 12 部，发表论文 50 篇。他曾作为可持续发展方面的富布赖特学者在阿根廷工作。自 2001 年他开始担任耶鲁大学森林与环境研究中心的环境法客座教授。

Patricia E. Salkin 是奥尔巴尼法学院 Raymond 和 Ella Smith 杰出法学教授、副系主任，领导政府法律中心的工作。Salkin 教授著有五卷本的《美国区划法》(第五版，Thomason West 出版)、四卷本的《纽约区划法律与实务》(第四版，Thomason West 出版)，并在土地利用法、社区开发和可持续性等方面发表大量论文、专栏文章，参写、撰写多部著作和案例教材。

Nolon 教授和 Salkin 教授合著的《土地利用法概要》《土地利用与可持续发展法：案例与材料》，均由 Thomason West 出版。

序　言

　　关于可持续发展和气候变化管理的政策是同时出现在世界舞台上的,应该将其作为一个独立的法律体系进行研究和理解。遗憾的是,即使实践中并非如此,但法学研究和教学也倾向于将可持续发展和气候变化看作相互独立、截然不同的两个法学领域。

　　大部分气候变化法的论著是关于温室气体排放总量控制、课征碳税、建立交易市场、要求采用更为清洁的能源燃料、减少能源消费以及生产替代性交通工具等的法律机制的。这些论著的焦点集中在国际公约和诸如《京都议定书》《哥本哈根协定》等相关协定中,在美国还包括联邦和州的关于温室气体减排、能源政策、替代燃料和节油交通工具等相关法律中。

　　另一方面,可持续发展法聚焦于带来更少环境影响的土地和经济开发,这种环境影响包括但不限于气候变化的减缓和适应。可持续发展包括利用更少的材料、避免湿地消耗和水道侵蚀、消费更少的能源、排放更少的二氧化碳、减少雨水径流、减少地下和地表水污染、创造更为健康的生活、工作和娱乐场所。可持续发展法的主体部分主要由州和地方政府创设,因为他们在管理房屋建筑、土地利用和地方自然资源保护方面拥有法律赋予的权力。联邦通过法律、条例和支出计划为其提供指导、支持，有时也会由联邦优先做出规定。

当20世纪80年代可持续性的概念在国际上流行时，它包含了经济发展和包括气候变化减缓在内的环境保护这两股力量。1983年联合国秘书长选定挪威前首相Gro Harlem Brundtland作为联合国大会创设的独立的世界环境与发展委员会主席。委员会认为第二次世界大战之后的经济倾向于采取对环境不友好的方式来发展，并造成了贫穷。布伦特兰委员会的任务是解决该问题。

1987年，委员会发布了题为"我们共同的未来"的研究报告，该报告有时也被称为Brundtland委员会报告。报告对可持续发展的定义是："既满足当代人需要又不减损未来世代满足其需要能力的发展。"报告以这样的期望开始：

本委员会相信人们能够建设一个更加繁荣、更加公正、更加安全的未来。我们的报告——《我们共同的未来》不是对这个污染日益严重、资源日益减少世界的环境恶化、贫穷与困苦不断加剧状况的预测。相反，我们看到了出现一个经济增长的新时代的可能性，这个新时代必须立足于使环境资源基础得以持续与扩展的政策。

经济发展与环境质量的联系是不容否认的。委员会注意到："国家政府和多边机构越来越意识到不可能将经济发展问题与环境问题分割开来；许多发展方式损害了作为其基础的环境资源，而环境退化也会破坏经济发展。"那些要求环境保护的人被号召起来支持可持续发展。那些经济增长的倡导者被力劝促进健全的环境保护政策。

委员会在将近25年前就给出了清晰的信号：支持鼓励在适当区域采取适当经济发展方式以保护环境的政策，确

2

保发展惠及所有经济阶层。调整经济发展以减少贫穷和改善环境,同时考虑未来世代的需要。

Brundtland 委员会报告还论证了气候变化的一系列严重威胁在 25 年前就已经被充分认识。报告的相关用语及其佐证材料毫不含糊。报告引用世界气象组织(WMO)和联合国环境规划署(UNEP)于 1985 年 10 月完成的工作成果,认为"必须考虑气候变化具有可信的、重大的可能性"。报告接着指出:

(上述这些机构)估计:如果现有的趋势持续下去,最早到 2030 年,大气中二氧化碳和其他温室气体的混合浓度将达到工业化前二氧化碳排放水平的 2 倍,并且会导致全球平均气温高于人类历史的任何时期。

报告注意到排放的二氧化碳在大气中累积所产生的温室效应导致全球变暖、海平面上升、低海拔的海岸城市和河流三角洲被淹没,并对农业生产、经济发展和贸易体系产生严重影响。

《我们共同的未来》报告发布之前,美国进行了十五年的联邦环境立法:针对向环境排放过量的有毒废弃物以及针对因为大气排放和污水排放而导致的大气和水污染等自上而下制定规则并严格执行。美国用很短的时间在减少环境退化方面取得了巨大进步。美国法律的迅速发展是对1962 年蕾切尔·卡逊在《寂静的春天》中所强烈揭露和列举的令人触目惊心的环境破坏报告做出的回应。卡逊写道:"于本世纪所在的时刻只有一个物种——人类——获得了改变其世界本质的巨大力量。"这时期通过的联邦环境法被认为极大地改善了地表水、地下水和空气的质量。

在国会发起本次自上而下的环境法运动的同时,州和地方层面也采取了相关行动。这个时期的州立法植入了可持续发展法的种子,通过了为保全资源而监管未来土地开发的法律。20世纪70年代早期在俄勒冈州开始的增长管理运动通过州立法来设定城市的扩展边界,并由此生成了这样的观念,即人类住区应当被适当设计以防其消耗过多的土地和资源来提供住宅、办公楼以及其他建筑物。

这种增长管理运动逐渐转变为智慧增长运动,目的是规范人类住区,防止其不断蔓延,以超出人口增长的速度吞噬土地而产生浪费,并推动能力可以负担的住房开发。在过去的30年里,州和地方政府通过了大量的土地利用法,这或多或少地展示他们使人类住区朝保全环境和促进能力可以负担的生活方式这一方向发展的承诺。州和地方政府正在开展振兴城市中心、改造陈旧的郊区、创建绿色建筑、支持扩大公共交通系统的使用等工作。在最近几年,同样是这些政府正有意运用智慧增长工具来减缓和适应气候变化。

联邦、州和地方之间在可持续发展法律与政策方面的联系十分复杂深奥,需要很好地加以理解。联邦的交通举措会影响到道路和交通所服务的地区商业、工业和居住地的开发。联邦住宅和社区的开发活动帮助地方政府重振凋敝的区域、提供能力可以负担的住房。联邦海岸带管理行动使得地方、州和跨州的海岸规划能够对州、地方政府所通过的土地开发和养护的法律、条例产生影响。联邦和州的棕地立法也会对关于恢复闲置工业用地生产力的地区计划产生影响。

地方在保护湿地、野生生物栖息地和保护地表水和地下水方面的努力,配合并推动了联邦发起行动来保护和管理这些资源。地方法律能保护联邦公园和保护区边缘地带的自然资源及开放空间。联邦对促进可再生能源使用所做的努力，包括风电、太阳能板、热电联产设施以及分布式能源系统等，会因地方土地利用条例对设施选址的允许或禁止而受到推动或阻碍。

在等待联邦更令人信服的燃油标准、减碳、交通资助的同时，州和地方政府已经着手创设替代性燃料要求、促进公用事业更多地使用可再生能源，并设计公共交通导向的开发，通过与交通中转站建立战略性连接来减少小汽车使用、尾气排放和建筑物的能源消耗。

可持续土地开发与气候变化的减缓和适应之间的联系尤为密切。建筑物如何建造、建筑的空间布局以及所设计的人居方式对于防止气候变化的发生都至关重要。美国排放温室气体中有 85% 是二氧化碳，其中大部分是由受地方土地利用规划和条例所规管和批准的建筑物与土地利用方式所引起的。在过去的 30 年里，随着开发方式的扩展，机动车出行以及出行里程急剧增长，消耗土地的速率已超过人口增长率。目前，建筑物排放占到美国二氧化碳排放的 35%，私人汽车排放占总排放的 17%，而目前尚未开发的自然景观封存了 15% 的二氧化碳排放。这样总的说来，建筑地点以及建造方式与美国二氧化碳净排放的 66% 直接相关。美国统计局的研究表明，美国人口将以百万的速度增长，到 2039 年人口将增长超过 1/3。这些容纳增加人口居住和就业的建筑物建在哪里，节能情况如何，以及这些新增美国人口从此处到彼处的往来距离将大大影响到二氧化碳的排放，而新的开发在面对伴随气候变化而来的海平面上升和自然灾害时将会非常敏感。

本书将国际、联邦、州和地方的相关法律研究与实践聚合在一起。在详细介绍历史、科学、法律背景和现行联邦法律、条例和案例之后，本书转向对州和地方法律、行动的研究。本书用几章的篇幅研究州和地方政府是如何培育可持续的增长模式、具有能源效率和可持续的开发与邻里关系、可再生能源的利用、封存碳的开放空间的保护以及建筑物和社区对海平面上升与更为猛烈的风暴事件的适应性。

通过了解政府各个层面的运行以及可持续发展和气候变化的紧密关系，从中我们可以观察到一个更具一致性的法律框架的诸多模式。随着这些模式愈加明显以及对其理解的深化，一个致力于可持续发展和气候变化管理的，集国际、联邦、州和地方法律于一体的，充满活力的综合性法律体系将迎来光明的前景。

前　言

在美国和世界其他绝大多数地区,我们用经济增长、社会福祉的增加以及人权、更加安全等术语来理解进步。我们法律和政策的制定与实施即是为了实现这种被称作"发展"的进步。自从第二次世界大战以来,发展模式运行良好——我们没有发生第三次世界大战;按国内生产总值衡量的世界经济至少增长了 5 倍;人们寿命更长、更健康,并且受到更好的教育。换句话说,发展之所以能够推进是因为它为人们提供了更好的生活质量、更多的机会以及更多的自由。

但是传统发展所带来的进步也付出了越来越多的难以承受的代价。虽然我们所关注的所有事情都依赖于环境,例如,我们所呼吸的空气、所饮用的水奠定了人类文明基础的过去一万多年来相对稳定的气候,以及能确保土壤肥力、能提供丰富的淡水并将我们人类与自然界联系起来的生态系统,但环境退化还是在全球范围内蔓延、加剧。

另外,发展或多或少地忽视了一天生活费不足一美元的近 20 亿人。这些人的发展机会受限于污染的空气、肮脏的饮用水、贫瘠的土壤、气候变化导致的越来越多的干旱与洪涝以及其他为发展所付出的环境代价。这些人经历着许多生活在富裕国家中的人们几乎无法想象的贫困(无电、无自来水以及肮脏的居住环境）。

蔓延的、日渐加剧的环境退化和贫穷意味着传统的发展不可持续。这一点尤其可在气候变化方面得到证实。气候变化已经使地球变暖，并在许多发展中国家导致贫穷，甚至是死亡。从其定义看，不可持续的发展是指不能永远持续下去，有些事情迟早会发生改变。

可持续发展通过修正传统发展模式提供改变。但是对许多人而言，可持续性只是环境保护的另一个时髦的名称，它并没有增加新的见解或是厘清需要做什么。

这种观点是非常错误的。可持续发展重新界定了包括环境保护和修复在内的进步。我们仍然需要经济发展、社会福祉或人权以及国家安全。我们仍然视自由、机会和人类生活质量为我们的首要目标。但是一个可持续的社会应当在其实现这些目标的同时保护和修复环境。因为不可持续的发展难以为继，可持续发展并不仅仅是一个好的想法，它是必需的。从我们自身利益出发，它也是必然的。

可持续性特别强调对经济与环境之间关系的改变。可持续性不是将经济同环境相对立，而是在经济增长和环境修复之间达成伙伴关系。如同耶鲁大学森林和环境研究学院前主任 James Gustave Speth 所言："当今社会面临的一个基本问题——或许是最基本的问题，是如何改变现代世界经济的运行指令以便经济活动能够保护并修复自然世界。"①

可悲的是，环境法并没有充分改变这种运行指令。的

---

① James Gustave Speth, the Bridge at the Edge of the World: Capitalism, the Environment, and Crossing from Crisis to Sustainability 7(2008).

确,美国和其他发达国家的环境法在经济增长的同时促进了空气的清洁,改善了我们的溪流和河流,减少了不适当的废物处置。虽然好的环境法是可持续性所必需的,但还不够。环境法不能很好地抑制温室气体排放、保护生物多样性,或者在其他方面减少发达国家巨大的生态足迹。目前仍有许多法律在鼓励和支持不可持续的发展,包括联邦政府对化石燃料的补贴以及州和地方政府推动城市蔓延发展的税收和区划法律。

那么,准确地说,什么是可持续发展法呢?Patricia Salkin 和 John Nolon 在本书中给出了简要和有益的回答。如同所期许的那样,可持续发展法的很多方面涉及气候变化。气候变化可能是唯一最为明显的可持续发展问题,我的朋友兼同事 Don Brown 阐述其为一个"挑战文明社会"的话题。《联合国气候变化框架公约》以可持续发展为基础,使用了可持续发展的原则、概念和语言。到目前为止,即使不是全部法律,但也是绝大多数现行法律,都意在达到多重目标,包括创造就业、发展技术、保护穷人和商业免受高涨的化石燃料价格的影响,(当然)还包括减少温室气体排放。

本书作者还探讨了所涉法律相对发达的其他可持续发展话题,包括绿色建筑和能效建筑、以公共交通为导向的开发以及绿色基础设施。的确,其他领域的法律也快速转向可持续性。但本书所选的话题代表了最为复杂和广泛使用的、向可持续性转变的现行法律,并且为相关领域提供了很好的指导。

这还是一本很及时的书。随着政府、商务和非政府组织客户对解决可持续发展问题法律工作需求的增长,律师和政策制定者需要对此种需求做出回应。气候变化尤其如此，与其他任何单一问题相比，它将以更多方式影响到更多的客户。随着客户力图自己采取措施处理气候变化和可持续性事宜，他们越来越期望律师具有这方面的知识与技能来为其提供咨询和支持。

然而，可持续性目前还没有适当的或支持性的法律基础。且不说实现可持续性，就为了在走向可持续社会方面取得真正进步，我们也必须发展和实施目前缺失的或者是以一种极不同形式存在的法律和法律制度。环境法研究院出版两本书评估了美国自地球峰会以来在可持续性方面的进步，并给出了下一个五至十年的立法和政策建议。[①] 在这两本书中专家给出的详细建议传递出一种感觉，即美国的可持续发展法应该是什么样子的。

面前的挑战不仅仅是理解法律和可持续性之间的关系，或者是知晓既有法律，更为根本的是修改现行法律和法律制度，或者创设新的法律和法律制度，使之转到走向可持续性和应对气候变化方面来。我们需要使法律和法律制度按照可持续性要求来运转而不是如同通常所做的那样来阻碍可持续性。"可持续性法"的用语抓住了这一挑战。这是对我们所有人的挑战，包括即将成为律师和社区领袖的学生、法律教师以及接受继续教育的律师。历史上，律师在面对其他主要挑战时发挥了建设性的、不可估量的作用——包括起草宪法、结束奴隶制、提出公民权利以及发展和实施环境法。可持续性和气候变化需要具备类似技能的律师及

[①] Agenda for a Sustainable America(John C. Dernbach ed. , 2009); Stumbling toward Sustainability(John C. Dernbach ed. , 2002)

其能为每一个社区、州和国家贡献力量。

最后，而且可能是最为重要的是，可持续性和气候变化提出了正义与道德这一处于律师职业核心的根本问题。我们对未来时代负有什么责任？当属于发达国家的我们在排放温室气体时，应当为那些正在承受着湿热、干旱和洪涝等气候变化后果的发展中国家的人们做点什么？这些问题尽管没有简单的答案，但却不容回避。

我们迫切需要律师参与到建构更加可持续的社会、减少温室气体排放以及适应已经发生的气候变化这项任务中来。本书是启动这项任务的重要资源。

John C. Dernbach
法学杰出教授，威得恩大学环境法中心主任

目　录

第1章 历史、科学和法律背景

1.1 气候变化：国际背景

1.1.1 通向里约之路

早在1971年，就有顶级科学家报告了因为人类行为，主要是化石燃料的使用而引发的严重全球气候变化的危险。到1979年，科学证据促使国家科学院做出报告称，如果大气层中的二氧化碳翻倍，会导致全球气温上升3到8华氏度。1985年，在奥地利菲拉赫举行国际会议，评估二氧化碳和其他温室气体在气候变化及其相关影响中的作用。该会议由国际科学理事会、联合国环境规划署和世界气象组织发起。"1985年菲拉赫"报告呼吁政策制定者行动起来减缓人为引发的气候变化。1987年世界环境与发展委员会的报告（如本书序言所详述的）为5年之后世界领导人在巴西里约热内卢召开的第一次关于可持续发展的会议创造了条件。委员会报告《我们共同的未来》注意到气候变化的新证据，表示如果使发展具有可持续性，气候变化就应该连同其他环境损害得到减缓。说得更具体点，委员会写道："国家政府和多边机构越来越意识到不可能将经济发展问题与环境问题分割开来；许多发展方式损害了作为其基础的环境资源,而环境退化也会破坏经济发展。"

科学界出现的气候变化证据促使世界气候组织和联合国环境规划署在 1988 年成立了政府间气候变化专门委员会(IPCC)。政府间气候变化专门委员会是回顾、评估世界范围内最新形成的与理解气候变化相关的科学、技术和社会经济信息的科学机构。包括美国在内的 150 多个国家参加了政府间气候变化专门委员会工作组。这些工作组聚集了来自参与国的科学家、政策分析者、工程师和资源管理者,大约每 6 年准备和发布一份评估报告。1990 年政府间气候变化专门委员会开始发布综合性评估报告。这些报告提出警告,如果一切照旧将会导致空前的全球变暖。首份评估报告使那些参加里约世界峰会的人了解了相关情况并受到激励。

1.1.2　1992:里约协定

地球峰会 1992 年在巴西里约热内卢举行。这是一次世界上绝大多数国家都派代表参加的历史性聚会,峰会旨在反思经济发展,并去发现不污染地球及其空气和水、不过度利用其自然资源的发展路径。峰会采纳了三个关键性协定:《里约环境与发展宣言》《21 世纪议程》和《联合国气候变化框架公约》(UNFCCC)。《里约环境与发展宣言》和《21 世纪议程》构成了全球可持续发展的综合性计划,这一点本章随后会进行讨论。

《联合国气候变化框架公约》(也称《框架公约》)聚焦于气候变化。里约峰会之前,联合国大会在 1990 年成立了《气候变化框架公约》国际谈判委员会。委员会的任务是"达成一个框架性公约,包含适当的承诺以及可能达成一致的任何相关法律措施"。商定的《框架公约》在 1992 年 6 月的地球峰会期间开放给各国签署,其后是在纽约联合国总部供各国签署。1994年3月,《联合国气候变化框架公约》生效。至2009年,共有192个国家签署了《框架公约》,这使得《框架公约》成为历史上获得最广泛认同的多边环境协定之一。

《框架公约》要求批准国将大气中温室气体的浓度稳定在使气候系统免受危险的人为干扰的水平上。美国是里约峰会的与会者,美国参议院批准了《框架公约》。《框架公约》签署国做出以下几项承诺:第一,各国同意发布温室气体各种人为排放源以及通过储存和加工来清除温室气体的"汇"的国家清单;第二,各国同意采取措施从"源"和"汇"着手处理人为排放,以减缓气候变化("源"是指向大气释放温室气体的任何过程或活动;"汇"是指从大气中清除或封存温室气体的任何过程、活动或机制);第三,各国同意促进可持续管理、维护和加强温室气体的"汇",包括森林和其他陆地生态系统,以长期吸收和处理主要由人类活动产生的温室气体——二氧化碳。各国还同意通过拟定适当的海岸带管理、生态系统维护以及建筑环境的计划在适应海平面上升和自然灾害等气候变化的影响方面开展合作。

签署《联合国气候变化框架公约》的国家成为公约缔约方。缔约方每年召开被称作"公约缔约方大会"(COP)的会议,并谈判进一步的协定以实施他们批准《框架公约》时所做出的承诺。第一次公约缔约方大会1995年在德国柏林召开;第三次公约缔约方大会1997年在日本京都举行。

1.1.3 1997:京都议定书

1997年举行的第3次公约缔约方大会(COP 3)产生了《京都议定书》(简称《议定书》),并于2004年生效。根据

《议定书》,附件一所列工业化国家同意在《议定书》到期前的5年承诺期间内,即从2008年至2012年所要完成的温室气体减排目标。《议定书》要求这些工业化国家在5年期间将具体温室气体的排放量平均至少比1990年的排放水平降低5％。其中附件二所列的一些更加富裕的工业化国家同意提供资金援助,并促进相关技术向发展中国家转让。

附件一国家被分配了数量化的排放单位,即分配数量单位(AAUs),作为其被允许排放二氧化碳吨数的限额。在决定如何实现目标方面这些国家被赋予了很大的回旋余地。一种方法是从其他发达国家手中购买经过认证的减排单位(ERUs),其效果是允许购买国排放超过其所分配的排放量。另一种达到同样结果的方案被称为清洁发展机制,该机制允许发达国家和发展中国家进行排放信用交易。发展中国家获准可以通过设计各种工程项目来量化其完成的减排量。这些量化的项目减排随后被转化为经认证的减排量(CERs),向发达国家出售。

这些交易体制背后的市场假设是转化为ERUs和CERs的活动成本比发达国家通过改进或关闭现存高排放设施来实现等量减排所产生的成本要低。起初因为意识到实现这些减排目标的高成本以及《议定书》没有纳入快速发展的发展中国家,如中国、印度、南非和巴西,美国参议院宣布其不会批准第三次《框架公约》缔约方大会所达成的这个协议。2001年布什总统宣布美国不会加入《议定书》。

1.1.4 2009:哥本哈根协定

《联合国气候变化框架公约》第15次公约缔约方大会于2009年12月在丹麦哥本哈根举行。与会193个国家的绝大多数领导人达成协定,只有5个国家没有签署。《哥本哈根协定》包括防止世界平均气温上升的政策和行动。从技术意义上讲,《协定》不具有法律拘束力,但是签字国善意追求《协定》目标受到政治方面的约束。首要目标是将气温升高控制在 2 摄氏度;到 2015 年评估科学发展的结果并考虑采纳更具保护性的 1.5 摄氏度的目标。实现控制温度升高 2 摄氏度的目标需要到 2020 年将全球排放量在 1990 年水平上降低 40％。

《协定》以 2010 年的日历年为一个期间,要求发达国家期间记录其减排承诺,并记录实现承诺所要采取的行动。发达国家同意到 2020 年实现涵盖其全部经济范围的量化排放目标。《协定》创设了一个开放的登记程序,允许有关国家对其在最后期限之后做出的承诺及其所增加的长期减排目标进行记录。按照《协定》,发展中国家要提交在可持续发展背景下拟实现的减排行动。发达国家首次同意在协定期间每两年一次提供温室气体排放清单报告。而对于在 2012 年期满后《京都议定书》相关要求和机制是否得以持续或者是否需要就如何自下而上实施《协定》的方法而形成一个补充或全新的协定,哥本哈根会议没有达成协议。

在 2010 年 1 月下旬,美国气候变化特使发信给《联合国气候变化框架公约》执行秘书,通知他美国赞同哥本哈根协议的意愿。美国特使信中附有美国的减排目标,且信中说明:美国的减排目标是基于这样的假设做出的,即"至 1月 31 日,其他附件一国家赞同协定,并按照协定提交减排行动……"绝大多数主要温室气体排放国家,包括欧盟 27个成员国、中国、印度、日本和巴西都在期限前完成了提交。至 2010 年 4 月,有 120 多个国家成为签字国。

《协定》建立了哥本哈根绿色气候基金用于补贴那些最

易遭受气候变化短期内影响,特别是受海平面上升影响的国家在适应气候变化、森林保护、减缓气候变化、技术转让和其他方面的项目。不过绿色气候基金的设立、开展资助和行政管理等详细情况,哥本哈根会议并没有涉及,仍有待推进。

尽管还有许多细节需要进一步确定,但清楚的是:《哥本哈根协定》将气候变化管理(适应和减缓)定义为世界整体发展规划的一个关键因素。

1.1.5 排放上限的重要性

《京都议定书》和《哥本哈根协定》的基本目的是在各签字国中减少温室气体排放。《京都议定书》中包含的分配数量单位构成了发达国家所同意的排放上限,并且减排单位和清洁发展机制给予发达国家在其他地方减少全球排放以一定的灵活性。这些机制构成"抵消",它们允许发达国家通过组合多项战略来实现其目标。《哥本哈根协定》要求国家记录其减排承诺,并将其实现这些减排所采取的行动具体化。

上述协定在设置全球排放限额方面并不完美。理想的体系是保证减排到根据清晰标准测算得出的可持续水平,如减少大气中的碳浓度到不超过百万分之 350 或 385 (ppm),或者限制全球气温上升不超过 1.5 至 2 摄氏度。排放水平经常用比 1990 年水平降低的百分比数来表示。这些都是清晰的目标。它们要求制定可靠的排放清单,设立基线,并通过有效监控来测算相关进展情况。哥本哈根会议之后,如何制定标准、如何进行监控、报告和验证(MRV)等细节的绝大部分都还没有得到解决。

在美国,国会一直努力试图就能够实现美国尽责排放目标的"总量控制与交易体系"问题达成协议。国会参众两院正在考虑制定法律设立国家排放的上限,并逐年降低排放上限直到达到 1990 年前的水平。除了其他企业外,对排污的电厂、炼油厂以及重型制造产业等出售或分发排放配额,每个配额将给予受管制的企业排放一吨二氧化碳的权利。分发足够的配额使得受影响的企业得以继续排放而不至于产生剧烈的短期后果。如果他们不需要这些配额,可以将其卖给其他企业。

采用清洁技术的排放者会有配额来卖,通过配额出售获得的资金被用于支付清洁技术方面的投资。随着上限越来越低,配额会变得越来越贵,最终,所有受管制的企业都会受到鼓励来开发减排技术,从而形成清洁能源社会。这是由市场,而不是管理者来决定如何达到减排目标。市场通过调整来接受低排放技术,并产生新的工作和投资以替代那些因下调上限所取消的工作和投资。

所设立的排放水平是"上限",①从其他人处购买配额的能力是"交易"。如果设计适当,这种策略具有通过放之四海皆准的解决方案来实现所需排放水平的潜力。解决方案主要针对电厂、炼油厂及其消费大户,如汽车厂、纸业公司、水泥制造商等。总量控制与交易体系因其所具有的这种重要潜力而被许多支持者选为气候变化的解决方案。

然而,总量控制与交易的政治限制是明显的,因为它影响到对华盛顿具有实质影响的强大产业,而且,如果过于激进或者不能顺利实现向新能源技术过渡的话,它会增加小

---

① 本书此处将 Cap 译为"上限",但在对 cap－and－trade 翻译时遵从中国学界通常的称谓,将其译为"总量控制与交易"。

公司和个人家庭能源成本的风险。诸多立法建议一方面因为这些原因而受到批评,另一方面也因削减排放不够深入、时间不够快而受到批评。总量控制与交易的局限导致产生了大量其他建议供国会考虑。其中值得注意的是碳排放收费和公共红利策略,即通过征收排放费并将所获收入返还给公众来减少或惩罚排放。对于公众的红利返还会缓解受管制产业因采用清洁能源技术在建厂、运营和生产过程中所增加的成本因素。

在这些问题上政治妥协的一个后果可能是总量控制与交易和收费红利体系会在一定程度上减少排放,但几乎不能达到科学家所确定的避免气候变化灾难性后果所必需的减排量。果真如此,这些策略将不会是一个足以能解决问题的方案,但需要用其中之一来实现所需要的减排。这种可能性鼓励国会和政策制定者考虑采用其他策略来推进可持续发展,包括进一步限制排放、减少能源使用以及推动实现众多其他多边可持续发展协定中所包含的其他目标。

1.2 可持续发展和气候变化

1.2.1 斯德哥尔摩人类环境会议

《联合国气候变化框架公约》缔约方实质上都同意对气候变化进行"管理"。这其中存在三个不同的挑战:第一,如何减缓或减少温室气体排放;第二,如何增加温室气体的储存或封存;尽管我们用最大努力来解决气候变化的成因,但气候变化仍会发生,因此还会有第三个挑战,即如何适应气候变化带来的不可避免的后果。如本章所指出的,气候变化管理包括但不限于包含在《联合国气候变化框架公约》以及其后《框架公约》缔约方在京都和哥本哈根等所达成的气候变化协定中的机制。为了获得效果的最大化,管理气候变化的努力必须包括如随后章节所示的实现可持续发展的所有可得方法。

在本书的序言中,我们解释了有关可持续发展和气候变化管理的政策是同时出现的,应该将它们作为一个法律整体来进行研究和理解。我们注意到,当可持续发展的概念在国际上得以流行时,它包含着经济发展和环境保护两种力量,后者明显包括减缓气候变化。上述对《联合国气候变化框架公约》《京都议定书》和《哥本哈根协定》的分析并没有明显发现气候变化法律和政策是如何被纳入到更广义的可持续发展法的政策之中的。法学院和其他专业学术机构关于气候变化研究的绝大多数著作也缺乏这种联系。为了达成这种关键的联系,有必要回溯到里约及其前任——在 1972 年举行的联合国斯德哥尔摩人类环境会议。

斯德哥尔摩会议比世界环境和发展委员会报告,即《我们共同的未来》的发布早了 15 年。会议的召开只是因为科学家正在开发测量大气中温室气体所需的技术,以及因为关心正在出现的气候变化后果。在斯德哥尔摩,几个人类环境问题受到关注。会议报告阐明了关于可持续发展重要性的许多基础性原则。这些原则包括:保留不可再生资源的承诺;建议各国开发一种综合、协同的方法来制订发展规划以确保发展兼容保护和改善环境的需要;意识到合理的土地和发展规划是协调发展需要与保护、改善环境需要之间任何冲突的一项重要工具;承认土地利用和资源规划必须以防止对环境造成负面影响的方式进行和实施,以获得全民社会、经济和环境利益的最大化。

1.2.2 《里约宣言》和《21世纪议程》:可持续发展和土地利用

在里约地球峰会上,参与各方不仅仅是签署了《联合国气候变化框架公约》,他们还通过了《里约宣言》(以下简称《宣言》)和《21世纪议程》。《宣言》的核心及其27项原则是对可持续性三个支柱,即经济效率、环境保护和公平的承诺。它包含了现代人与未来人之间的契约:人类有权以与自然相和谐的方式过健康的、丰富多彩的生活。

《里约宣言》是一种连通性的研究成果,它强调了在采取实施可持续发展的政策与法律时关注所有相关问题的重要性,原则三和原则四体现出了这种重要性。

原则三:发展的权利必须实现以便公平地满足当代和未来世代发展和环境的需要。

原则四:为了实现可持续发展,环境保护应该成为发展进程的组成部分,不能将其与发展进程隔绝开来看待。

《宣言》指出为实现其抱负需要将法律置于中心地位。它指出法律必须有效地创设和执行环境与发展的标准。正是由国家、州和地方政府执行的法律创设了行政管理和司法程序,建立了获取途径,并要求信息的可得性。在这个话题上《21世纪议程》更为明确地指出:"适合国家具体条件的法律和条例是将环境和发展政策转化为行动最为重要的措施。"《21世纪议程》的第一部分与《宣言》的原则很相似,它建立的目标是向贫穷宣战,促进可持续消费方式,鼓励为人们提供可持续的工作和生活场所以及将环境考量整合到发展决策之中。

《21世纪议程》在人类住区、环境保护、土地利用和自然资源保护之间建立了联系。它很像一个关于整个地球的综合性规划,同国家、州和地方政府管理土地开发与指导人类居住的规划在某种意义上很相似。在美国,地方政府通过土地利用规划来界定社区从哪里来,希望到哪里去,其人口趋势、新增人口如何以及在哪里安置,如何居住,对新的基础设施和服务的需要,如学校、公园、道路、给水和污水系统、公共建筑以及有价值的自然和文化资源如何保护等。像《21世纪议程》所描述的那样,联合国及其提供技术帮助和资金帮助的附属机构在全球范围内所发挥的作用与国家、州和地方机构的作用相似,即确立优先领域、讲明政策、吸引利害关系方参与并界定其各自的作用,以及获得足够可得的资源来实现综合性土地利用规划目标。

《21世纪议程》制定土地利用目标鼓励建设可持续的人类住区,并将环境考量整合到发展决策之中。城市和地区规划与管制是土地利用法的核心,政府借此影响私人部门来创造平衡的、秩序的社区和地区。如果现有的居住模式不可持续,则呼吁法律改革。土地利用条例必不可少的因素是决定开发到哪里、需要开发多少、采用何种类型的开发模式、开发应该服务于何种利益以及如何使开发变得能力可承受和环境友好。土地利用条例授权土地利用管理机构审查开发方案,如果方案符合设定的诸如节能和选址规划标准,有助于改善对开发现场、邻地、下游河流以及风景等环境的损害,那么该机构可以批准方案。

《21世纪议程》对于可以通过土地利用规划和管理来实现的事项进行了充分的说明。其第7.5节涉及为所有人提供适当的居所,促进可持续的土地利用规划和管理,促进水、公共卫生、废水和固体废物管理,以及促进可持续的建筑业活动。第7.3节包含了一种规划策略。它采取了通过运用政府资源,如资金、数据和技术帮助来撬动私人投资的实现方法。第 7.18 节断定应该在农村地区开发中等城市以缓解人口向特大城市迁移的巨大压力。第 7.28 节的目标是通过环境友好的规划和土地利用来规定开发的土地要求以确保所有家庭都能获得土地。第 7.68 节旨在确保建筑业在进行建筑物的建造和选址时避免对人类健康和生物圈造成有害的负面影响。

大量证据表明《里约宣言》和《21 世纪议程》正影响着世界各大洲的国家立法。我们在本章的最后再回到这个话题。在地球峰会两年之后的 1994 年,阿根廷通过的宪法修正案实施了《里约宣言》和《21 世纪议程》的原则,承认所有公民有权享有适于人类发展的健康、和谐的环境以确保生产性活动在满足当代需要的同时不威胁未来世代的需要。作为地球峰会东道国的巴西 2001 年在国家层面通过《城市条例》,确立了公民享有可持续城市的权利,并拟定了城市开发指南。《条例》当中指出:"建立土地利用秩序,避免污染和环境退化,避免和修正城市的扭曲增长及其对环境的负面影响。"2004 年墨西哥议会通过的《社会发展基本法》涵盖了可持续发展的绝大多数基石。这是一部理想的法律,它包含了雄心勃勃的、综合性的目标,提出加强对自然资源的重视度、鼓励经济增长、通过资源分配应对贫困以及创造教育和就业机会。

1.2.3　1996:《人类住区伊斯坦布尔宣言》

发表于 1996 年的《人类住区伊斯坦布尔宣言》(所谓的居住地Ⅱ)突出强调了人们社区生活中地点与生活方式以及居住地所需服务的重要性。本次 1996 年会的主要议题是为所有人提供居所以及在不断城市化的世界中开发可持续的人类住区。伊斯坦布尔的工作建立在 1976 年温哥华人类住区会议所开启的活动之上,该会议产生了被称为"居住地Ⅰ"的一份报告。《居住地议程》的序言将该文件作为救济不可持续消费与开发模式的国际、国家和地方行动目标、原则和承诺的基本框架,以确保未来在改善人类住区的经济、社会和环境条件方面取得进步。

《伊斯坦布尔宣言》宣称农村和城市开发是相互依存的。它提倡各个层级的政府制定政策在城市化的环境中提供能力可以负担的住宅,养护、恢复和维护建筑物、名胜古迹、休憩场地、景观和具有历史、文化、建筑、自然、宗教和精神价值的资产。宣言承认地方当局是"我们最亲密的伙伴",并且注意到在各国法律框架下,最根本的是通过民主的地方自治来促进地方分权。

1.2.4 2002:约翰内斯堡可持续发展世界峰会

2002 年,第 17 次可持续发展世界峰会全体会议在南非约翰内斯堡举行。会议宣言重申了 1972 年《斯德哥尔摩宣言》、1992 年《里约宣言》以及《21 世纪议程》的原则。《约翰内斯堡宣言》指出:"穷人和富人之间的巨大差距割裂了人类社会,发达国家和发展中国家之间不断增长的隔阂成为全球繁荣、安全和稳定的主要威胁。"《宣言》进一步指出:"我们负有在地方、国家、区域和全球层面上促进和增强具有相互依存、相互支持的可持续发展三大支柱,即经济发展、社会发展和环境保护的集体责任。"《约翰内斯堡宣言》的结论是,为了实现其目标,各方"需要更加有效、民主和负责任的国际和多边制度。"《宣言》强烈建议考虑能源效率和可再生能源的措施。

1.2.5 2005：千年生态系统评估

2000 年，联合国发起召开了 95 个国家参加的世界领导人千年峰会。其任务是设立到 2015 年实现的几项千年发展目标。联合国组织超过 1300 名的科学家和专家进行了一项生态系统评估。报告的目的是对目标实现进程进行科学评估并记录世界生态系统趋势。随后确认的研究结果显示了不利的情形。2005 年 3 月发布的《千年生态系统评价综合报告》指出：

世界生态系统功能在 20 世纪后半部分的变化比所有历史记录都要快；

在 1950 年后的 30 年间，土地从天然状态转变为耕地的数量比 1700 至 1850 年间的还要多；

自 1960 年以来，对河流和湖泊的取水翻了一倍；

物种急剧下降（30％的哺乳动物、鸟类和两栖动物受到威胁，特别是淡水生态系统）；

大约 11 亿人不能获得改善的水供应；

超过 26 亿人不能获得改善的卫生条件；

每年大约有 170 万人死于不适当的水、环境卫生和个人卫生；

大量的负面影响是增加的全球人口和土地开发（城市化）需求而产生的直接后果。

在将世界领导人引导到关注解决这些警示问题的可行方案方面，千年评估指出应该考虑一系列的制度变迁。其中包括改变制度和环境治理框架，在更宽阔的发展规划框架下解决生态系统管理问题，增加环境协定与经济、社会制度之间的协同，以及增强政府和私营部门在有关影响生态系统政策方面的绩效透明度，包括利益相关方更多参与决策的情形。

1.3　科学背景：气候变化的原因和后果

　　成立于 1988 年的政府间气候变化专门委员会自 1990 年开始发布综合性的评估报告。其 2007 年的第四个评估报告注意到大气中二氧化碳的浓度大约 385ppm，并断定人类活动是最可能的气候变化原因，这种气候变化被记录下来，并在持续快速变化中。

　　40 多个写作团队和 450 位领先的作者因其专业性而被挑选出来作为主要作者参与了第四次评估报告。该报告对科学研究报告的引用达到 18000 次，其中绝大多数引用数据发表于经过同行专家评审的期刊。800 多名科学家和分析人员作为特定题目的特约作者参与并为主要作者提供帮助。这些作者付出了大量时间，拥有专职工作人员的四个技术支持单位为他们提供帮助。

　　政府间气候变化专门委员会的第四次评估报告包括四卷。第一卷共 940 页，报告的是有关气候变化的科学证据。第二卷 976 页，报告的是气候变化的影响、适应和易受伤害性。第三卷报告 849 页，主题是气候变化减缓。最后一卷报告是综合报告，相对要短一些。该卷归纳总结了前三卷的结论，并处理气候变化政策制定者的相关问题。

　　报告包括以下结论：

　　自 20 世纪中叶以来观察到全球平均温度增长的绝大部分很有可能（例如 90％～95％）归因于人为温室气体排放浓度的增长。与第三次评估报告相比，这是一个进步，因为第三次评估报告得出结论认为，最近 50 年以来观察到的温暖化可能(例如超过 66% 的可能)归因于温室气体浓度的增加。

报告进一步发现现在影响已经扩展到其他气候方面,包括海洋温暖化、大陆平均气温、极端气温以及风的模式。作为结论,报告认为:

观察到的普遍性的大气和海洋温暖化,连同冰川消融支持这样的结论,即如果不是外部力量作用的话,过去 50 年的全球气候变化是极其不可能发生的(可能性小于 5%)。而且,很有可能不是已知的自然原因单独造成的。

温室气体之所以命名为"温室"气体,是因为太阳射线能够穿过它们,但它们却阻止了热量的"逃逸",这导致大气变暖,全球气温升高。随着我们燃烧更多的化石燃料用于建筑物的采暖和制冷、设备运行以及驾驶个人汽车穿行于风景之中,我们增加了二氧化碳的浓度,并强化了这种温室效应。在那些实际从事长期气候进程科学基础研究的人中间很少存在全球大气层的气温是否因为人类活动而升高的争论。2009 年的一项调研显示,超过 90% 的具有高等学位的科学家相信全球平均气温正在上升。持有这种观点的科学家中有 82% 相信人类活动是重要的贡献因素。

美国的国家海洋与大气管理局(NOAA)报告称,2007年大气中二氧化碳的浓度大约为 384ppm,2007 年政府间气候变化专门委员会评估报告认为大气中二氧化碳的浓度不应该超过 450ppm,这一目标被纳入了 2009 年的《哥本哈根协定》之中。最近的研究表明,二氧化碳的适当浓度水平为近 350ppm。如果我们在现有发展范式下继续一切照旧,到 2100 年,大气中二氧化碳的浓度将会增长到 650ppm或者更高。

全球气温升高所产生的后果是一个十分重要的问题。根据《联邦咨询委员会法》而开展的美国全球变化研究项目,其 2009 年报告支持了政府间气候变化专门委员会和国家海洋与大气管理局关于气温升高的结论,并继续讨论这种气候变暖的后果。为此,报告表明了气候变化管理问题与追求可持续发展之间的密切联系。报告指出了气候变化所带来的以下国内可观察到的后果:

大气温度和水温的增加;

淡水鱼栖息地的退化;

陆地生物多样性的减少;

珊瑚礁的白化和死亡增加;

大暴雨频次和强度的增加;

海平面上升;

积雪、冰川、永久冻土层以及海冰的减少;

一些地区水供给的减少;

湖泊和河流更长的无冰期;

生长季节的延长;

大气中水蒸气的增加。

报告也列出了未来可能的变化,包括更强的飓风及其相关的风、雨和风暴潮的增加,以及一些地区更为干旱的条件。报告指出这些变化将影响到人类健康、水供给、农业、沿海地区以及社会和自然环境的许多其他方面。

气候变化的这些后果为美国国家科学院 2010 年题为《美国气候选择》的报告所确认,并且更加鲜明。报告确认在过去的一个世纪,特别是最后的三十年,地球表面平均气温有了实质性上升。最近气候变暖绝大部分归因于化石燃料的燃烧以及其他释放二氧化碳等温室气体的人类活动。

17

气候变化的大小及其影响的严重性取决于人类社会采取的应对这些风险的行动。

1.4 可持续发展和气候变化管理

1.4.1 可持续土地利用规划和法律的相关性

本章讨论的国际协定和报告为理解通过土地利用规划实现可持续发展的重要性提供了有益的背景。1996年的《居住地Ⅱ》报告宣称进入了一个合作的新时代,并提供了一个可持续土地利用开发的积极愿景来回应住所和人居条件的退化。它所解决的全球性问题是关于过度的人口集中、无家可归、基础设施和服务的缺乏以及不充分的规划。《居住地Ⅱ》强调了各种关联性,包括农业和城市开发的相互依存、对聚居网络的需要、所有公共、私人和非政府利益相关方参与决策以及对各级政府参与解决居住问题的需要。

为了保持有效性,这些人居原则和策略必将影响城市规划本身。新住宅的供应、贫民窟的消除、邻里再造以及城区的再开发是传统城市和地区规划的核心。采取土地开发模式的有效策略,包括提供给排水设施、住宅和运输以及退化区域的再开发,是当前规划和土地利用法的通行做法。

在土地利用方面正在出现的明显趋势是城市政府及其市民增加了对可持续土地利用模式有关决策的参与。里约地球峰会大约20年后,参与可持续发展活动的地方政府数量增长了三倍多。因为地方政府是在基层运转,他们不仅意识到土地利用危机,而且经常有意识地对其予以纠正,当地的市民也会要求他们采取行动。地方政府缺乏有效处理这些重大事务的能力,他们呼吁州政府和联邦政府提供技术、数据、财政资源、基础设施以及养护和开发指南等方面的帮助。最近一些国家通过的土地利用法或者授权地方政府采取行动,或者显示出他们已经意识到了地方政府其在达成可持续发展方面所具有的关键作用。

在国际和国家层面的可持续性规划中,很容易说明关联性的重要意义。《联合国海洋法公约》已经得到 147 个国家的批准。科学证据充分证明海洋正受困于陆源污染、海事部门的活动以及气候变化的综合作用。在描述需要《联合国海洋法公约》这一全球公约保护海洋时,联合国指出了科学家对"海洋再生能力将被其所遭受的人类污染压倒"的关切。联合国也指出可以很清晰地观察到对海洋和海洋生物的灾难性影响的信号,特别是在人口密集的海岸。当然,污染的主要来源之一是陆地活动。《公约》规定缔约方有义务保护环境,并授权沿岸国家在其领海内执行国家标准和防治污染措施。

联合国将《海洋法公约》描述为可能是 20 世纪最为重要的法律文件。它宣称国家有义务保护海洋环境,呼吁各国采取所有必要的措施来预防各种来源的海洋污染。这自然要求国家通过立法,包括联邦、州和地方法律来预防能够给海洋环境造成如此损害的来自陆地的污染。

《澳大利亚海洋政策》为联合国公约如何在国家层面实施提供了一个范例。它采纳了基于陆地的区划策略,并将其适用于澳大利亚领水的流域范围。该政策体现在澳大利亚政府所发布的执行性文件之中,它将澳大利亚主权范围内的广阔海洋根据各自不同的海洋生物特征划分为六个区,并对每个区需要长期实施的诸多管理实践做出规定。

该政策是为应对北半球主要海洋生态系统和渔业资源衰退的警示而出台的。它承认海岸带上城市和基础设施的发展增加了对海岸线和海洋的需求,而过去的管理实践并没有改善人类对海洋健康和生产力所造成的负面影响。政策的目标包括充分履行澳大利亚在《联合国海洋法公约》下所承担的国际义务,并建立涵盖国家和省级政府及其各部门以及公众的综合性海洋规划和管理安排。

政策具体由澳大利亚国家海洋办公室发布,它在管辖海区综合规划的框架内分别为六个海区的规划制定了程序。这些管辖海区被按照他们独特的海洋生态系统进行了界定和区分,并模仿在基于土地规划程序中所用的保护内陆流域、森林、荒野地区甚至城市近郊的方法对海区进行保护。这是一种高度演进的资源规划战略,它整合了国际法和国内法、国家、州政府及其机构以及受影响的产业和公众以便实现可持续海洋发展的目标。

1.4.2 综合治理规划的重要性

用《21世纪议程》的话说:"如果将环境和发展置于经济和政治决策的中心,并将这些因素充分地整合在一起,必须对决策进行调整甚至是根本性的重构。"其目的是允许环境和开发问题在决策的所有层次上进行充分整合,促进相关个人、团体和组织对所有层次决策的参与,建立在决策中整合环境与经济问题的内部决定程序。

作为对上述想法的回应与深化,近年来出现了许多关于政府组织的观点。第一是所有层次的政府各自根据其利益、资源和能力做出贡献、进行管控、协同合作;第二是所有利益相关方的充分参与是获得成功所必需的,因为这样一个体系对所有利益做出了回应,政府在因选举而更替或者

20

发生渐变或巨变时能够为其赢得所需要的信任;第三是政府的政策制定和管制应该透明、开放、廉洁,具体包括依法公开、公众听证要求、公共信息的可获得性、公民参与的要求、表达诉求的机会以及那些受到决定侵害的人有权获得司法或其他救济。通过观察法律制定者是如何修改制度、分享权力、做出决策及其所代表的责任,可能会观察到为创设一个有效的体制而进行重组的过程。

联合国环境规划署支持将制定国家框架性法律作为在国家决策体系中各方进行沟通的方法。所建议的框架性法律旨在设定基本的法律原则,无意将实质性标准法典化。这种框架性立法涵盖"跨部门环境问题的方方面面,(促进)采用更具内在统一、协调一致和综合性的环境管理方法"。换言之,框架性法律定义了系统内的参与方、评估他们的能力,为他们配置各自不同的角色,确保他们相互之间作为系统组成部分的连接和沟通,形成一个能够对所发生的事情进行交流并出于生存和发展的考虑而做出必要反应的网络。

这种框架性法律的作用可以用气候变化导致的海平面上升作为例子来说明。通过观察邻接的海岸带社区,地方政府官员目睹了他们的同僚为预防海平面上升所采取的创新性方法,他们学习了这些法律变化,并认为这是可以模仿的可靠的模式。当所设计的法律框架将地方社区与拥有信息、模式、最佳实践和财政资助的州和联邦机构连在一起后,地方社区会因可以获得可靠的数据、可应用的实践,以及所必需的实施资金而取得更好的成效。在联邦层面创设一个作为气候变化科学信息源的专门机构,该机构通过与海岸带社区的对话来划定规划用的中短期洪水线,并在社区制定应对海平面上升和自然灾害规划时为其提供指导。州会出于土地利用规划的目的，划定诸如海岸线保护和经济开发等相关地区，并召集有关社区，培训他们，向他们介绍其他地区的模式，提供技术帮助，并对他们适应海平面上升的进程，包括对关键基础设施的重新选址进行资助。

1.4.3　遵守里约协定的证据

之前，我们指出《里约宣言》和《21世纪议程》构成了地球的综合性规划。证据表明，签署国正在实施这些协定的基本原则。例如，《非洲人权和民族权利宪章》第24条宣称："一切民族均有权享有一个有利于其发展的普遍良好的环境。"从下述《南非宪法》第2条中可以寻得《非洲人权和民族权利宪章》和《里约宣言》的痕迹。

每个人拥有不损害其健康或福祉的环境权，并且通过适当的立法和其他措施为当代和未来世代的利益而保护环境，在促进正当经济和社会发展的同时：(1)预防污染和生态退化；(2)促进自然保护；(3)确保生态可持续发展和对自然资源的利用。

按照《捷克宪法基本权利和自由清单》，公民有权生活在有利于健康和幸福的环境之中。1949年的《匈牙利宪法》承认所有公民对健康环境的权利。根据立陶宛1992年《宪法》第53条，政府及其公民有义务保护环境。该法第54条禁止破坏和耗竭土地、森林与野生动植物以及污染水和空气。荷兰《宪法》第21条宣称公共当局的责任是确保土地的可居住性，保护和改善环境。

《伊斯坦布尔宣言》明确地承认和宣扬城镇、城市和村庄等地方政府的重要性，称它们为"我们最亲密的伙伴"，认为它们最具民主性，并为适当的人类住区建设提供了最有效的方法。在立陶宛《地方政府基本法》中可以发现城市参与土地利用决策的迹象，该法确立了街区和城镇在国家土地利用规划体系中的地位。在匈牙利，按照其1993年修订的《住宅和建筑第三号法案》，中央政府准备地区性土地利用规划，城市政府准备地方规划。

《阿根廷宪法》第41章在承认其公民享有健康环境权利后，要求联邦议会设立国家层面的最低标准，并创设一个国家和省级立法的综合体系来执行这些标准。阿根廷的《一般环境法》第4条包含了按照省级和市级政府各自的能力将权力下放的规定。在1994年的阿根廷宪法改革中，增加了一条规定以确保"城市自治，并对其机构、政治、行政管理、经济和财政秩序的范围和内容做出规定"。1996年通过的《布宜诺斯艾利斯城市宪法》要求城市采纳规划和环境管理政策，并通过一项所有土地利用管制和公共建筑工程必须遵守的框架性规划。

《巴西联邦宪法》宣称："所有人有权享有生态平衡的环境，这是人民的公共财产，也是人民健康生活所必须的。政府和社区有职责为了现代和未来世代保护和保存这种环境。"《巴西联邦宪法》创设了一个合作联邦主义的规划，它用列举的方式阐明联邦政府的权力，表明授予城市政府的权力以及仍属于州政府的保留权力。

《巴西宪法》第30条为城市保留了按照国家城市政策实施城市规划和土地管理的权力。所有层级的政府及其机构都必须遵守《宪法》所规定的环境标准。巴西议会1999年通过的一项法律规定了对破坏自然和文化资源行为的刑事和民事处罚。如果违法行为影响到濒危物种或者是反复违法，会被加重惩罚。

大量的加拿大法律展现出有意思的特征,它们给一个具体的部长或机构明确授权,指示该部长协同其他相关机构,将注意力集中在特定地理区域和技术的实施,来示范对可持续发展的承诺。1996年加拿大为保护海洋水体和海洋环境通过了全国性立法——《海洋法》。渥太华1994年通过了《王国政府森林可持续法》,规定对公共土地的森林资源进行可持续开发。1998年,英属哥伦比亚通过了《Muskwa-Kechika管理区法》,规定对630万公顷北美大陆最大的保护区制定养护规划,保护生物多样性。在上述这些立法中都明确规定了行政管理的责任、执行措施以及相关资金来源。

在加拿大,渥太华的《2002年可持续的水和污水处理系统法》要求水和废水服务的供应商准备报告评估其全部成本以及如何回收这些成本。报告包括保护供水数量和质量的水源保护措施。1990年通过的渥太华《规划法》规定设立省和城市规划局、城际规划咨询委员会,创设区划管制和选址规划控制制度,并保护环境资源和自然特性。1997年曼尼托巴省的立法机构通过《可持续发展法》,旨在通过运用综合性模式对省内具体项目进行全面审查来实现可持续发展。

在地区层面,欧盟试图将成员国涉及包括土地利用和环境在内的公共利益的国家政策合理化。在《欧洲单一法案》以及《阿姆斯特丹条约》修正案中可以发现相关的法律规定。条约第174(1)条规定了欧盟环境保护的目的:保护人类健康,合理利用自然资源,促进采取地区和世界性措施来解决环境问题。第174(3)条指出欧盟的环境政策应该考虑"整个共同体的经济和社会发展以及地区间的平衡发展"。第175(2)条授权欧盟的代表机构——欧盟理事会以全票通过的方式采纳关于城镇和乡村规划、水资源管理、土地利用以及能源供应的措施。欧盟的这种体系在要求成员国遵守理事会定期发布的指令和条例的同时,为成员国在其主权范围内通过和执行单独的土地利用规划和管制措施留下了重要的空间。

《墨西哥宪法》第27条授权国会制定必要措施开发人类住区、保护和恢复环境。1988年通过的《生态平衡与环境保护法》确立了墨西哥环境政策、生态平衡和可持续发展的基础。它保证"所有人有权生活在与其发展、健康和福祉相适应的环境之中"。该法还规定了政府当局与社会不同部门之间在环境事务方面的合作与协调机制。

1996年,墨西哥对该法进行了修正以强化联邦、州和地方共同管辖权的基础,并扩大了关于土地利用规划、自然保护区和环境影响评价的规定。另外该法还增加了新的环境政策机制(如经济措施、环境审计、自我管制协议),并为公众参与环境政策设立了新的规则。

自从该法被采纳后,所有墨西哥的州都制定了环境法,用以部分或整体性地处理诸如生态、城市开发、城市区划、水处理、规划、卫生、公共行政管理、运输、人类住区和公共建筑物等环境事务。几个州还发布了这些法律的实施条例。很明显,现在墨西哥的市政部门已经开始采纳保护生态资源的土地利用条例。

气候变化管理和人类健康之间的联系是显而易见的,不同层级的政府立法正在处理健康问题方面取得进展。《里约宣言》对环境保护的承诺很显然是保护人类健康的一种方法,这反映在南非、阿根廷和匈牙利的相关法律中。这些法律包含了这种承诺,并将其扩大到气候变化管理以及与之相连的公共健康与安全领域。地方政府在实施州和联邦政策方面的主要作用反映在《伊斯坦布尔公约》、立陶宛《地方政府基本法》和阿根廷《一般环境法》之中。地方土地利用和建筑施工条例可推动或阻碍重要目标,如促进太阳能和风电设施或热电联产系统的使用,在阿根廷、巴西的宪法和法律中显现出的向综合性政府体系转变强调了这一点。温室气体对海洋的影响只是土地相关活动产生的诸多影响之一,本节前面所述《澳大利亚海洋政策》认识到了这一点,并对其加以调整。

巴西的立法例为如何撬动地方的执行力并将其投入到国家和省级政府的目标运用之中做了示范。加拿大的综合体系将可持续性与水政策连在一起,当发生海平面上升和自然灾害而需要更多的恢复计划与发展管制时为国家和市政当局提供良好服务。巴西的法律体系体现了一种合作性的联邦主义。各国如何在地区层面创造政策的一致性可以在欧盟《阿姆斯特丹条约》以及美国州际《区域温室气体行动》中观察到。同样,墨西哥的法律动向是将地方、省和联邦体系连在一起以便为环境和发展目标提供综合性服务。

1.4.4 美国的土地利用模式和气候变化

通过美国的情况我们可以看出土地利用规划和管理气候变化之间的密切联系。这里,人类住区的主流模式已经变成独户住宅组成的邻里社区,住宅建在个别地段,与购物、娱乐、休闲和工作地点相分离。这些社区的居民拥有私家汽车,并驾车前往其日常的目的地。他们的住宅一般都很大,消耗大量的能源用于取暖、照明、家用器具以及制冷。

这种独户住宅社区生活的偏好受到第二次世界大战归

来的士兵的青睐。过去十年建造的住宅大约三分之二是独户住宅。这种土地利用模式使得资源的消费超过了人口增长。例如,1982 年至 1997 年间人口增长了 15%,而用于开发的土地总面积则增长了 34%。与这种模式相伴随的是多户住宅建筑的急剧减少。

随着对气候变化后果关切度的提高,政策制定者正在强化这样的意识:独户住宅居住模式对气候变化有重要影响。独户住宅比多户型住宅、混合利用的土地开发要耗用更多能源。独户住宅模式与混合利用、高密度土地利用模式二者之间,因为居住面积大小以及到邻近居民日常生活目的地的距离远近的差异而导致在能源消耗和二氧化碳排放方面存在显著不同。开发独户住宅、单一用途的社区会明显增加驾车出行的里程。

在"后二战"时代,独户住宅居住模式占据主导地位有其道理。城市受到空气污染、垃圾、交通等的困扰,成为肮脏、杂乱和拥挤的地方。然而,对城市生活的这种负面认知正在发生改变。事实上,当我们通过气候变化这一棱镜加以审视,关于城市是污染影响集中区的印象很明显是错的。按照人均算,城市居民产生的二氧化碳和其他污染物比周边郊区的居民要少得多。如果考虑到 2039 年美国的人口会膨胀超过 4 亿,比 2006 年剧增一亿人口的话,这一点十分关键。到 2040 年,美国计划会增加 9300 万新住宅以及 1370 亿平方英尺的非住宅建筑作为配套,并替换陈旧建筑。一亿人口会入住 4000 万套新型住宅,在那里人们居住、工作和购物。住宅间及其与外部的交通大部分依靠小汽车。

作为《联合国气候变化框架公约》和《哥本哈根协定》之

下国家责任的一部分,美国必须解决其土地开发的历史模式问题,否则,这新增的一亿人口所占据的建筑物和小汽车会大大增加美国的二氧化碳排放,占到美国温室气体排放总量的 85% 左右。住宅和商业建筑对于美国将近 35% 的二氧化碳排放负有责任,个人机动车的使用对大约 17% 的排放负有责任。从独户住宅为主的居住模式转为混合利用、紧凑居住为主的模式,国家会显著降低人均二氧化碳排放。这是因为混合利用、紧凑型建筑物以及社区更具能源效率,并且支持建立公交设施,这些会减少建筑物用能所导致的排放以及机动车尾气排放。

因为美国到 2050 年建成的建筑中有 66% 是从现在开始建造的,所以有机会影响绝大多数美国人生活场所的形态与功能。截至 2003 年,城市地区住宅密度大约为每亩 7.5 栋。如果将住宅密度翻倍到每亩 15 栋,预计的 1 亿新居民将每年减少排放 12 亿吨的二氧化碳。这是因为每亩 15 个住宅单元足以支撑起公共交通、增加步行、减少机动车出行次数和行驶里程,并且在城市地区建造更小、更保温的住宅会降低能源消耗。

如果将通过采纳和执行节能规范来实现节约这一因素计算在内,每年减少 12 亿吨的二氧化碳排放就更具可行性。住宅和商业部门的排放占美国总二氧化碳排放量的大约 1/3,每年排放达到 225.6 万吨。一些人估计执行节能规范中的标准会使建筑物的用能降低 12 夸特,这一降低超过 2007 年住宅能耗的 50%,相当于家庭用能的大约 12%。

最近国家科学院发布的前述题为《美国气候选择》的报告是应国会请求所做的。报告列出了减少美国大气中二氧化碳浓度的四个关键机会,具体包括:减少更加依赖石油的城市蔓延型开发模式；发展更具效率的建筑绝缘、加热、制冷和照明等方法；扩大对可再生能源的利用；管理森林和土壤增强碳吸收。所有这些战略的实施需要依靠以下措施：重塑人类住区；使更多的人聚居在宜居的城市社区；对既有建筑和新建筑实施和执行本地能源规范；通过建筑条例发展风能、太阳能和其他节能设施；优化最能封存二氧化碳的土地以保留开放空间。

1.5　结论：气候变化和可持续发展法

　　本书全篇提出的是培育可持续发展和管理气候变化的法律体系。它探索的是气候变化和土地利用之间的紧密关系。在本章的最后一节，我们简要梳理美国土地利用和气候变化减缓之间的联系。随着本书的展开，我们一直聚焦于美国法，并探寻作为一国法律体系框架的基本轮廓，该法律体系能够实现节能、促进可再生能源、组织沿海地区的养护，并在居住、运输和环境政策之间建立联系；以及该法律体系可促进可持续社区、公交导向的开发、对二氧化碳的封存，同时启动一项长期、缓慢的适应海平面上升和与气候变化相关的极端风暴事件进程的法律正在兴起。

　　在本章前面，我们讨论了 1972 年联合国斯德哥尔摩人类环境大会的第一个关于可持续发展的国际政策文件，并对其中的几项原则进行了评议。这包括建议国家采取一种综合的、协调一致的开发规划方法以确保发展与良好环境相协调；意识到合理的规划是能够协调发展与环境保护关系不可缺少的工具；人居规划必须防止对环境的负面影响，以所有人获取社会、经济和环境利益的最大化为目的。从其诞生之日起,关于可持续发展的国际概念就包含了在环境保护(包括气候变化管理)和人类住区之间建立联系的敏锐意识。

就气候变化和可持续发展进行联合立法的优势可以在前述介绍的几个国家立法例中找到证据,如同这些联邦、州和地方法律以及联合国环境规划署所推荐的框架法律表明的:自上而下的法律、政策和项目自身不能完成管理诸如气候变化和可持续发展这种高度复杂、多面性问题的任务。框架性法律将法律体系中的纵向立法和横向立法联系起来,即将联邦、州和地方层面的纵向举措与他们在各自层面创设的各项横向举措编织在一起。

美国的法律框架应该包括减少现有排放以及限制未来排放增加的努力。循着这样的路径,联邦法律会设定一个关于减少新建建筑能源消费的目标,并为地方政府,包括地方开发商、建筑商、建筑师以及支持者制定一个程序用以决定如何采取措施实现减少能源消费,包括强化建筑能源规范、促进风能和太阳能设施的使用、采用热电联产或区域能源系统、激励对现有建筑物的翻修或地方自己的其他创新策略。州或联邦法律还可以设立另外一个目标,即增加生活在公交导向开发区域的人口比例,在那里小汽车的拥有和使用被最小化,以减少作为二氧化碳主要来源的尾气的排放。这些法律重新塑造了人们工作和生活的场所。在总量交易和碳税体系用来减少现有排放的同时,这些可持续发展法律用于减少未来对电力和汽油的需求。

上述观念促使我们关注各级政府之间的联系,因为各级政府一起构成一个需要通过内部改变来处理诸如气候变化后果之类外部危机的体系。有关采取可持续发展战略来管理气候变化的更大的体系则包括地方、州、联邦政府以及市民和私人部门的利益相关方。随着气候变化的恶化,当务之急是设计一个包括上述所有相关方在内的切实可行的法律制度。

回顾世界各国通过的环境、土地利用和可持续发展法,所得出的主要结论是:或者是出于对《里约协定》的回应,或者仅仅是因为受到人口增长、土地开发以及它们导致的世界资源紧张所带来的巨大压力,各项法律策略的链接框架正在慢慢形成。法律的这一贡献至关重要。国际层面的协定、国家和州及其各省和城市的法律,所有这些构成了一个正在形成的复杂系统,以回应日益强化的土地利用。

为了应对地方危机,地方民众呼吁地方官员促进更为积极的开发模式,因为地方政府在形成州和省级土地利用制度方面正被赋予更多的富有意义的参与权。州和联邦政府享有共同管辖权变得越来越普遍。有证据表明国际协定正在影响着国家法律制度,而国家土地利用制度正在关注国际宣言和公约所提出的强烈要求。

乐观地看,各个机构和各参与角色学习沟通的网络正在形成,这种体制变化对于可持续发展和气候变化管理来说是个好消息。在为该领域法律的积极改革步伐感到紧迫的同时,需要深刻注意到已经取得的诸多进步,这种改革在自《里约协定》号角吹响不足二十年的时间内已然发生。

第 2 章 联邦、州和地方法律制度

2.1 联邦、州和地方法律之间的关系

如同第一章所提到的,可持续发展是一项国际性挑战,它需要引起美国各级政府的注意——从联邦管制框架到各州通过的法律和条例,再到地方法律以及在城市层面执行的法令。尽管美国还没有一项全面的国家气候变化政策,但是各级政府都已经通过各种行动来实施可持续发展和减排战略,由于这些法律之间错综复杂的交互关系有时是不必要的或是相互阻碍的,因此在可持续发展问题上找到卓越的权威部门或者领先的方法并非易事。

联邦对气候变化问题的管辖权受到宪法和实践的限制。国会不能或者将不会超越其权限来处理可持续发展事宜。过去的几年里,在气候变化、可持续发展和宜居社区的名义下,国会提出了许多立法建议。然而截至目前没有一项得到执行。尽管存在这种立法上的迟延,2009 年 10 月,奥巴马总统还是发布了在环境、能源和经济绩效方面发挥联邦领导作用的 13514 号行政命令。命令要求每一个联邦机构建立温室气体清单,测量并报告具体排放情况。命令还设立了 2020 年的减排比率。在实施该命令时,各机构在

减少建筑物的能源利用、增加可再生能源的使用、通过优化公共车队、转用替代燃料汽车来减少汽油消费等方面会得到具体的指导。该行政命令还提出了减少年度水耗、促进污染预防、消除废物、推进可持续采购政策、促进可持续设备的利用和电子产品管理、采用环境管理体系等要求。

值得注意的是,第 13514 号行政命令还指示联邦机构参与地区交通规划,将其政策与可持续的地方规划法连在一起,新建联邦设施要考虑公共交通导向的开发规划,包括环境影响报告中要对温室气体排放进行分析以及协调地区项目促进联邦、州、部落和地方环境管理。通过强调不同层级政府之间的合作,该行政命令承认气候变化的减缓和适应不能仅仅依靠国会法令推进。部落、州和地方政府作为合作伙伴对于成功制定减少温室气体排放和应对气候变化影响的规划是必不可少的。

的确,绝大多数州政府和许多城市政府没有一味等待国会来执行气候变化立法,许多州长和市长已经将可持续性作为他们的优先选项。各州的气候变化法(对此在第四章有更全面的讨论)聚焦于地区总量控制与交易伙伴关系、州范围内温室气体排放总量限额、增加可再生能源的比重、促进绿色建筑和能源效率、减少机动车排放、节水以及在环境评价和综合性规划进程中引入气候变化的考虑。而不管有没有这样的指南,全国范围的地方政府也都拟定了他们各自的气候变化与可持续性行动。

许多州对其各项气候变化行动进行汇总编目,并拟定气候行动计划来筹划未来温室气体的减排。不幸的是,绝大多数州计划的重点仅仅是为州级机构改善其自身行动提供机遇与建议,如州政府建筑物和建筑工程的能源效率行动、绿化州的机动车队以及采用绿色采购策略。结果,这些州的绝大多数行动计划都没有将地方政府的参与纳入目标和策略之中,而且也没有认可城市层面采取行动的益处。缺乏对地方政府的关注正在造成困扰,因为对于美国而言,如果没有在地方政府与其他层级政府之间建立全面伙伴关系的话,对于气候变化的复杂性做出富有意义的回应是不可能的。在创新和促进实施方面,地方政府是这个国家的第一道防线。

尽管许多地方政府在没有得到联邦或州多大鼓励的情况下已经创设了他们自己的气候变化减缓和适应策略,但仍需要一个全面的合作联盟和地区伙伴关系体系。在这个体系内,地方政府应该作为实施行动、收集信息和设立标准的基础。信息分享、技术和资金帮助以及对宽泛公共政策目标的解释可以起到为联邦和州政府提供合适和必要支持的作用。

本书将分专章对联邦、州和地方的气候变化应对方法进行更详细的讨论。本章的目的是对这些法律之间的关联性以及如何形成合作性方法以更好地实现减排目标、应对气候变化影响做出概述。

2.2 联邦对州和地方环境与土地利用法的限制

尽管州和地方政府有权执行意在保护环境和自然资源的条例,但有很多联邦法律和行政条例对州和地方政府的行动进行了限制或规定了联邦法律的优先原则。现就其中的部分法律讨论如下。

2.2.1 《宗教土地利用和法人法》

2000 年《宗教土地利用和法人法》（RLUIPA）清晰地阐明了联邦对地方土地利用法的优先原则。该法规定除非地方土地利用条例是为了一项强制性政府利益，并且在促进该利益时采取的是最少限制手段，否则禁止地方土地利用条例对宗教活动施加实质性的负担。[①] 该法还禁止土地利用条例以与其他类似用地方式相比有失公允的方式对待宗教用地。因此，如果地方法律对宗教用地施加了实质性负担的话，《宗教土地利用和法人法》会导致这些意在促进可持续发展的地方区划和规划法律无效。

例如，在 Albanian Association v. Township of Wayne[②] 一案中，Wayne 镇为了保护开放空间，决定按照开放空间规划来甄别全镇所有适于保护的地产，并通过征用来获得这些环境敏感的地产。这样的规划会推进碳封存，是地方气候变化减缓策略的一部分。然而，当 Wayne 镇将阿尔巴尼亚人协会的地产作为收购和保护的目标时，协会认为开放空间规划对其造成了不合法的歧视，并且给其在地产上建造清真寺的能力增加了实质性负担。Wayne 镇则否认其取得该地产存有任何宗教歧视，并认为征用不属于《宗教土地利用和法人法》的管辖范围，该法仅专门适用于土地利用管制。然而，法庭否认了该案的简易判决，认为尽管征用行为不属于《宗教土地利用和法人法》的管辖范围，但Wayne 镇实施的开放用地规划是受《宗教土地利用和法人法》约束的土地利用规划。而且，阿尔巴尼亚人协会举出了

---

① 42 U.S.C. § 2000cc.

② 2007 WL 2904194 (D.N.J. 2007).

一个例子,证明位于相似地方的地产所有者获得了更加优惠的对待。具体而言,即是当 Wayne 镇完全否决协会建造一座清真寺申请的同时,同样拥有环境敏感土地的一家医院则通过协商被允许在将其中部分土地留作保护地的同时,仍能实施其建造老年住房的计划。根据这个记录,法庭裁定案件关键事实存在问题,因而否决了该案的简易判决。

当然,宗教用地并不总是能战胜地方意在推进环境和可持续发展目标的法律。在 Beechy v. Central Mich. Dist. Health Dept. 一案中,[①]法庭拒绝了门诺教土地所有者提出的不受建立特定化粪系统要求约束的主张。法庭发现相关条例没有干涉门诺教的宗教活动,没有对其施加实质性负担,而不适当的化粪池会污染地表水,这一证据影响了本案。

与《宗教土地利用和法人法》相似,《宗教自由恢复法案》(RFRA)禁止联邦机构对宗教活动施加任何实质性负担,除非该负担的施加是为了强制性的政府利益,并且在促进政府利益方面采取的是最少限制的措施。[②] 尽管《宗教自由恢复法案》不适用于州或地方行动,但是在可再生能源设施选址对神圣的部落地点造成影响的情况下也会适用该法案。例如 Snoqualmie Indian Tribe v. FERC 案,[③]该案涉及为坐落在被部落成员奉为圣地的瀑布上的水电设施重新颁发证书事宜。Snoqualmie 部落诉称工程阻碍了他们接近瀑布,消除了他们做宗教活动所必需的雾霭,并改变了

---

① 475 F. Supp. 2d 671 (E. E. Mich. 2007).

② 42 U. S. C. § 2000bb.

③ 545 F. 3d. 1207 (9th Cir. 2008).

瀑布上游水流自然、神圣的流动,而对部落成员的宗教自由施加了实质性负担。法庭拒绝了部落的辩称。法庭的解释是:为了证明一项"实质性负担",部落需要展示出有关联邦行动迫使部落成员在遵循其宗教教义和获得一项政府利益之间做出选择,或者通过采取民事或刑事制裁来胁迫部落成员做出违反其宗教信仰的行为。Dedman v. Board of land and Natural Resources[1] 一案也得出了同样的结果。该案裴蕾教创始者声称开发火山热源做地热会亵渎火山女神裴蕾的身体,干涉他们的宗教活动。

2.2.2　对选址和许可的联邦优先原则

奥巴马总统宣称能源独立是一项国家优先战略,呼吁美国人"正视对外国石油的依赖,解决全球气候变化所带来的道德、经济和环境挑战,并建设一个清洁能源的未来"。因此,可再生能源的选址和许可问题特别重要。尽管选址的决定一般是按照 2005 年的《能源政策法案》在州和地方层面上做出的,但是联邦能源管制委员会(FERC)有权在指定的国家利益输电廊道内建输电线。[2] 如果一个区域输电能力受到限制或者拥堵而给消费者造成负面影响,该地区即是适格的"国家利益输电廊道"。根据《能源政策法案》,联邦能源管制委员会在州拒绝批准达一年以上或其他不能做出许可批准的情况下有权受理申请并颁发建造输电线路的许可。

其他一些联邦机构也经常参与可再生能源项目的审批,而且它们也会主张对选址过程进行控制。这些机构包

---

[1]　69 Haw. 255,740 P. 2d 28(Hawaiʻi 1987).

[2]　16 U. S. C. §824p(a).

括工程师军团、渔业和野生生物服务机构、土地管理局、工程师森林服务机构、能源部、联邦航空管理局、国防部以及国家公园服务机构。

当国会对整个领域实施普遍性管制或者当州或地方规定与联邦法律直接冲突时,会出现默示的联邦立法优先情形。然而,默示的联邦优先原则存在一个假定,即特别是当案件涉及诸如土地用途等传统上由各州进行管制的领域时才成立。这样,各州通常仍可自由地对能源设施和主要污染者实施他们自己制定的选址和许可规则,只要严格程度不低于联邦环境法的规定即可。如同最高法院在 Pacific Gas& Elec. Co. v. State Energy Res. Conservation & Dev. Comm. 案①中对《原子能法》所做的解释。

对核电站存在双重管制:联邦政府对发电安全和电站的"核"部分保有全部的控制权;各州对发电能力的增加、需要颁发许可证书的发电设施种类、土地利用、等级设定等仍按传统行使权力。

在该案中,法庭主张尽管《原子能法》禁止各州基于安全顾虑来颁布核电禁令,但该法在加利福尼亚暂停核电站建造上并不具有优先适用性,因为暂停核电站建造是基于经济考虑而不是基于安全顾虑所做出的。

康涅狄格州最高法院在 Hackett v. J. L. G. Properties 案②中就《联邦电力法》在涉及水电站问题时对于城镇区划条例所具有的默示联邦优先原则做出了解释。法庭认为,《联邦电力法》表明国会的意图是全面掌控水利发电领

---

① 461 U. S. 190,103 S. Ct. 1713,75 L. Ed. 2d 752(1983).

② LLC,285 Conn. 498,940 A. 2d 769(2008).

域,城镇的区划条例包括了在工程范围内开发娱乐用途项目,这与法案所体现的国会意图相冲突。为了得出这个结论,法庭沿用了包括美国最高法院、第九巡回法庭和美国佛蒙特地区法院等其他法庭的裁决。康涅狄格州法庭裁定城镇区划条例的相关内容已经由联邦立法优先做出了规定,因为国会意在通过《联邦电力法》来创设对包括娱乐用途在内的水电站工程的所有方面完全由国家管控的体制。

2.2.3 潜在的商业条款

即使在没有联邦优先立法的情况下,州和地方环境法律的适用也可能会被潜在的商业条款所排除。例如,在 Philadelphia v. New Jersey 案[1]中,最高法院以造成州际商业歧视为由否决了新泽西州一项禁止进口固体废物的法律。在 Fort Gratiot Sanitary Landfill, Inc, v. Michigan · Dept. of Natural Resources 一案[2]中,法庭将该规则延伸到地方层面。法庭认为一州法律禁止私人垃圾填埋场的运营者接收其他县的垃圾相当于对州际商业的无条件歧视。

Island Silver & Spice , Inc. v. Islamorada 一案[3]中也存在潜在的商业条款问题。该案涉及配方奶粉经营条例。尽管不是专门针对气候变化,但是这类法律意在限制连锁店的激增以维护可持续的地方经济,保护现有的(通常可步行前往)商业街区,防止许多城市所共同存在的连锁店摊大饼式的蔓延。尽管佛罗里达州南部区的区法庭同意“保留小城镇社区是一个合法的目的”,但法庭裁定 Islamorada

---

[1] 437 U. S. 617,98 S. Ct, 2531, 57 L. Ed. 2d 475 (1978).

[2] 504 U. S. 353, 112 S. Ct. 2019, 119 L. Ed. 2d 139 (1992).

[3] 542 F. 3d 844 (11th Cir. 2008).

没有显示出它执行条例的目的是维持其鲜明的社区特性。而且,条例显然是意图通过避免与全国商业链的竞争来保护地方商业利益。法庭因而裁定条例的真实目的和效果是经济保护主义,这种保护即是通过设计商业条款以禁止来自州外的竞争,法庭因而否定了该条例规定。

第十一巡回上诉法庭支持了地区法庭裁定,认为尽管配方奶粉经营条例所叙述的地方目的包括保护独一无二的、自然的小城镇的社区特性,鼓励对国家重要自然环境的小规模、以水资源为导向的使用,防止交通拥堵以及丢弃物、场外垃圾的增加,但现实是 Islamorada 镇已经有大量的奶粉零售商业,在争诉场地的附近并没有历史性街区或任何历史性建筑物。第十一巡回上诉法庭同意区法庭的看法,认为做出的条例违反潜在商业条款,巡回上诉法庭注意到:"条例所规定的事实表明奶粉零售的规定对州际商业贸易施加了不成比例的负担,例如有效排挤了从事州际贸易的奶粉零售商,明显超越了任何合法的地方利益。"法庭进一步注意到:

地区法庭的裁定是正确的,即 Islamorada 镇没有解释为什么配方奶粉经营条例单独挑出具有标准化特征的零售商店和饭店进行管制,而且条例所称的减少交通拥堵和垃圾的目的被 Islamorada 镇的既有规定所削弱,因为 Islamorada 镇已经有土地开发条例,不是配方奶粉经营条例而是土地开发条例被用来管理和控制零售用地产生的交通问题,并限制建筑物和标牌的大小、位置及其使用。

2.2.4　机动车排放

在机动车排放管制方面,几乎所有州和地方的条例都表明应优先适用《能源政策与节能法》(EPCA)[①]和《清洁空气法》(CAA)[②]。然而,《清洁空气法》赋予加利福尼亚制定更为严格的管制条例的能力,并且允许其他州采纳那些更为严格的标准,只要其获得美国环保局的同意。尽管在布什时代,美国环保局拒绝对机动车的二氧化碳排放进行管制,但是在 Massachusetts v. EPA 案[③]中,最高法院裁决二氧化碳是一种污染物,受《清洁空气法》的规制。2010 年 4 月,美国环保局和国家高速公路运输安全局宣布了关于小汽车和其他机动车的燃油效率和排放的新规则,将加利福尼亚采纳的那些标准引入联邦标准。

除了对加利福尼亚的例外规定之外,《能源政策与节能法》还包括了一个优先适用条款,即其宣称"州或州的下级机构不可以通过或执行有关燃油经济性标准的法律或条例"。[④] 第二巡回上诉法庭在 Metropolitan Taxicab Bd. of Trade v. City of New York 案中[⑤]认为该条款优先于纽约市的规定,即纽约市试图通过持续降低租赁给出租车驾驶员的非混合动力出租车的比例来迫使出租车队所有者购买混合动力机动车。第二巡回上诉庭同意依出租车所有者的请求发布禁令,法庭认为根据案件情况,出租车所有者可能会赢。如同法庭所解释的:

新规则明显依赖于对混合动力和非混合动力的区分。要求出租车是混合动力车以符合被调高了的混合动力出租

---

① 49 U.S.C. 32919(A).

② 42 U.S.C. 7543(A).

③ 549 U.S. 497, 127 S. Ct. 1438, 167 L. Ed. 2d 248 (2007).

④ 49 U.S.C. §32919(a).

⑤ 2010 WL 2902501 (2d Cir. 2010).

车的租赁数量。这种要求除了区分机动车燃油效率的高低外并没有任何其他意义。从新规则的目的看，"混合动力"这一术语与"更好的燃油效率"相当是该规则不证自明的。的确，纽约市不能提供任何看似合理的替代性理由来解释其采取这样一个基于不同发动机的规则。纽约市辩称新规则是可以被允许的，因为它只是为购买混合动力车提供了一种激励，而并非创设一项事实上的命令，地区法庭驳回了纽约市的这一主张。认为这种对经济影响的关注是被误导了，因为争议中的规则直接管制的是联邦法律具有优先权的事项。纽约市根据租赁机动车的燃油经济性能而设置的新规则明显落入了《能源政策和节能法》优先适用的条款范围。

2.3　州在地方环境和土地利用法上的优先原则

除了在一些情况下需要获得联邦许可之外，可再生能源项目的选址决定通常要经过州的批准。一些州已经取得了优先于地方政府将区划和土地用途管制应用于能源设施的能力，尽管这种优先权可能不总是适用于小型项目。华盛顿最高法院在 Residents Opposed to Kittitas Turbines v. State Energy Facility Site Evaluation Council 案[①]中适用了该州关于风电站项目选址的法律。在华盛顿州，州的选址许可优先于当地政府对能源设施的限制。但是当出现这种情况时，现有条例要求能源项目的申请者采取所有合

---

① 　　165 Wash. 2d 275，197 P. 3d 1153 (2008).

理的措施来解决与地方法律不一致的问题。法庭判定本案州拥有优先权,因为开发者在满足县政府的要求上善意行事,包括积极参与大量的听证,提交各种报告和专家意见,并对其计划做出实质性改变来回应县里的关切等。

一些州的法律专门适用于可再生能源设施或者特定类型的可再生能源设施。例如,2009 年新泽西州的一项法律宣称当工业区土地面积至少在 20 亩以上时可再生能源设施才被许可使用。① 2010 年新泽西州生效的一部新法律禁止市政当局对主要用于当地消费的可再生能源装置设置不合理的限制。这些不合理的限制和阻碍包括下列行为:

在市区各区禁止小型风力发电系统;

用一般性的城市限高法令或者用不是专门解决小型风电系统高度或风塔高度的条例来对小型风电系统高度或风塔高度做出限制;

要求风塔与土地边界的距离要超过其高度的 150%。在没有对小型风力发电系统到土地边界的距离提出具体要求的市区内安装任何小型风力发电系统,其与附近土地边界的距离至少应该等于发电系统高度的 150%。然而,如果申请者存在一些不同条件,区划调整委员会可以根据申请人的具体情况对这些要求做出修改;

设立低于 55 分贝场界噪声限值,或者不允许在诸如停电或大暴风雨等短期事件时超过限值;

超过所采用的州、联邦或国际建筑物标准、电力规范或法律的要求来设立发电标准或结构设计标准。

各州还已经开始关注地方对太阳能利用具有限制效果

① N. J. Stat. §40:55D—66.11.

的行为。在加利福尼亚州和佛罗里达州,在对太阳能板的限制方面州的法律优先于地方法律。[①] 在明尼苏达州,大型风能转换系统只需要获得州的选址许可。[②] 尽管县里有权采取更为严格的管制,但只要有正当理由,州委员会就能够排除那些标准的适用。[③] 在俄亥俄州,发电量超过5兆瓦的项目现在受州电站选址委员会的管辖。按照威斯康辛州的法律,市政当局只能出于保护公共健康和安全的目的来限制太阳能和风力发电系统。上诉法庭在解释州的规定时裁定一个县不能对风力发电系统制定跨委员会的管制。而且,该法庭还裁定县的下属机构必须根据个案情况实施限制。[④]

缅因州一项旨在促进太阳能利用、避免对太阳能设备使用造成不必要障碍的新法律宣称其立法意图是使住宅不动产的所有者或租赁者有权安装和使用太阳能设备,包括太阳能干衣设备。但为了保护公共健康和安全、保护建筑物免受损坏、保护历史的和美学的价值,以及为了在海岸土地区划规定下保护海岸土地,可以实施合理的限制。2010年,新泽西州实施的一项新法律对太阳能光伏板豁免了区划对不透水表面(例如机动车道、建筑物以及其他不透水表面)的限制要求。该项豁免具体适用于有关城市土地利用、暴雨管理、滨水地区以及海岸带开发等的各种法律。

---

① Cal. Civ. Code § 714;FLa. Stat. § 163.04.

② Minn. Stat. § 216F.07.

③ Minnn. Stat. § 216F.081.

④ Ecker Bros. v. Calumet County,321 Wis. 2d 51,772 N. W. 2D 240 (2009).

2.4 合作联邦主义

联邦环境法,例如《清洁空气法》和《清洁水法》成功地减少了来自烟囱、下水道等的"点源"污染。但是今天绝大多数环境损害则是由诸如土地利用的雨水径流等非点源污染引起的,而这属于州和城市政府的法律责任。目前的现实是:绝大多数的温室气体排放来自成千上万的机动车尾气以及对散布在 50 个州大约 4 万个城市中的大量建筑物的使用。国会已经很少寻求对土地利用的直接管制,其主要工作是为州和地方政府规划和规则的制定提供经济激励。

1970 年曾提出过联邦对土地利用进行管理的建议,但最终归于失败。参议员亨利·杰克森提出制定国家土地利用政策法的建议,即在所有政府层面整合环境与土地利用政策,从而形成一个具有内在一致性的体系。该法案提供多种有力的经济激励,鼓励各州以地方投入和公众参与为基础来制定战略性土地利用规划。法案中的经济激励包括财政帮助、及时提供有效规划所需要的数据、允诺州和地方土地利用规划被采纳和认可后所有各种联邦行动都将遵守这些规划等。亨利·杰克森参议员是这样描述其土地利用政策法案的:它包含了新的程序和机制用以降低冲突、无意义的拖延以及因土地利用竞争而产生的低效率,并将这种竞争从敌对性进程转向规划性进程。杰克森的法案经历了多次修改,已与其最初版本截然不同。修正案增加了更多的联邦要求,使得州制定的规划减少了综合性,弱化了激励,增加了新的制裁。尽管修改的法案在参议院获得通过,但因为遭到负责联邦区划和强制征用的众议院规则委员会反对而未在众议院获得通过。

由于没有联邦土地利用法，为了确保联邦政策在州和地方规划中发挥作用，合作联邦主义作为一种富有价值的方法开始出现。与寻求划定州和联邦各自管理边界的传统"双重联邦主义"不同，合作联邦主义的规制项目体现的是国会、州、部落、联邦和州机构以及地方政府之间的协同一致。典型合作联邦主义的立法是勾勒出一个规制项目的大体轮廓，并授权各州按照联邦指南予以实施。这样，合作联邦主义就在联邦优先原则与去中央化二者之间达成了功能性平衡。

从各方面讲，合作联邦主义都是有益的方法。尽管国会相对于州和地方政府拥有广泛的立法优先权，但国会通常会在行动上犹豫不决。最高法院关于联邦主义的意见说得十分清楚，有许多令人信服的理由促使国会谨慎行使其立法优先权。特别是在 Gregory v. Ashcroft 案①中法庭注意到："联邦主义者联合主权的架构为人民保留了许多优势。它确保一个去中央化的政府对于多元社会的多样化需要反应更为敏锐。它增加了公民参与民主进程的机会，它允许政府进行更多的创新和试验，它通过公民在各州之间的流动促进各州之间的竞争进而使得政府更具回应性。"

因此，相较于优先采取国家政策，联邦管制项目长期以来更信奉合作性机制，综合利用联邦、州和地方机构来实施联邦法律。合作联邦主义一个很好的例子是 1968 年的国家洪水保险计划。该计划由联邦政府为私人财产所有者提

---

① 501 U. S. 452, 111 S. Ct. 2395, 115 L. Ed. 2d 410 (1991).

供洪灾损害保险,但是必须由地方政府在联邦政府指定的洪水泛滥区通过和执行建筑条例。① 国会还在 1972 年的《海岸带管理法》(CZMA)下制定了沿海地区土地利用政策。② 《海岸带管理法》主要是为州和地方政府海岸带资源的管理和利用提供指导,它采取州和地方政府自愿参加的方法,对于选择根据联邦最低验收标准来开发综合管理项目的州,联邦政府给予强大的财政激励。除了联邦资助外,法律还要求联邦机构确保联邦行动与州规划之间的一致性。

同样,2000 年的《减灾法》(DMA)阐明了国家的立法目的,并为提高州与地方在减灾方面的规划及执行力提供了机会。③ 《减灾法》规定,为了获得联邦减灾资助,州和地方政府必须开发一项减灾规划并提交总统批准,该规划需勾勒出识别自然灾害、风险的过程以及政府管辖的易受灾区域。州政府的作用包括协同州和地方政府开展与损害评估、减缓相关的活动,并为地方政府提供灾难规划方面的技术指导。

在电站和主要污染设施的选址和许可程序等方面其规制也是相似的。例如,《清洁水法》中的许可常常由州的机构来管理,但即使联邦政府对州和地方政府选址决策仅拥有有限的优先权,有时仍需要得到其他联邦法的批准,例如风能设施必须遵守联邦航空管理局发布的障碍物标准(详见第九章)。

---

① 42 U. S. C. §§4001 et seq. (2008).

② 16 U. S. C. §§1451et seq. (2008).

③ 42 U. S. C. §5165.

1966 年实施的《国家历史古迹保护法》(NHPA)尽管不是合作联邦主义的范例,但仍提供了另一种意在增加不同层级政府之间合作的联邦立法实例。[1] 该法要求联邦机构考虑其活动对列入或适合列入国家历史建筑物登记簿的不动产的影响。该法所规定的审查绝大多数是程序性的,一个机构并非必须要减缓或废弃一项不可避免会产生负面影响的活动。但机构必须要遵守法律所设立的程序,即强调与州历史保护官员以及其他各方的磋商与合作。

在一个涉及为开发地热资源而续延联邦土地租约的案件中,第九巡回上诉法庭裁定,涉案机构没有与适当的州与部落代表进行磋商违反了《国家历史古迹保护法》。法庭认为本案续延的租约不仅仅是现状的延续,它并没有为机构保留预防与地热开发有关的地表扰动的权力,而且这项权力在后来为批准企业的地热工厂而按照《国家历史古迹保护法》所进行的磋商中也没有得以保全,因为磋商针对的根本就不是租约是否应当被授予的问题。[2] 另一方面,在一个有关军团批准水电设施升级改造的案件中,法庭裁定该案没有违反《国家历史古迹保护法》,因为军团提供给原告充分的机会获取信息或表达其观点,它适当考虑了项目对史前文化资源的影响,并同意与州历史保护官员一道减缓影响。[3]

联邦法律的其他领域为合作联邦主义展现了更为复杂

---

[1]　U. S. C. §§470 et seq.

[2]　Pit River Tribe v. United States Forest Serv. , 469 F. 3d 768 (9th Cir. 2006).

[3]　Abenaki Nation of Mississquoi v. Hughes,805 F. Supp. 234 (D. Vt. 1992).

的情况。例如,美国的能源政策体现了联邦优先原则和合作联邦主义两种方法。2005 年的《能源政策法》修改了《公共事业管理政策法》,指导各州考虑采纳净计量政策。净计量鼓励电力消费者在仍使用商业供电设施的同时投资于风能、太阳能等可再生能源。当替代性能源生产超过其所需要的电力时,通过采用净计量方法,电表会逆向运行。超过的电量随后为商业电力提供者所购买,并将其与能源网分享。关于净计量政策在本书第四章第六节有更为详细的讨论。尽管联邦法律制定了国家支持净计量的政策,但允许各州自行决定是否将净计量作为一项适当的政策措施。[①]而且,尽管联邦政府在管制能源生产方面起重要作用,但它在执行可再生能源投资组合标准,即要求电力企业需要获得一定比例的来自可再生能源的电力方面,并不享有对各州的优先权。如同第二巡回法庭在 Wheelabrator Lisbon, Inc. v. Connecticut Dep. of Public Utility Control 案[②]中所解释的,判例法和联邦成文法管制能源定价并不表明其意在占据相关领域,即管理可再生能源信用。而且,它明确承认由州的法律管控可再生能源信用的流转。然而,2005 年的《能源政策法》明确授权联邦政府在一定条件下可撤销州的选址决定。并且在 2010 年,联邦能源管制委员会发布的一项规则宣称它在州的大规模成批能源定价方面享有优先权。[③]该规则优先于意在刺激可再生能源生产的州上网电价规则。

---

①　16 U.S.C. §2621(d)(11).

②　531 F. 3d 183 (2008).

③　132 F. E. R. C. P61047.

合作联邦主义所示范的的另一途径是通过各种税收激励及赠款项目等形式,由联邦对包括风能在内的可再生能源予以财政资助。联邦对可再生能源的补贴在过去的十年间几乎翻了一倍,从 1999 年占总能源补贴的 17％到 2007 年的 29％。而且可再生能源项目可以通过大量的赠款项目获得联邦财政资助。2009 年《美国恢复与再投资法》还拨出 32 亿美元用于能源效率与节能的大额拨款项目。尽管大额拨款项目不是专门针对可再生能源开发,但它为减少能源使用和化石燃料排放以及为改善能源效率提供联邦赠款,展示了当前能源改革的政治决心。

2.5 区域主义

合作联邦主义在观念上与区域主义和城市间的合作相关,后者已经被作为处理复杂和广域环境问题战略必不可少的一部分。数十年来,社区规划中的区域主义以及政府间合作受到赞扬。在既有文献中可以发现大量合作行动的例子,这些合作是源于意识到土地利用决策的影响不分政治边界。在气候变化领域实施富有意义的战略方面也同样如此。例如,跨越城市边界的农业活动,其所释放的甲烷气体是相同的。而在跨行政区人员流动的模式背景下看,公共交通导向的开发效果最好。

2.5.1 区域气候登记簿和减排行动

在联邦标准缺失的情况下,相关区域和各州之间经过大量工作制定了合作目标和统一报告的协定。其中,涵盖范围最大的是包括美国和墨西哥的州、加拿大的省、部落民族以及北美非营利组织和私人公司等参与合作设立的非营利性的"气候登记簿"。为了支持温室气体报告与交易项目,气候登记簿提供一致、精确、透明的温室气体排放报告标准。登记簿的适用范围包括美国 41 个州、加拿大 11 个省/准州地区、墨西哥 6 个州以及 4 个部落民族。截止到 2010 年 5 月 31 日,登记簿已经拥有了 416 个自愿参加的成员,涉及的产业涵盖农业、建筑和材料、国防、教育、发电厂、食品饮料、政府部门、保健、制造、金属、采矿、非盈利部门、石油天然气、印刷、公共设施、零售业、固体废物和循环再生、技术、电子通信和运输。

美国第一个强制性的、基于市场的温室气体总量控制与交易项目是 2005 年由美国大西洋西北部和中部 7 个州的州长在发起区域温室气体行动(RGGI)时设立的。2010 年又有 3 个州签署加入了区域温室气体行动中电厂排放总量控制项目。诸多州长所签署的谅解备忘录要求参与各州制定法规设立总量控制与交易体系,目标是到 2018 年底将电厂的排放减少 10%。总量控制与交易体系有时也被称作"排放交易",是基于市场的污染控制方法。其基本做法是设定允许污染物排放的最大量,并要求污染产生者对其排放持有"配额"。气候变化背景下的总量控制与交易项目相对较新,但《1990 年清洁空气法修正案》设立的总量控制与交易项目则已被认为其成功地帮助控制和减少了引起酸雨的二氧化硫排放。

按照区域温室气体行动,参与的各州都设立了排放总量,并于 2008 年 9 月开始拍卖排放配额。参与各州被要求将其通过拍卖所得的收入用于能源效率和可再生能源项目。同时,由于配额可以出售和交易,位于参与各州的电厂因此有了投资减排技术的财务动力。区域温室气体行动采取阶段性方法,即在一段时间内降低州的排放总量,这就为企业留出了计划和实施碳削减替代方案的时间。碳配额也可以通过其他减排活动,例如垃圾填埋场的甲烷捕捉、农业甲烷管理、造林和森林管理来弥补。这种做法使得对区域温室气体行动排放总量的遵守更为灵活,并有助于减少经济负担。

2009年1月,位于纽约州科林斯的一个联产电站的所有者提起了针对纽约州长大卫·帕特森、州环境保护部、州能源、调查和发展局的法律诉讼,宣称州无权加入区域温室气体行动。[①] 该案在挑战州加入和执行区域温室气体行动权力的同时,也对区域温室气体行动起到了促进作用,因为Indeck公司通过长期合同迫使 Consolidate Edison 公司负担因购买排放信用所增加的成本。案件随着2010年1月和解协议的生效而得以解决,即 Consolidate Edison 公司同意消化 Indeck 公司购买配额的费用,涉案州政府部门同意考虑制定规则允许将成本转嫁给地方税的纳税人。纽约州能源、调查与发展局也同意从 Consolidate Edison 公司所在纳税地用于能源效率项目的州碳信用拍卖基金中拿出部分资金来抵消 Consolidate Edison 公司的一些成本。

中西部九个州的州长和两个加拿大地方政府首脑2007年达成《减少中西部温室气体协定》(MGGRA),要求《协定》咨询组创设总量控制与交易项目,使中西部在诸如生物燃料、可再生能源生产、碳储存以及农业管理等方面的实力最大化。2010年5月,咨询组公开了关于建立减排目标以及设计总量控制与交易项目的最终建议。建议包括:

---

① 参见 Indeck Corinth, L. P. v. Paterson.

减排目标应该按照项目结果适时进行调整;一定的生物量、生物燃料、生物源的排放应该豁免管制但需要报告管理情况;应公平确定总量控制与交易的减排量以便使项目覆盖的部门所承受的负担适当;参与区域应该找到与"区域温室气体行动"以及其他区域气候变化组织的连接点;从各州配额分配所获得的基金应该用于加速转型方面的投资、减少交易项目对经济的负面影响以及应对气候变化影响;参与区域在决定如何拍卖或分配配额方面应该具有一定的灵活性,只要实施适当的法律保护配额的价值、责任性和透明度即可;碳抵消必须是真实的、额外的、可验证的、永久性的和可执行的。

2007 年还制定了意在开发一种基于市场的方法来达到减排目标的《西部气候行动》(WCI)。《西部气候行动》的总量控制与交易项目由美国的亚利桑那州、加利福尼亚州、新墨西哥州、俄勒冈州、华盛顿州、蒙大拿州和犹他州的州长以及加拿大英属哥伦比亚省、曼尼托巴省、安大略省和魁北克省的政府首长签署,将于 2015 年全面实施。该项目将涵盖电力、工业、运输和住宅等部门,为排放交易、配额储蓄和抵消等提供机会。

2008 年 9 月 23 日,《西部气候行动》发布了其总量控制与交易项目的概要,项目影响范围不仅包括电力排放,还包括住宅取暖、个人机动车以及工业燃料消费所产生的排放。项目的第一阶段于 2012 年启动,主要针对工业实体提出配额要求、开展交易。项目的第二阶段于 2015 年启动,届时非工业排放源,诸如一些来自住宅的排放也将被纳入其中。

2.5.2 区域交通规划

1962 年,美国国会通过的《联邦公路法》以在人口超过5 万的城市区域设立都市规划组织(MP0s)作为获得联邦交通资助的条件。1991 年的《水陆联运运输效率法》(ISTEA)强化了都市规划组织的作用,鼓励在州和都市政府的交通规划之间进行协调。按照《水陆联运运输效率法》,都市规划组织必须拟定 20 年期的交通规划来指导区域综合性交通系统的发展。《水陆联运运输效率法》还包括了关于改善过境运输的条款和意在补充《1990 年清洁空气法修正案》的要求。1998 年建立在《水陆联运交通效率法》基础上的《21 世纪交通平等法》付诸实施。

一些都市规划组织已经拟定了一些包含气候变化影响的区域规划。例如,加尔维斯顿、得克萨斯、莫比尔、阿拉巴马的都市规划组织已经完成了气候变化方面的研究,以便为应对未来在气温、降水和暴风雨天气变化等方面的影响做出决定和规划。波士顿的都市规划组织同样识别出气候变化可能对区域基础设施带来的威胁,并拟定了一个规划文件来帮助指导温室气体减排。达勒姆市、北卡罗来纳市、达勒姆县以及达勒姆—查波尔希尔—卡尔波罗的都市规划组织还联合创设了一项地方气候行动计划。

在一些都市规划组织从寻求减少排放和准备气候变化适应规划两个方面来对气候变化问题做出回应的同时,还需要国会采取行动在交通规划中体现可持续性这个关键问题。已经由众议院通过但尚未被参议院采纳的《2009 年美国清洁能源和安全法》对所执行的区域交通规划方法做出了重要改变。例如,该法要求交通部长建立国家温室气体运输排放的监控和减排目标。联邦运输法律需要做出的其他改变是帮助协调州和都市规划组织制定的交通规划与地方土地利用条例之间的关系。

2010年5月,美国交通部发布了一个五年战略规划草案供公众评议。该草案围绕5个核心目标来建构:改善交通安全、维护交通基础设施使其处于良好状况、促进有益于国家的交通投资、培育活力社区、促进环境可持续的交通政策。草案承认"培育活力社区对于交通部而言是政策的一个转变",规划将有关活力社区的讨论聚焦于"增加交通选择和获得交通服务"政策上。2010年6月,美国交通部制定了一个金额为6亿美元的"交通投资经济复苏或TIGER二期无偿赠款项目",用于奖励促进可持续性的示范工程项目。

2.5.3　区域和城市间土地利用规划

在20世纪的七十年代和八十年代,几个州开始检验和实施鼓励区域增长的管理新战略。一些州要求将区域影响评估作为地方规划程序的一部分,并且要求地方规划与邻近地方规划以及负责审查地方规划的区域性实体所做规划保持一致。佛蒙特州和罗德岛州的法律规定了地方规划与区域和州规划的符合性认证程序。① 另外,佛蒙特州的《土地利用与开发法案》通常被称作第250号法案,规定了对具有区域影响项目进行特殊审批的程序。②

俄勒冈州也是州土地利用规划项目开发的领军者,该州1973年设立了土地养护和开发委员会,并通过了州的规划目标。其中,第十四项目标"提供有序、有效的从农村向

①　24 V. S. A. §4350；R. I. Gen. Laws §45－22.2－9.

②　10 V. S. A. §§6001 et seq.

城市土地利用的过渡"要求地方政府合作设定城市增长边界(UGBs)以确定可以城市化的土地,并将其与农用地分开。俄勒冈州的城市增长边界一般通过发挥限制性区划作用来保证城市边界之外的土地不被用作城市开发。划定的边界与未来增长相适应,并定期更新。如果地方政府要扩展或修改边界,它必须证明边界内的土地不能满足城市增长需要而应额外增加市区。

除了将区域主义的概念包含在地方土地利用规划活动之中,一些州还设立了区域性实体来保护重要的文化、自然和环境资源。例如,1990 年马萨诸塞州通过了《科德角委员会法》。在预防不必要的"大盒子"式发展和增加整个巴恩斯特布尔县公共开放空间的意愿激励下,《法案》授权委员会与该区域的十五个城镇一道工作,并赋予委员会筹备区域土地利用规划的职责。委员会的工作任务还包括对具有区域影响的开发建议做出许可,这要求委员会仔细权衡拟从事的开发所获利益及其所产生的消极影响。

在规划文献之中常被作为区域土地利用控制模式的另外一个例子是 1971 年通过纽约州立法所设立的阿迪朗达克公园管理机构(APA),它作为纽约州的独立机构负责对目前面积达 600 万亩具有独特景观、美学、野生动植物、娱乐、公共开放空间、历史、生态和自然资源的公园与森林保护区进行养护、保护、保存和开发。法律指示阿迪朗达克公园管理机构开发和实施一项公园的区域土地利用和开发规划,范围涵盖 12 个县和 105 个城镇和村庄政府。阿迪朗达克公园管理机构通常被作为特别案例引用在于它代表了全州选民的利益,成为一个实际上负责监管州的具体区域土地利用与开发的管理机构。在批准地方政府的地方土地利用项目的情形下,阿迪朗达克公园管理机构与地方政府实际上在对特定区域土地利用管辖权方面实行了分制。阿迪朗达克公园管理机构一般对公园范围内具有重要影响的项目拥有管辖权,而地方政府则对单纯的地方土地利用拥有管辖权。

许多州在过去的几年里都更新了他们的规划法律,要求制定地方综合性规划来解决区域性问题和政府之间的规划问题。另外,德拉华州、新泽西州等较小的州制定了州规划图来识别哪些具体地区的增长政策应该受到鼓励。除了这些努力之外,对政府间规划的激励措施在鼓励区域合作方面起到了重要作用。一些州增加了对合作性规划项目的赠款和资助。科罗拉多州甚至采取了更有力度的地区规划方法:其传统社区赠款项目仅为城市联合项目提供资助。授权地方政府签订税收共享协议也激励了众多城市一同来规划服务和设施。

除了经济激励和规划要求外,为地方政府参与联合规划提供技术帮助也被证明特别有效。一些州已经承认他们作为裁判员在区域规划中能够发挥整合作用。例如在宾夕法尼亚州,州长设立的地方政府服务中心为牵涉到协调规划争端解决方案的地方政府提供专业帮助。在科罗拉多州,城市可以获得解决全州范围内替代性争端方案的专家名单,为其在合作规划过程中出现的问题提供帮助。而在纽约州的大众优质社区和服务共享项目中,只有在城市间合作开展的规划与运作项目才有资格获得州的资助。

因为绝大多数州有宪法性和法律性规定能够使两个以上地方政府一道工作来实现共同目标,所以区域规划也能够"自下而上"进行。城市间气候变化战略的一个例子是由波特兰市、俄勒冈及其周边的摩特诺玛县所开发的全球温暖化地方行动计划。该行动计划与其他州和地方的气候行动计划相似，阐明的目标包括创造绿色就业、帮助社区成员适应气候变化以及通过交通系统转型和在地方建筑中实现能源效率来达到总体减排。

2.6 公众参与

如同需要在政府不同机构和不同层级间采用合作方式来开发有效的气候变化减缓战略一样，政府也必须确保程序的透明性，并开放供市民和公司参与其中。本书第三章和第四章将详细讨论《国家环境政策法》(NEPA)及其在各州层面上的类似立法在为公众提供机会来评议有重要环境影响的开发建议和政府行动方面所规定的重要程序步骤。

一些州有关项目选址的法律为公众参与提供了额外的机会。例如，根据明尼苏达州法律，受到影响的土地所有者和地方政府会收到许可申请书的副本，并有至少用 30 天的时间来提交意见。之后，州会为每项申请召开公众评议会。如果公众要求的话，也可以举行争议案件会议。[①] 加利福尼亚州能源委员会遵循环境正义政策，它采取的重要方法之一是通过选址、输电和环境保护部门、听证办公室、媒体和公共关系办公室以及公众咨询办公室等开展具有广泛影响的公众宣传，并据此做出决定。其中，该委员会特别注重吸引非英语语言民众的参与。

---

① Minn. R. 7854. 0900.

2.7 走向管理气候变化的"反射性"法律体系

创设一个通过可持续发展来管理气候变化的理想法律框架应该整合和撬动联邦、州、地方政府以及私人部门的能力和资源。这种法律框架应该是"反射性"的,即能在众多学科、部门、利益集团、资源和与有关气候变化管理任务复杂性的知识基础之间建立联系。采取自上而下的强制性或禁止性规定在处理一些诸如机动车排放等气候变化问题时是适当的,同时,理想的法律框架还能够适应独特的地方情况,并鼓励将创新作为国家法律体系的一部分以协同政府在土地利用控制和环境保护方面的作用。至于《海岸带管理法》和《减灾法案》规则,它通过多层次立法的方法来整合相关规制,将各自独立但相关的土地利用问题联系起来,并舒缓联邦最高权力、州的权力以及地方住房规则之间紧张的关系。这些联邦法律通过依靠州和地方政府采取与联邦政策相一致的灾难和海岸带规划,在立法上建立起一种垂直式连接。联邦法律通过提供联邦资助和技术帮助来鼓励相关规划的实施。这些法律鼓励互动和在政府内部以及所有利益相关方之间就其可持续发展的表现进行信息共享。

除了整合各级政府的影响外,气候变化管理的合作性方法也应该引入受政府管制影响的私人参与方,而且私人参与对实现政策目标是必需的。通过对地方土地利用规划和管制改革的欣然接受,气候变化的政策制定者们在管理州和联邦气候行动时植入了一整套地方土地利用法的决策机制。地方土地利用法律体系依靠历届立法机构的工作、开放性会议、搁置立法和项目审查的公告、公众听证、地方机构对所管制项目的审查以及有权在法庭上挑战已通过的法律和已批准的项目等，全面为公众参与提供机会。例如，为鼓励各地采取气候行动计划，联邦和州的政策会吸引、告知和激励更多的公众参与。居民由于在参与决策过程中会考虑地方政府降低其自身碳足迹以及管制开发活动碳排放等方面，他们更可能会改变自身的行为。气候行动计划包括设计用来促进循环再生、节约能源、步行、骑自行车出行、拼车出行、使用公共交通系统以及进一步减少小汽车和飞机旅行的宣传与公众教育项目。

第3章 联邦政策、管制和市场

3.1 联邦行动的广度

在本章,我们的讨论将转向关于可持续发展和气候变化的国会、行政部门和联邦法院的法律、规定、政策和决定。截至本书出版时,对于备受争议的总量控制和交易提案、碳税或其他直接针对减少温室气体排放的联邦法规,国会鲜有报告。有关这些事项的立法应当符合美国在第一章所讨论的京都议定书和哥本哈根协定问题上的立法政策。一些评论家认为,美国未能批准京都议定书以及国会不能制定和执行严格的排放标准,将严重阻碍未来《联合国气候变化框架公约》下的全球进展。

在直接减排行动悬而未决的同时,国会在管理气候变化起因、后果以及促进可持续发展的其他环境、能源、运输和住房事务立法方面做了很多努力。为了回应这些立法行为,联邦机构发布了诸多规则和条例,而有关当事人也可就相关问题诉诸联邦法院。本章对国家层面的行动进行检验,这些行动构成未来行动的背景。首先,我们回顾一下美国在早期有关气候变化研究、政府间合作以及国际协议领域令人印象深刻的领先地位,这些为 1992 年的《里约协定》,包括《联合国气候变化框架公约》奠定了基础。

3.2　早期的联邦气候变化进程

在 20 世纪最后三十年中,国会批准的立法确立了美国在应对气候变化方面的国际领先地位。立法开始于 20 世纪 70 年代,随后通过了一些有抱负的、旨在减少国内空气、水和土壤污染的环境法案。这些气候变化法规展示了早期对于全球气候变化重要性、需要深化对气候变化理解以及处理气候变化成因与后果等问题的全面认识。

3.2.1　1978 年国家气候计划法

1978 年,参议院商务、科学和运输委员会注意到美国依赖煤炭和化石燃料所具有的潜在严峻影响。这体现在下述委员会有关建议通过《国家气候计划法》的报告摘录之中。

除自然的气候变化外,人类活动也有可能影响气候和诱导气候变化。20 世纪地球人口从约 15 亿增至 40 亿。美国人口从 7600 万增至 2.17 亿。美国从农业社会转变为高度工业化、科技为本的社会。过去 50 年里美国的能源消耗翻了两番。

特别是某些科技进步已危及国家和全球的气候模式。美国国家科学院报告指出,煤炭和化石燃料有计划的使用可能使大气的二氧化碳增加到一定水平,致全球平均气温上升 6 摄氏度。这种变化的长期影响是不确定的,但这样大程度的温度上升可能使海平面因极地冰盖融化而上升18 英尺。美国的主要农业区域可能向北推移数百英里,沿海区域将有显著变化。

农业部门对气候和气候波动尤其敏感。近几十年农业产量的增加很大程度上是源自依赖于有利天气模式的科技进步。举例来讲,"绿色改革"提出的农业生产方式需要大量水。在过去20年中,与新的、高度专业化的农作物品种相匹配的是变化不大的温度和降水条件。天气模式的转变会对美国食物和纤维的供给产生严重的影响……

这些评论推动了1978年《国家气候计划法》的通过。该法案在商业部下设立国家气候计划办公室,用来协助国家和国际社会理解并回应自然以及人为导致的气候变化及其可能的影响。办公室与国家科学院和其他小组致力于制订连续性的五年优先计划。相对于其他事宜,该计划优先评估自然环境的气候影响;协调基础研究和应用研究以提高对气候过程和自然及人为导致的气候变化的理解;改进气候预报;收集全球数据;加强气候研究、监控、分析和数据传播的国际合作。

该法规定了各州之间以及联邦各机构之间的合作,并因而设立了由来自农业部、商务部、国防部、能源部、内政部、国务院、交通部、国家环保局、美国航天局(NASA)、环境质量委员会、国家科学基金会及科学和技术政策办公室的代表组成的部际气候计划政策委员会。

3.2.2　1987年全球气候保护法

在通过《国家气候计划法》9年之后,1987年《全球气候保护法》(GCPA)重申了前者的多项目标,并确认为了及时明确美国作为有关温室效应领导者的需要,继续研究气候变化十分必要且重要。在该法的诸多结论中,值得注意的有如下几点。

21世纪早期,地球气温上升改变全球天气模式,以至于对现有的农业产量和大部分地球区域的可居住性产生影响;引起海洋的热膨胀、极地冰盖和冰川的部分融化以致海平面上升。

该问题的全球性需要强有力的努力来达成国际合作,旨在最小化不利气候变化并做出回应;这样的国际合作将因美国的领导地位得到极大程度的增强。国际合作的一个关键步骤是计划在 1989 年 6 月召开联合国环境规划署理事会会议,会议将寻求确定关于控制全球气候变化的全球努力方向。

美国在国际舞台上是否能有效发挥领导者作用将取决于协调一致的国家政策。

《全球气候保护法》接着指出,美国应当设法加强全球对温室效应及其环境与健康后果的理解;促进国家间的合作以开展针对温室效应的更广泛、更协调一致的科学研究;明确相关技术和活动,在近期内通过减缓大气中温室气体浓度的增长速率来限制人类对全球气候的反作用;在长期内稳定或减少大气中温室气体的浓度;努力达成多边协议。

《全球气候保护法》指定美国国务卿来"协调美国政策的各方面,这些政策要求通过多边外交途径,包括通过联合国环境规划署和其他国际组织来采取行动"。该法要求美国国务卿和国家环保局在两年内向国会递交一项联合报告,总结国际上对温室效应的科学理解;评估联邦政府在限制气候变化方面争取国际合作所做的努力;说明继续推动国际合作的策略。

3.2.3　1990 年全球变化研究法

为了协调涵盖政府及私人部门所有层级的研究活动,国会通过了 1990 年《全球变化研究法》(GCRA)。它规定

"开发和协同一项全面的、综合性的美国研究计划,帮助美国和世界理解、评估、预测和回应人为诱发的全球变化及其自然进程"。

《全球变化研究法》要求总统通过联邦科学、工程和技术协同理事会建立一个跨部门的委员会来计划和协同美国全球气候研究计划(以下简称"计划")。《全球变化研究法》要求定期筹备并向国会提交国家全球变化研究计划,该计划包括对全球变化研究的建议和可作为决策基础的最有效的研究结论的描述。它还要求提供分析全球气候变化影响的科学评估。第一个研究计划预计于 1991 年 11 月提出,此后每三年一次对计划进行修正。

2007 年,研究计划和科学评估延期多年仍未提出。为此,几个环境团体在 Center for Biological Diversity v. Brennan 一案①中提出诉讼以迫使政府发布研究计划和科学评估。由于《全球变化研究法》没有公民诉讼条款,所以原告是按照联邦质询的法律规定、《行政程序法》、1962 年的《执行令和审判地法》来起诉的,声称其受到程序性损害和信息损害。法院判定原告遭受了程序上的伤害,因为原告被剥夺了在研究计划中发表意见的权利。这种剥夺阻止了他们行使权利来对美国全球气候研究计划下如何进行相关研究施加影响,这反过来会对作为科学评估根据的结论产生影响。

法庭判定原告的权益属于受《全球变化研究法》保护的权益范围,接受了他们的主张:他们的"伤害源于他们担心全球变暖将对环境以及原告成员的健康和福祉产生有害影

---

① 517F. Supp. 2d 1105 (N. D. Cal 2007).

响,政府部门在不知情的情况下做出的决定可能进一步加重全球变暖问题和/或对全球变暖的挑战做出不适当的回应";"被告因为无法提供所需报告妨碍了原告成员对受气候变化影响的物种进行研究与观察"。原告的后一项主张有成员的声明作为支持,这些成员的职业或个人兴趣依赖于珊瑚礁和其他气候敏感的生态系统。

按照《全球变化研究法》的强制性报告要求,法院在Brennan 一案中裁定认为发布一项命令对"实现《全球变化研究法》的立法目的"是必要的。法庭认为,根据《行政程序法》,采取这样的救济是恰当的,该法规定发布命令性救济是为了"迫使机构采取被非法拒绝或被不合理迟延的行动"。因此法院命令将修订的所提议的研究计划,连同预期90天后完成的修正计划和科学评估,于6个月内在联邦公报上发表。2009 年,美国全球气候研究计划以著作形式发布了一项题为"全球气候变化对美国的影响"的科学评估报告,书中采纳并更新了政府间气候变化专门委员会第四版评估报告所提供的信息。

除了促进研究和进行报告外,《全球变化研究法》明确规定:"总统应当指示国务卿与委员会合作,朝向达成协同全球气候变化研究活动的国际议定书和其他协定这一目标发起与其他国家的讨论。"《全球变化研究法》还指出:

"总统应当指示国务卿(与能源部长、商务部长、美国贸易代表以及委员会其他合适的成员合作)就合作开发具有最小环境不利影响的能源技术,朝向达成一项国际研究议定书的目标,发起与其他国家的讨论。"

《联合国气候变化框架公约》曾依据《全球变化研究法》就美国的重要领导地位进行谈判。《框架公约》由乔治·赫伯特·沃克·布什总统于1992年签署,并由参议院正式批准。自此,美国在气候变化问题上的领导地位开始衰退。《联合国气候变化框架公约》之后,缔约方会议谈判达成《京都议定书》,该《议定书》规定了发达国家温室气体的强制减排义务。《议定书》虽经克林顿总统签署,但未被参议院接受。参议院担心二氧化碳减排特别是对发达国家所造成的经济后果。这种感受如此强烈以至于参议院以95∶0的投票结果通过决议案,要求总统不得签署任何会对经济产生严重损害或没有包括有关发展中国家排放条款的协定。此后,国会通过了一系列阻止国家环保局履行该《议定书》的法案。

3.3 清洁空气法、国家环保局和温室气体管制

3.3.1 国家环保局对温室气体排放的管制权

与国会在减排方面的无作为一样,国家环保局也未能在《清洁空气法》(CAA)框架下采取控制温室气体的行动。根据《清洁空气法》,国家环保局是否拥有管制温室气体的法定权限,如果有,那么,国家环保局所称的拒绝行使此职权的理由是否符合该法规定,这些问题直到美国最高法院对 Msssachusetts v. EPA 一案[①]做出判决才得以解决。此案争议的问题是国家环保局是否在管制新机动车二氧化碳尾气排放方面具有管辖权。法院认定国家环保局确实拥有管辖权,并且其放弃履行职权的理由不符合《清洁空气法》的要求。

---

① 549 U.S. 497,127 S.Ct. 1438,167 L.Ed.2d 248(2007).

对于此案法庭做出了几个关键性评述。第一个是关于气候变化威胁的严重性。法庭注意到许多严重的气候变化不利影响已经发生，"包括'全球高山冰川范围缩小，积雪层范围缩减，春季河流与湖泊冰融提前，相对于过去几千年而言，20世纪海平面上升速率在加快……'"对于全球变暖，科学家绝大多数意见有着"强烈的一致性"，即：

气候变化预示（除了其他后果外）到世纪末海平面猛然上升的来临，严重的且不可逆的自然生态系统变化，淡水储备和冬季山区积雪场的显著缩减带来直接和重要的经济后果，以及疾病传播的增加……海洋温度的上升可能还促成飓风的肆虐。

第二个有趣评述是关于国家环保局处理诸如气候变化这种新增环境威胁的职责。国家环保局不管制尾气排放的理由之一是考虑到其他排放源的贡献量，尤其是发展中国家排放，尾气排放对气候变化问题的贡献率相对很小。法院首先注意到：1999年美国交通领域二氧化碳的排放量超过17亿吨，占全球排放量的6%。随后法庭裁定减少本国汽车排放"仅仅是试探性的一步"。对此，法庭引用了 Williamson v. Lee Optical of Okla. Inc. 一案①的判决，进一步指出："改革应循序渐进，从法律思维来讲，应将改革注意力集中在问题看起来最严重之阶段。"

最后是关于包括马萨诸塞州在内的原告诉权问题。由于州在保护"其领域内土壤和空气"上具有准管辖利益，法庭显示出对它的"特殊关怀"。法庭认定，尽管气候变化的许多影响是广泛存在的，但马萨诸塞州尤其会受到损毁，因

---

① 349 U. S. 925, 75 S. Ct. 657, 99 L. Ed. 1256 (1955).

为海平面上升预示着将"吞没马萨诸塞州的海岸土地",其中一大部分海岸土地属于马萨诸塞州所有。因此,法庭认定马萨诸塞州宣称"作为土地所有者其能力受到具体伤害"是充分的。

综合上述评论,会饶有兴趣地注意到能通过多种方法来减少汽车排放,包括设定燃油效率标准,联邦交通部资助设立公共交通中转系统,设立交通运输专款,或在住房和城市发展政策和计划中创设更少依赖汽车的社区。这些举措通过降低对汽车的需要以及汽车出行的次数和距离来逐渐减少尾气排放。将在本章稍后探讨的这些行动不仅可以减少车辆的二氧化碳排放,还可以鼓励更节能的新型开发模式,并因此减少对燃煤发电的需要。

在 Central Valley Chrysler－Jeep Inc. v. Goldstene 案①中,联邦地方法院处理的问题是:州以及联邦政府是否有权制定规章限制机动车温室气体排放,主要是二氧化碳的排放。案件争议点在于作为联邦法令的《能源政策和节约法》(EPCA)是否对加利福尼亚空气资源控制委员会(CARB)提出的汽车温室气体排放标准具有优先权。法庭认为,《清洁空气法》赋予国家环保局和加利福尼亚州制定限制机动车温室气体排放规章的同等权力。具体而言,法庭认为:"根据《能源政策和节约法》设立标准需要对国家环保局和州的排放管制都予以考虑。"

Northwest Envtl. Def. Ctr. v. Owens Corning Corp 案②的法律问题是:根据《清洁空气法》被告私人部门是否

---

① 529 F. Supp. 2d 1151 (E. D. Cal. 2007).

② 434 F. Supp. 2d 957 (D. Or. 2006).

需要获得一项施工前许可,因为其设施大量排放的温室气体对原告组织成员的工作和居住区域具有不利影响。首先,法庭认为"例如全球变暖和臭氧耗竭的问题可能具有'广泛的公共性',但这些问题既不是'抽象问题',也不仅仅只是'泛泛的抱怨'。不能仅因为这种伤害的广泛存在就将其排除在法院管辖之外"。鉴于已经赋予了本案原告起诉权,法庭裁定《清洁空气法》要求被告遵守该法的规定,在施工之前获得许可。

弗吉尼亚州法院拒绝推翻一项授予燃煤电厂的许可,原告诉称由于州空气污染控制委员会没有考虑电厂排放二氧化碳所造成的污染影响因此该项许可是无效的。在 Appalachian Voicesv. State Air Pollution Control Bd. 案[①]中,州中级法院认为州空气污染控制委员会在颁布许可时没有义务去分析二氧化碳排放。其依据是不论《清洁空气法》还是弗吉尼亚州法规均没有限制或控制此类排放。

3.3.2　国家环保局管制上的回应

尽管根据《清洁空气法》第二部分(Title II)所做的 Msssachusetts 一案判决只适用于移动源排放,但国家环保局在回应此案时发布了一项具有危险性的决定,声称该判决同样适用于温室气体排放的固定排放源。《清洁空气法》第 165(a)节规定受该法第一部分(Title I)管制的新建固定排放源对于该法管制的每种污染物都应采取"最佳可得控制技术"。依据法院做出的有关温室气体受《清洁空气法》管制的判决,国家环保局发布了一项正式规定,要求温室气体的主要固定排放源证明它们是使用最佳可得的实践和技

---

① 　56 Va. App. 282, 693 S. E. 2d 295 (Va. Ct. App. 2010).

术来控制排放的，只有这样它们才能获得新建污染源及其运营许可。

这条规定适用于产生国内绝大多数温室气体污染的燃煤电厂、精炼厂和工业联合企业。该规定要求排放二氧化碳、甲烷、氧化亚氮、氢氟烃、全氟化碳或六氟化硫数量不少于 2500 吨的设施需获得建造和运营许可。该规定还要求受管制排放源应当监测其排放量并向国家环保局提交监测报告。不遵守该规定即违反了《清洁空气法》，不遵守该规定所持续的每一天都被认为构成一个独立的违法行为。但该规定并没有对减排做出要求。国家环保局正在开发一套指导性文件，帮助许可机构和受影响的企业更好地理解温室气体的测量、监测技术和控制策略。

3.4　联邦妨害诉讼

Connecticut v. American Elec. Power Co. 案[①]和 Native Village of Kivalina v. ExxonMobil 案[②]是基于公共妨害和疏忽原则，对大量排放温室气体的工业公司提出控告的新型联邦案件。这些案件中提出的问题在一审和上诉法院中受到了不同的对待。

在康涅狄格州案中，第二巡回法庭推翻了纽约南区法院的判决，允许该案两组原告（一个是由 8 个州和纽约市组

[①]　Connecticut v. American Elec. Power Co., 582 F. 3d 309（2d Cir. 2009）.

[②]　Native Village of Kivalina v. ExxonMobil, 663 F. Supp. 2d 863（N. D. Cal 2009）.

成,另一个由 3 个"负有保护生态敏感地区法律职责"的土地信托基金组成)提起联邦公共妨害诉讼,要求 6 个大型电力公司公平地减少其温室气体排放。原告各州主张其代表超过 7700 万民众的利益;它们声称被告产生的排放"约占美国电力部门二氧化碳排放的 1/4"。两组原告均试图在十年左右的时间内限制并减少这些排放达到一定数量。

该案所有原告的诉求都是根据妨害诉讼这种联邦普通法提出的,上诉法院因而裁定原告具有诉权。第二巡回法庭赋予原告权利以证明其主张,并说服地区法院存在一种救济方法能够并且应该用来设计矫正被告不合理的排放量。判决否定了现有有关温室气体排放的联邦法律和条例涵盖范围广泛,足以"替代"普通法的论点。法院就此进行了解释:

> 如果存在管制漏洞,普通法会填补这些空隙……既有的《清洁空气法》或其他空气污染法没有提供原告以相关救济,但这并不意味着原告不能采取行动而必须等待政治部门构思一个应对全球变暖的"综合性"的解决方案。与其如此,宁愿由原告他们在此根据联邦普通法的妨害之诉寻求救济……因为联邦法院对此类诉求做出判决已历经了一个世纪……正如其他法院发现的,一个案件"似乎是一个普通的侵权诉讼,但并非没有可能对于此类明显为非司法自由裁量权事项在缺乏最初政策决定的情况下做出裁判"。

该案允许"一项普通的侵权诉讼"基于气候变化而展开,并寻求一项认定二氧化碳大规模排放构成妨害的司法判决。第二巡回法庭注意到联邦法院具有"娴熟处理公共妨害复杂问题"的能力,援引了大量州际污染案件并注意到《侵权法重述(二)》为公共妨害案件提供了指导性原则。接着法院遵循 Msssachusetts 案的判决，认定原告具有起诉权，注意到原告寻求的救济足以"减缓全球排放增长的脚步，无论在别处发生了什么"。

在 Kivalina 案中，阿拉斯加州因纽皮特村的管理机构请求认定 24 家大型温室气体排放者带来的损害，主张由于气候变化导致北极海冰的减少，威胁到他们岛屿群体的毁灭。原告依据有关公共妨害的联邦普通法以及关于私人妨害和公共妨害、民事共谋及共同行为的州法律请求认定损害。像 Connecticut 案中的地区法院一样，加利福尼亚北区法院以代表的是一个政治问题为由驳回了 Kivalina 的公共妨害诉求。法院援引其他案例认为此案缺乏可获得的适用于本案的"司法上可发现的、便于管理的标准"，并且对"此种明显为非司法自由裁量权事项"需要"其最初的政策决定"。此观点解释了这样的事实：原告不寻求禁令救济并不因此而解除法院所承担的平衡被告行为的社会效用及其所造成的伤害这一不易管理的职责。

法庭写道，"通过提出此诉讼，原告实际上是请求法庭做出一项政治裁决，即本诉讼中的 24 家被告……应当成为所宣称的损害 Kivalina 的唯一责任人，'因为对此问题，他们比国家其他地方的任何人都负有更多责任……'"法庭注意到，"即使这是真的，但原告忽略了对于全球变暖的过错分配是一项适于首先交由行政或立法部门做出决定的事项"。

这些妨害诉讼案件以及 Msssachusetts v. EPA 案产生了明显的附带效果。例如，证券交易委员会（SEC）于 2010 年通过了一项关于气候变化信息披露的指南文件。这项文件遵循了证券交易委员会先前的政策，要求受其管制的公司在各种报告中对特定环境风险进行披露。新指南文件要求公司披露由于以下原因造成的风险：拟议的气候条例或国际协议、对产生温室气体的产品的低需求、位于海岸或可能淹没区域或自然灾害多发区的不动产可能受到的损害、农业的减产和因为这些风险而增加的保险费用。

有关通过一般商业责任保险为气候变化案中的被告提供保护的诉讼正在进行中。商业机构通常是购买一般责任保险来保护自己免受不可预见的诉讼风险。从 20 世纪 70 年代早期开始，标准的一般责任保单就包含了污染除外条款，保险公司运用这些条款来避免被诉和承担赔偿义务。

州法院对这些除外条款的诉讼产生了意见分歧，以致关于这些排除条款的解释、可执行性以及出现的气候变化诉讼又产生了额外的诉求。在 Steadfast Ins. Co. v. AES Corp.，案[①]中，保险人寻求州法院做出一项宣告性判决，即保险人没有责任为 Kivalina 诉讼案中的 AES 公司提供辩护或赔偿。在该诉讼中由于北极圈内的村庄受到伤害 AES 公司被起诉到加利福尼亚法院。

3.5 环境影响评价在减缓气候变化中的作用

几十年来，联邦和州环境评价法律要求政府及其机构开展行动之前要考虑其行动的潜在不利环境影响。联邦层级的相关法规是《国家环境政策法》（NEPA）[②]。受预期行动影响的公民有权起诉要求执行法定程序确保环境影响评

———————

① Case No. 2008－58 (Va. Cir. Ct. 2010).

② 42 U.S.C. §4332(C).

价得到实施。《国家环境政策法》和各州的环境评价法（小《国家环境政策法》）为诉讼当事人提供了一种方法来坚决要求政府机构在可能因其行动而造成的环境影响中充分考虑对气候变化的影响。

Save the Plastic Bag v. City of Manhattan Beach 案①是根据《加利福尼亚环境质量法》（CEQA）而提起的。该案中，塑料袋制造商协会成功挑战了市政府在执行一项禁止零售商向消费者提供塑料袋的法令前没有进行全面的环境影响评价的行为。协会表示，除了其他问题外，法令可能增加纸袋的使用，这将导致温室气体排放和对不可再生能源需求的增加。加利福尼亚上诉法院同意以下陈述：

我们不解决是否应该执行塑料袋发放禁令的终极价值问题。我们所说的是：考虑到需要根据记录下的重要证据来公平地讨论法令可能会产生的重大环境影响问题，必须要准备一份环境影响报告。

在 Sierra Club v. Marsh 案②中，法庭确认《国家环境政策法》要求联邦机构考虑他们采取的主要行动的任何不利环境影响，法庭还发现环境质量委员会的条例③所定义的环境影响包括"直接影响"和"间接影响"。条例定义的"间接影响"是指"那些由政府行动引起且时间滞后或距离遥远，但仍能合理预见"的影响。Marsh 案中法庭注意到"间接影响包括……对空气和水及其他自然系统，包括生态系统的影响。"法院采用了这句话，并且毫无疑问地看出如果

---

① 181 Cal. App. 4th 521，105 Cal. Rptr. 3d 41 (Cal. Ct. App. 2010).

② 976 F. 2d 763 (1stCir. 1992).

③ 40 C. F. R. §1508. 8.

空气质量退化是可以合理预见的话,那么就必须将其纳入环境影响报告(EIS)中。运用其他案件的测验情况,法庭对环境影响"合理预见"的解释是:如果"一个谨慎的普通人在做出决定时将其考虑在内,就足有可能发生。"

在 Riverside Citizens for Smart Grouthv. City of Riverside 案①中,州初审法院否决了公民团体申请执行令的请求,公民团体认为城市在批准一个新建大型沃尔玛商场项目时没有考虑项目的温室气体排放对气候变化的影响和能源消耗问题,违反了它在《加利福尼亚环境质量法》下所负的义务。法院否定了沃尔玛的论点,即因为没有一项评估特定项目对气候变化影响的公认方法,因而温室气体问题不应当被考虑。法庭注意到了以下事实:加利福尼亚的《全球变暖解决方案法》承认温室气体排放有显著环境影响,由此引出城市负有分析项目排放潜力和气候变化影响的义务。

缺少评估特定温室气体排放效果的确定方法是环境影响评价案件的一项常见因素。举例来说,在 Minnesota Ctr. for Envtl. Advocacy v. Holsten 案②中,明尼苏达州的上诉法院肯定了关于贫铁矿复采的环境影响报告具有适当性。原告主张由于环境影响报告没有考虑项目在气候变化上的影响而存在错误。法院不同意这种主张,认为明尼苏达州自然资源部的结论是合理的,即"目前没有可靠的分析和模型工具来评估诸如来自项目的排放等单独排放对全球或区域气候所产生的增量影响,或者对明尼苏达州的自

---

① Case No. RIC 475218 (Riverside Super. Ct 2009).

② A08-2171, 2009 WL 2998037 (Minn. Ct. App. 2009).

然生态系统和人类经济系统造成的联合增量影响"。由于这种不确定性,法院认定在环境影响报告中不可能公平地评估这些潜在的增量后果。

在 Laidlaw Energy&Envtl., Inc v. Town of Ellicottville 案①中,原告对 Ellicottville 规划委员会拒绝批准其使用木屑作为燃料的热电厂选址规划提出异议。原告所选厂址原先是一家以天然气为燃料的热电厂,但其经营已经暂停。在审查了申请方依照纽约州《环境质量评价法》(SEQRA)所准备的环境影响报告草案后,规划委员会发现除了其他方面外,来自拟建工厂的"有害排放严重增长"会导致"不可接受的不利影响"。

委员会在其分析中注意到木材燃烧会比其他燃料排放更多的二氧化碳。然而,委员会允许通过种植新树封存拟建工厂所产生的二氧化碳来减缓这种影响。但是 Laidlaw 公司断然拒绝种植任何树木,委员会因此否决了其申请。纽约州的中级上诉法院拒绝推翻委员会否决原告申请的决定,因为记录显示"委员会对证据做了所需的严格审查,并且对其决定的根据进行了缜密的详尽的阐述"。

在 Center of Biological Diversity v. County of San Bernardino 案②中,原告反对 San Bernardino 县批准一项露天人类粪便堆肥设施,认为这违反了《加利福尼亚环境质量法》,因为它没有评估项目温室气体排放的环境影响。初审法院收回了环境影响报告,San Bernardino 县提出上诉。

---

① 59 A. D. 3d 1084,873 N. Y. S. 2d 814 (N. Y. App. Div. 2009).

② 185 Cal. App. 4th 866,111 Cal. Rptr. 3d 374 (Cal. Ct. APP. 2010).

加利福尼亚上诉法院不同意其上诉，维持了初审法院做出的环境影响决定无效的判决。但在 North Califorlia Alliance for Transp. Reform v. United States Depa. of Transp. ,案[1]中，北卡罗来纳联邦地方法院持有不同的观点。该案原告反对一项联邦高速公路工程，声称环境影响报告没有评价工程对气候变化的影响。法院同意被告提出的采取简易判决的动议。法院认为，尽管《国家环境政策法》承认必须要考虑对空气质量的影响，但它并没有提及温室气体排放或气候变化。因此，运输部没有义务在其环境影响报告中考虑这些影响。

3.6　能源法和可持续性

联邦能源法适用于化石燃料——石油、天然气、煤以及核能、水力发电和可再生能源。联邦能源管制委员会（FERC）是负责联邦能源政策实施的主要机构。尽管美国能源法的最初目的是以合理的价格提供充足能源，但最近它被改进为专注于可持续性和减缓气候变化，减少对外国石油的依赖，以及用可再生能源市场提供国内工作机会。

联邦政策试图在可持续发展和国内能源问题之间形成清晰的联系，其早期的失败情形在国际层面上也显而易见。1992 年的《里约协定》和《21 世纪议程》间接地提及了高效使用能源资源的重要性问题，主要集中在运输部门的能源使用方面。2002 年约翰内斯堡世界可持续发展峰会突出了这一点，强烈建议考虑能源效率以及在国际、国家和州政

---

① 　2010 WL 1992816 (M. D. N. C. 2010).

策中采取可再生能源措施。同一时期联邦法律的演变特点是在能源法中更加强调可持续性和气候变化。

3.6.1 节约能源

早期联邦节能法是对 20 世纪 70 年代石油短缺的回应，但仍可从中发现关注可持续性的早期信号。举例来讲，《1974 年联邦能源管理法》包含了一节意在确保"合理节能措施将被纳入到新的……接受联邦援助的建筑之中"，并鼓励在其他新建建筑中发展自愿性节能和使用可再生能源。同样，包含了《国家能源节约法》《发电厂和工业燃料使用法》《公用事业管制政策法》《能源税法》和《天然气政策法》在内的《1978 年国家能源法》意在协同各项联邦政策以促进和激励能源节约。

为《2007年能源独立和安全法》(EISA) 所更新的《1975年能源政策和节约法》，促进了机动车燃油的经济性，并因而也附带地减少了机动车温室气体的排放数量。《2007 年能源独立和安全法》还包含了家用电器和照明设备新的效能标准，规定了消费电子产品的能效标签要求，以及消费者教育和消费者意识项目。

除其他节能措施外，《2005 年能源政策法》规定了联邦建筑物新的效能标准，鼓励各州修订和更新他们的节能计划，为各种商业产品规定节能标准，并为购置能效家电的消费者提供折扣。作为一种节能措施，《能源政策法》还延长了夏时制，即春季延长 3 周，11 月延长 1 周。

《能源独立和安全法》扩大了联邦对碳封存技术的研究。《2008 年统一拨款法》指示商业部所属部门——国家海洋和大气管理局(NOAA)来执行一项与国家科学院的协议，"调查和研究有关全球气候变化的严重性和广泛性问题,并就必须采取何种步骤、必须通过何种战略回应全球气候变化,包括对由此带来的科学技术挑战提出建议"。另外,《2009年美国恢复和再投资法》(ARRA)提供25亿美元支持能源研究,包括有关能源效率、可再生能源和碳减排的研究。

《2009年美国恢复和再投资法》增加了许多针对能源节约的税收激励,这种激励最初由《能源政策法》创设,并在《2008年紧急经济稳定法》中进行了修订。除其他激励外,消费者在购买和安装能效产品,包括特定的门、窗、绝缘材料、屋顶、加热和制冷设备时可以要求获得家庭能效税收抵免。同时,在购买或租赁特定的混合动力、电力和替代燃料汽车时可以要求获得机动车税收抵免。

3.6.2 可再生能源

《2005年能源政策法》有许多促进可再生能源使用的条文。该法促进地热资源的新发展,为所增加的水电发电量提供激励,设立赠款项目利用联邦或印第安土地的生物质来生产能源或热。该法案还要求联邦政府购置一定数量的可再生能源电量供自己使用。

《2005年能源政策法》还要求能源部长发布关于美国可再生能源资源种类和数量的年度报告。在这方面,《能源独立和安全法》标题 IV 指定国家环保局与能源部和各州的办公室合作制定一个"可回收的废弃能源清单计划"。国家环保局在2009年颁布了一项规定,对登记在册的可回收的废弃能源的来源和地点等内容设立标准。

《2005年能源税激励法》为可再生能源的生产和投资创设了新的税收激励。《美国恢复和再投资法》扩大了这些激励并增加了一个由财政部管理的赠款系统,某些可再生能源工程高达 30％的花费可以得到直接资助,而不是通过税收抵免来获得补偿。

3.7 管制机动车和燃料的联邦行动

为了回应 Massachusetts v. EPA 案,国家环保局运用其在《清洁空气法》下的管制权力制作了两份官方调查报告。第一,发现温室气体威胁当代和未来世代的公共健康和福祉;第二,发现新机动车及其发动机产生的混合气体排放增加了温室气体污染,威胁到公众健康和福祉。基于这些发现,国家环保局和国家高速公路运输安全管理局(NHTSA)提出了一项联合规定,要求新车、轻型卡车和中型客车在 2012－2016 年间要达到平均 35.5 英里/加仑的燃油标准。国家环保局预测这项规定将使受管制的车辆在其使用年限内减少温室气体排放 9.6 亿吨,节油 18 亿桶。

美国高速公路运输安全管理局对该事项的管辖权来源于《能源政策和节约法》,管理局代表行政当局为非载客汽车设置具有可行性的燃油经济标准最高值。《能源政策和节约法》很大程度上是对 20 世纪 70 年代中期石油短缺问题的回应,该法首次授权和指示设立公司平均燃油经济(CAFE)标准。Massachusetts v. EPA 案之前有一个案件对美国高速公路运输安全管理局的上述规定,即为运动型多用途汽车(SUV)、小面包车、轻型货车等私家车设定燃油效率标准是否足够这一点提出异议。在 Center for Biological Diversity v. National Highway Traffic Safety Admin 案①中,11 个州、哥伦比亚特区、纽约市和 4 个公益组织提起诉讼,认为效能标准对他们来讲似乎过低,且非常随意和反复多变,与《能源政策和节约法》相违背。

原告方认为国家高速公路运输安全管理局的计算存在错误,因为它使用的是成本效益分析方法,但没有给二氧化碳减排的利益赋值。第九巡回法庭同意原告的观点,注意到载客汽车和轻型卡车的温室气体排放量大约占世界总排放量的 5%,主要排放的是二氧化碳,并且这些气体已经产生了气候影响并将导致更严重的损害,这些严重损害包括北极海冰融化,大量动物物种灭绝的风险,传染病和呼吸疾病的传播以及实质性的海平面上升。

根据《2005 年能源政策法》设立的《联邦可再生燃料标准计划》(RFSP),国家环保局必须执行相关规定,确保在美国出售的运输燃料中包含最低量的可再生燃料。《能源独立和安全法》第二部分(Title II)的 M 节②旨在通过修正《联邦可再生燃料标准计划》来减少温室气体排放。《能源独立和安全法》扩展了可再生能源标准计划的范围,使其适用于所有运输燃料而不仅仅是汽油。该法要求国家环保局采用全寿命周期温室气体排放绩效的门槛标准,确保按规定使用这些可再生燃料确实比使用石油燃料更能减少温室气体排放。在这一点上,一些研究已经表明许多植物基的可再生燃料,如玉米乙醇,其生产周期总的温室气体排放量比石油基燃料要高。而确实能够达到新的最低温室气体减排标准的可再生燃料包括蔗糖乙醇、用高效新技术生产的

---

① 508 F. 3d 508(9th Cir. 2007).

② 40 C. F. R. §80.

82

玉米乙醇、用废油脂、油和脂肪生产的生物柴油以及来源于纤维材料的绝大多数燃料。

按照《能源独立和安全法》的要求,国家环保局在2010年2月发布了一项规定,要求到2022年,国内运输燃料中要混入360亿加仑合格的可再生燃料。国家环保局预测:按此新规扩大使用可再生燃料,如果计划得到全部实施的话,将会减少温室气体排放138公吨,相当于减少了2700万辆汽车上路。

3.8 可再生能源配额制

国会没有采取行动要求电力公用事业使用一部分来自可再生能源进行电力供应。然而,30多个州却已经这么做了。他们要求电力公用事业通过自己拥有可再生能源设施、购买可再生能源证书(RECs)或从使用可再生资源设施处购买发电量等各种方法来使其燃料来源多样化。州可再生能源配额制(RPS)的目的是刺激可再生能源市场,例如风力发电、太阳能收集和生物质发电——目前这些可再生能源电力供应不足美国发电量的5%。

允许电力公用事业通过购买可再生能源证书的方式遵守可再生能源配额制能产生较好的效果。举例来说,新泽西州的做法是按照发电每兆瓦小时所产生的环境利益来测算可再生能源证书。能源供应商在其年度报告中向新泽西州公用事业局说明本年度购买的可再生能源证书数量。这允许不动产所有者自主安装小型风力发电机,监测所生产电力的兆瓦数,并将每兆瓦作为一个信用额度销售给本州受管制的公用事业。得克萨斯州采用新泽西州的这种可再生能源配额制系统后不久,就成为国内最大的可再生能源市场之一。

各州采取可再生能源配额制的权力源于其许可和管制本州内发电的法定权限。各州有关受管制电力公用事业的可再生能源配额标准相差很大,比例范围从 4% 到 30% 不等。各州规定的差异性以及对可再生能源发电不断增长的需求,导致出现要求制定联邦可再生能源配额法的各种建议,其目的是达成一个更加统一、可靠和雄心勃勃的行动。

3.9 沿海政策和灾害管理

在第一章我们探讨了治理和可持续发展间的关系,并讨论了联合国 2005 年的千年评估,该项评估建议在应对已经得到证明的全球可持续发展和自然资源威胁时应当考虑一系列的法律挑战。这些挑战包括制度和环境治理框架的改变,在更宽广的发展规划框架内解决生态系统管理问题,增加环境协定与经济和社会制度的协同性,提高政府和私人部门实施有关影响生态系统政策行为的透明度,重要利益相关方应更多地参与决策。

美国的联邦法律显示了符合这些联合国改革建议的迹象。《海岸带管理法》(CZMA)[①]密切关注在沿海地区整合联邦、州和地方利益。这部法律如今已发布 40 年之久,连同最近的《2000 年减灾法》(DMA)利用全国性关注和联邦的资源来整合沿海地区和灾害管理计划,并在受影响的各州及其地方政府中实施。它支持和促进将经济发展与作为

---

① 16 U. S. C. A. §1452.

发展背景的环境保护这两个相关问题融入同一个国家计划之中。显然,《海岸带管理法》清晰地展示出它在减轻自然灾害影响方面的灵敏性和潜力,预示着正在形成将各种机构联系在一起的联邦策略。

在早于海平面上升问题受到关注的很长一段时间,国会就能够通过《海岸带管理法》是因为海洋科学、工程和资源委员会(Stratton 委员会)在其准备的沿海地区报告中已经证明国家沿海地区的稳定性受到了严重威胁。委员会发现"沿海污染是一个全国性问题,起因于缺乏一项综合性沿海管理的总体战略,对沿海生态系统进行的是碎片化开发"。

国会对沿海地区的关注度反映在其为《海岸带管理法》所做的调研报告中,国会认为沿海地带"富含自然、商业、休闲、生态、工业和美学等多种具有直接与潜在价值的资源","仅仅由州和地方政府对沿海地区土地和水资源利用的规划和管制做出制度安排是不够的"。

《海岸带管理法》影响了 35 个州和准州地区。受影响的州包括那些在大西洋、太平洋和北冰洋、墨西哥湾、长岛海峡以及五大湖拥有海岸线的州。该法将"海岸带"定义为沿海水域和相邻的海岸陆地,包括群岛、过渡区和潮间带、盐沼、湿地和海滩。该法鼓励海岸带地区以符合 Stratton 委员会关于海岸管理的观念实现负责任的经济、文化和娱乐休闲发展,即海岸管理应当促进"尽可能多的各种有益利用,以使社会净收益最大化"。

委员会了解州和地方政府在海岸带管理中的作用,建议在地方层面,而不是在国家层面实施沿海管理。委员会这样写道:

各州受到来自县和市政府层面的巨大压力，因为沿海管理直接关系到地方的责任和利益。在州的层面达成合理管理决策，当地知识通常是必需的。有必要在调整竞争性需要方面反映地方政府的利益……州一定是海岸带责任和行动的重点。州是连接众多参与者的中心纽带，但在绝大多数情况下，各州目前缺乏适当的工作机制。州的机构需要有足够的规划和管制权力来有效管理沿海地区，解决对沿海地区的竞争性利用问题。这些机构应该强大到足以处理不同联邦机构的重叠管辖和竞争性管辖问题。最后，强大的州组织对于克服特殊地方利益、协助当地机构解决常见问题和达成强有力的州际合作都是必要的。

国会同意并通过的《海岸带管理法》为州的海岸带管理计划开发设立了一个程序。该法使用激励措施来鼓励，而不是用处罚来要求各州予以执行。如果各州采取与《海岸带管理法》标准相一致的政策，就可依据该法在管理沿海地区上享有不受阻碍的权力，联邦机构对此不予干涉。该法还为各州筹划沿海规划、建立行政管理机构和实施机制提供赠款。

美国海洋和沿海资源管理办公室（OCRM）协调联邦机构遵从《海岸带管理法》这种"反向优先"的特色，即允许重要的州来控制对沿海事项有管辖权的所有相关联邦机构的行动。《海岸带管理法》允许每个州作为其沿海管理计划的牵头管理人。按照海洋和沿海资源管理办公室的观点，"联邦行动的一致性是《海岸带管理法》的要求，即联邦行动如果存在影响任何土地、水资源利用或海岸带自然资源的可能，就必须尽最大努力与经联邦政府批准的沿岸州沿海管理计划的执行政策保持一致"。这些规定确保联邦项目和联邦赠款遵守州的沿海管理计划。该法允许指定的州沿海管理机构来协调当地、州和影响他们州的联邦政府的行为。重要的是,海洋和沿海资源管理办公室负责提供技术援助,调解州与联邦各机构之间有关行动一致性的争端。

《海岸带管理法》不仅保护重要的沿海自然资源,它还鼓励对位于国家沿海水域的易受灾地区做好准备,予以保护。该法与几乎以相同方式运行的《减灾法》相连。根据《减灾法》,联邦政府设置广泛的规划标准,对那些遵守国家原则的州和地方政府提供联邦资助和技术帮助,并同意根据得到批准的州和地方计划协调联邦机构行动。州政府负责联邦项目管理,调整项目使其适应特定州和区域问题,并协调各地方政府的工作。市政当局则进一步调整管理计划使其适应地方问题。

正式通过《海岸带管理法》的两年内,北卡罗莱纳州的立法机构通过了《沿海地区管理法》[①]。该法对州和地方的沿海规划及其实施做出了规定,宣称它:

制定了地方与州政府之间在沿海地区管理上的合作计划。地方政府应有规划方面的举措。州政府应设立环境重点区域。在规划方面,除了地方政府没有选择开展规划活动的情形以外,州政府的行为主要是制定支持性标准以及对地方政府的能力进行评查。

根据《沿海地区管理法》所提供的立法倡议权,纳格斯海德镇通过了一项因灾难事件引发的建筑暂停令[②]。纳格

[①] N. C. Gen. Stat. §113A－100 et seq.

[②] Town of Nags Head Hurricane And Storm Mitigation And Reconstruction Plan.

斯海德镇坐落于北卡罗莱纳外堤,因台风肆虐而著称。一场灾难过后,该法规定最初至少48小时内暂停建筑。最初暂停令期满后,还会发布一项为期30天的暂停更换毁坏建筑的命令。该法令同样还暂停了根据风暴事件之前颁布的建筑许可进行建设的权利。在此期间,当地规划者和立法机构、行政委员会可以调整区划标准以对应由风暴产生的任何新水湾或侵蚀地区,并采用新的减灾标准。后续施工必须遵守这些新的区划和管制标准。这一创新机制为当地官员提供了根据灾难发生后的情形重新设计标准的能力。

3.10　交通、住房和环境政策

联邦政府每年都在地面交通设施上花费数十亿,包括州际高速公路、道路、车站和铁路、自行车道、人行步道以及道路两边的人行道。当前联邦授权法被称为《安全、负责、灵活、高效的交通公平法:使用者的一项遗产》(SAFET-EA),它涉及的主要部门是联邦交通部(DOT)。

联邦交通法要求州、县和地方政府在5万或5万以上人口的大都市区域创设都市规划组织(MPOs)。都市规划组织负责制订交通改善计划,指导联邦地面交通基金的使用。在美国有不到400个都市规划组织。

除其他功能外,都市规划组织必须提出建议,使交通规划符合区域空气质量计划,尤其是在没有遵循联邦空气质量标准的城市区域。都市规划组织认定的符合性必须由国家环保局来审核和批准。都市规划组织还负责在制定其交通规划时,对地方土地利用规划予以考虑。这种联邦法试图实现对联邦、州、地方层级的垂直整合,以及例如在国家环保局和联邦交通部之间的横向整合。

在第八章,我们指出了公共交通导向、紧凑型、混合利用的开发模式与减缓气候变化之间的密切关系。这种类型的可持续发展是减缓气候变化的关键路径,因为此类社区居民的人均碳排放显著低于那些生活在没有公共交通服务的低密度区域的居民。低排放是由于这样的事实,即有公共交通服务的社区居民比那些低密度、没有交通服务的独户住宅社区的居民通常开车更少且驾驶距离更短,并且他们在更具能源效率的建筑物中生活和工作。

在大都市区域,都市规划组织为地方政府和州机构提供了协调土地利用规划和管制(规定人们在哪里及以何密度居住)以及交通规划(必须适应人口增长和景观重置)的机会。为了产生这种类型的综合性规划,联邦、州和地方政府机构间的联系必须加强,并且由更为广泛的机构联盟参与决策。

由交通部、住房和城市发展部(HUD)、国家环保局于2009年发起的可持续社区伙伴关系在这个方向上迈出了重要的一步。通过这种伙伴关系,这三个机构同意整合有关规定,包括能力可负担的住房、具有更低成本的交通出行选项、更多的环境保护,以便创建"宜居社区"。通过一组一致同意的原则,这三个机构将协调联邦住房、交通和其他基础设施投资来促进可持续发展和应对气候变化挑战的公平发展。

所开发的联邦机构伙伴关系指导原则包括减少温室气体排放和对外国石油的依赖,为所有人提供公平的住房,提高经济竞争力,通过振兴现存社区来利用其所蕴含的能源,创建健康、安全、适合步行的社区。

第4章　州和区域气候变化政策与管制

4.1　没有联邦举措情况下的行动

过去十年间,面对联邦领导的缺位,州政府失去了耐心,开始独立采取行动来控制温室气体的排放。目前已经通过行政和立法行动制定了很多州一级的气候变化和可持续发展举措,其中一些是强制性的,另外一些则以鼓励或激励为基础。这些举措包括区域合作伙伴、州管制条例和范围广泛的战略规划的开发。下面重点介绍其中的一些计划和举措。

4.2　州温室气体排放上限

虽然区域气候变化行动(第二章中已经讨论过)主要依赖行政行为,但数个州的立法机构也已经制定温室气体排放上限和/或要求采取减排目标所需的行动。第一个这样的法规是《2006年加利福尼亚全球变暖解决方案法》,该法要求在2020年减排至1990年的水平,并且到2050年进一步减少 80％。① 该减排目标通过市场机制和强制性管制来实现。针对主要排放设施,例如发电厂、精炼厂和水泥厂等的温室气体强制报告规定于 2009 年生效,但法律的其他规定直到 2012 年才会实施。

紧随加利福尼亚州的《全球变暖解决方案法》,新泽西州、夏威夷州和华盛顿州均颁布了全州范围的温室气体上限。新泽西州的《全球变暖应对法》颁布于 2007 年,要求到 2020 年排放量降低至 1990 年的水平,到 2050 年排放量比 2006 年的水平低 80％。② 按照该法,新泽西州政府在 2009 年发布了一份报告,提供为达成减排目标的详细建议,包括立法、管制和市场策略等。夏威夷州温室气体排放上限要求到 2020 年降至 1990 年的水平,并规定将于 2011 年底建立适用于各种排放源或排放类别的规则。③ 华盛顿州温室气体减排法律规定的减排目标是:到 2020 年减至 1990 年的水平,到 2035 年排放量比 1990 年的水平降低 25％,到 2050 年比 1990 年的水平降低 50％。④

康涅狄格州是第五个颁布温室气体上限的州,其目标是:2020 年的温室气体排放量在 1990 年水平上削减 10％,2050 年的排放量比 2001 年的水平降低 80％。⑤ 该法最初于 2004 年通过,除了其他规定外,该法打算由州长下面的气候变化指导委员会带头努力完成气候行动计划、进度报告、排放监测和报告规划、温室气体排放清单更新以及环境

---

① Cal. Health & Safety § § 38500 et seq.

② N. J. Stat. § 26;2C—40.

③ H. R. S. § § 342B071 et seq.

④ R. C. W. § 70.235.020.

⑤ Conn. Gen. Ssta. § 22a—200a.

91

采购要求等。2008年又增加了排放上限的规定,该法的规定还包括指示环境保护部门(DEP)公布温室气体清单、各种温室气体减排建模方案以及温室气体减排策略的概要。该法规定,到2011年7月,环境保护部门必须发布实现减排目标的建议。从2012年开始,此后每三年发布一次。环境保护部门还必须制定所建议的管制行动、政策和其他策略的时间表。

其他一些州也已经颁布了温室气体减排目标。例如,缅因州设定的目标是到2010年将排放量降低到1990年的水平,到2020年在1990年水平上再降低10%。缅因州还需制定具体的长期目标,对此缅因州的解释是:它将寻求将排放减少到"足以消除任何对气候的危险性威胁。为了实现这一目标,需要在2003年的水平上降低75%至80%的排放"。① 马里兰州立法要求到2020年,排放量在2006年的水平上减少25%,②并指示州环境部门2011年底之前公布一项温室气体削减计划,其中包括所采取的措施以及实现减排目标所必需的新立法概要。《佛罗里达州气候保护法》要求电气设施向气候注册处报告,并授权州环境保护部门为这些设施制定总量控制与排放交易计划。③ 虽然该法不包含任何具体的温室气体减排目标,但它旨在补充一项早期的行政命令,该行政命令设立了全州范围内的减排目标,即到2017年排放减少到2000年的水平,到2025年排放减少到1990年的水平。

---

① 38 M. R. S. §576.

② Md. Env. Code Ann§§2—1204et seq.

③ Fla. Stat. §403.44.

目前还不清楚的是：州范围内设定温室气体排放上限对于减排究竟有多成功，以及州在无法达成目标时会有何后果。

4.3　气候行动计划

许多州的州长已经发布行政命令建立委员会和工作小组来制订气候行动计划。这些计划典型的做法是提出现有排放水平的清单，设定减排目标，建立基准，推荐节约能源、减少车辆行驶里程的策略，增加可再生能源的产量，强化碳封存。这些计划通过对温室气体排放进行分类整理，并形成全面、多部门的应对气候变化策略来实现其价值。

包含在州级气候行动计划中的这些建议与州政府管理的实践有关，如承诺将州车队的汽车转换成混合动力或使用低排放燃料汽车，或要求州的建造和改造项目达到绿色建筑标准。其他建议通常是提出贷款、赠款、减税或激励计划，鼓励个人和公司采纳可持续发展的实践做法。所增加的资助也可能被建议用于某些州计划，并且也会经常提出立法行动建议，如制定设备能效标准（直到联邦标准生效前各州都可以制定），采用加利福尼亚州的汽车尾气排放标准，设立可再生能源配额制，要求电力公司提供净计量，批准按里程计费的汽车保险。这些举措将在本章后面讨论。

州行动计划的重要部分是以在地方政府领导下采取行动为前提的。比如，南卡罗莱纳州气候计划鼓励地方政府创建自己的可持续社区计划，马萨诸塞州气候行动计划建议创设有关市政能源效率最佳实践的信息交换所。加利福尼亚州气候行动计划也为地方政府提供了许多建议。例如,计划要求州政府开发一套能够容易为地方所采纳的绿色建筑标准规范。计划还建议州空气委员会和地方机构建立合作关系来实施排放标准,建议合并许可程序以减少联邦、州及地方管制之间的重叠。此外,该计划建议用来自总量控制和碳排放交易计划的财政收入设立对地方政府的资助或其他激励机制。具体而言,该计划建议激励可以用来支持"良好设计的土地利用计划和基础设施项目,创建更短的通勤距离和鼓励步行、骑自行车以及使用公共交通。对当地政府的其他激励资金也可以用来增加再循环、堆肥以及从厌氧消化中生成可再生能源"。该计划所建议的另一个选项是制定水资源总量控制和交易计划,"为地方政府、供水商以及将水资源与能源效率改进打包在一起的第三方供应商提供额外的激励"。

然而,在其他州的气候行动计划中,市政当局的重要作用通常未被提及或者是一带而过。例如,阿拉巴马州的计划没有对地方政府给出具体的政策建议,尽管计划承认其中的一些策略在地方层面实施效果最佳。地方政府通过关注气候变化行动目标在确保可持续性方面发挥着关键作用,一些州层级的公共政策缺乏对地方政府作用的认可,这不能不说是一个严重缺陷。

气候行动计划设置的减排目标及其所建议的策略通常只是一种热切的期望。如同在第二章中所讨论过的,有效执行要求州的各部门之间以及各州的政府之间进行协作,并与各地方政府建立强有力的伙伴关系。为帮助执行,新罕布什尔州的气候计划建议设立一种公私合作伙伴关系,即"新罕布什尔州能源与气候合作联盟",来监督和指导该州的计划进程。同样,缅因州也建立了特定的实施小组负责减少汽车行驶里程、森林管理和农业方案。很多州还通过完成年度或两年一次的进展报告来推动实施。

4.4 综合规划要求

正如第八章中所讨论的，发展可持续社区是减少车辆行驶里程和保护开放空间努力的一部分。而尽管促进步行和公共交通导向设计的土地利用规划法通常在地方一级制定，但州可以通过综合规划授权法案影响和鼓励市政当局采用这些类型的规定。

许多州要求按照综合土地利用规划，有时称为"总体规划"来发展和实施区划管制。地方综合性规划阐明地方未来增长和发展的愿景，其中会包括旨在鼓励可持续发展和减少排放的战略与政策（在第五章中讨论）。然而，综合性规划不完全是地方性事务，因为通过规划授权法，州对其实施了大量的控制。大多数法案包括强制性和选择性的综合性规划要素，一些州已经修改其法律来鼓励可持续性规划。

佛罗里达州综合规划授权法的 2008 年修正案明确拒绝支持低密度、单一利用和依赖机动车的开发政策，引导地方政府考虑抑制城市蔓延的方法，支持具有能源效率的开发模式，减少温室气体排放。从 2007 年始，亚利桑那州要求较大的市、县在其规划中纳入能源要素，规划必须描述鼓励有效利用能源和增加可再生能源产量的激励和其他策略。2008 年新泽西州修改其综合规划法，指导地方政府发展绿色建筑和可持续性战略。

·大部分同能源与可持续性要素有关的法律规定出现在最近一段时间，但既有的规划授权法通常包含能够通过简单修改就可以支持可持续发展目标的要素。例如,许多州的授权法案中,保护要素是强制性的或选择性的,它可以特别要求地方政府提出减少污染、保护环境、控制侵蚀或保护农田的策略。加利福尼亚州的规划授权法中强制保护要素很典型。根据法律的解释,保护要素应该覆盖"自然资源包括水和水能、森林、土壤、河流和其他水域、港口、渔业、野生动物、矿物质和其他自然资源的保护、发展和开发利用"。此外,法律还暗示保护要素可以用来讨论减少水污染、海岸线侵蚀和洪水管理的策略。[①] 其他州,比如威斯康辛州,有一个稍微不同的保护要素,即除了重要的环境资源外,还关注历史文化资源的保护。威斯康辛州保护要素具体包括保护森林地区、农田和濒危物种。[②] 南卡罗来纳州的法规除了沿海资源、栖息地和土壤类型的保护外,还强调农业用地和林地的保护。[③] 新泽西州同样建议地方政府将农田保护纳入其综合规划。但新泽西州的授权法引人注目,因为它还鼓励地方政府对开发权转让做出规划,并且,它提出节能以及其他自然资源应当被纳入保护要素的考虑范围中。[④]

许多州已经开发出保护具有特殊环境、历史或文化意义区域的关键区域立法,这些州可能被要求以与保护要素分离或结合的形式,将关键区域要素纳入到综合规划中。在佛罗里达州,除了评估保护要素外,沿海城市还必须纳入沿海管理要素,探讨诸如加强沿海环境、保护物种多样性、

---

① Cal. Gov't. Code § 65302(d).

② Wis. Stat. § 66.1001(2)(e).

③ S. C. Code Ann. § 6−29−510(D)(3).

④ N. J. Stat. Ann. § 40;55D−28(b).

避免沿海资源永久性损失、保护人们免受自然灾害等宗旨。① 康涅狄格州的沿海城市必须做出规划,"恢复和保护长岛海峡的生态系统和栖息地"。②在马里兰州,市政当局被要求必须开发他们自己的敏感区要素,该要素必须包含"旨在保护敏感地区免受开发带来的不利影响的目标、目的、原则、策略和标准"。③

　　同样,也可能写入土地利用和交通因素以鼓励紧凑的和公共交通导向的开发。佛罗里达州的综合规划授权法明确拒绝支持低密度、单一利用和依赖机动车的开发,指导地方政府考虑阻止城市蔓延、支持节能的开发模式、通过土地利用要素以减少温室气体的方法。④ 康涅狄格州的规划委员会被要求考虑"开发模式的能源效率目标以及太阳能和其他可再生能源的利用和节能……"⑤除了获取太阳能外,亚利桑那州指导各县针对其土地利用要素中的空气质量开展讨论。亚利桑那州的土地利用要素也包括抑制城市蔓延的开发策略。作为土地利用要素的一部分,超过 125000 人口的县必须纳入"具体计划和政策,用于促进紧凑型开发活动以及推动需要对其开发方式予以鼓励的那些地方的选址"。超过 20 万人口的县必须对指定的发展区域,即适合紧凑的和公共交通导向开发的区域,制定混合利用开发规划。具体来说,法规要求这些县包括旨在"让汽车、公共交通和其他方式联运流通更有效"以及"在发展区域保护重要

---

① Fla. Stat. Ann. §163.3177(6)(g)(1).

② Conn. Gen. Stat. §8−23(d)(2).

③ Md. Ann. Code,Art. 66B,§3.05(a)(4)(ix).

④ Fla. Stat. Ann. §163.3177(6)(a).

⑤ Conn. Gen. Stat. §8−23(d)(9).

的自然资源和开放区域,并协调发展区域边界以外类似地区"的政策和策略。① 内华达州的授权法同样支持混合利用和公共交通导向开发的土地利用规划。②

大多数州的授权法要求地方政府在其综合规划中包含一项交通要素。与土地利用要素的情况一样,许多州将交通要素纳入规划策略,旨在鼓励人们少开车、走路、骑自行车、更频繁地使用公共交通。举例来说,亚利桑那州的法律要求超过5万人口的城市要准备骑行这一要素。③ 内华达州的授权立法支持公共交通、自行车和行人基础设施规划。④ 但佛罗里达州授权法很独特,它直接说明交通循环要素应当"合并运输策略来解决交通部门的温室气体减排"。⑤

大多数州的授权法包含一项强制性住房要素,但其中大部分没有将这个要素与可持续性联系起来。然而,通过鼓励增加紧凑城市环境中的住宅和居住环境的混合利用,以及保证住宅建筑采用可持续方法建造,住房规划能够在可持续性规划中起到至关重要的作用。佛罗里达州对可持续性采取了主动的姿态,将其作为住房要素的一部分引入综合规划之中。作为2008年授权法修正案的一部分,佛罗里达州要求住房要素包括对"新住房建设和设计上的能源效率"以及"可再生能源使用"的讨论。⑥ 提供能力可以负

---

① Ariz. Rev. Stat. Ann. § 11−821(C)−(D).

② Nev. Rev. Stat. § 278.160(1)(f)(1)(I).

③ Ariz. Rev. Stat. Ann. § 9−461.05(E)(9).

④ Nev. Rev. Stat. § 278.160(1)(r).

⑤ Fla. Stat. Ann. § 163.3177(6)(b).

⑥ Fla. Stat. Ann. § 163.3177(6)(h)−(i).

担的住房的充分供应是可持续发展社会公平成分的核心。许多州的综合规划法律都要求对能力可以负担的住房做出规划。[①]

一些州还要求地方政府对自然灾害,如地震、火灾、洪水和地面沉降等做出规划。这类事件的规划可能会变得更加重要,因为在未来几年,气候变化改变天气模式,将导致洪水、干旱、火灾、沿海土地侵蚀的增加。加利福尼亚综合规划授权法包括强制性的安全要素,即除了其他灾害外,必须解决对沉陷、洪水、火灾等危险的防备工作。关于洪水管理,综合规划必须识别洪水危险区域,并评估在此区域内进行新的开发是否应当被准许。[②] 佛罗里达州在授权法中把对火灾、飓风和其他自然灾害的规划作为选择性要素。[③]

此外,一些法律提出将节约用水作为综合规划的要素。如同自然灾害一样,由于气候变化引起的降雨量以及冬季积雪量的减少,节水问题将在许多州变得愈加重要。在亚利桑那州,市和县必须在其综合规划中包含一项水资源要素,就节约用水提出:

(a)已知的合法的和实际可用地表水、地下水和污水的供应。(b)除现有的使用外,根据县的规划,因未来增长而增加的水需求。(c)分析如何通过(a)所识别的水供应方式或通过额外的必需的水供应来满足未来增长的水需求。[④]

---

① 见例子:Cal. Gov't Code§65583(c)(1)(B)(4); Nev. Rev. Stat. §278.160(1)(e)(2).

② Cal. Gov't Code§65302(g).

③ Fla. Stat. Ann.§163.3177(7)(h).

④ Ariz. Rev. Stat. Ann.§9-461.05(D)(5).

科罗拉多州和佛罗里达州也有类似的规定存在。① 甚至像宾夕法尼亚州和马里兰州这些通常不会有干旱问题的州也要求有节约用水的要素。宾夕法尼亚州的法律要求该要素与本州水规划一致,法律对此所做的解释是:该要素应当"包含一个可靠的供水规划,要考虑现在和将来水资源的可获得性、使用情况和限制因素,包括保护水源的适当规定"。② 马里兰州的强制性水资源要素除解决饮用水供应外,还要求必须提出雨水管理策略。③

4.5　环境评价法

自从国会 1969 年通过《国家环境政策法》(NEPA)后,超过 12 个州通过了类似的环境评价法,通常称为"小《环境政策法》"(mini－NEPAs)或《州环境政策法》(SEPAs)。因此,如果一个项目不受国家环境政策法管制,它可能仍需要通过州级环境评价程序。通常,这些法律要求州和地方政府为可能对环境产生重大影响的项目准备环境影响报告,在一些州,项目发起人必须寻求办法以减轻温室气体排放的负面影响。

4.5.1　温室气体排放影响的环境评价

2007 年,马萨诸塞州成为第一个正式将气候变化影响纳入其环境评估程序的州。管制条例指示政府机构"考虑

---

① Colo. Rev. Stat. § 30－28－106(3)(iv); Fla. Stat. Ann. § 163.3177(6)(c).

② 53 Pa. Cons. Stat. Ann § 10301(b).

③ Md. Ann. Code Art. 66B, § 3.05(a)(4)(vi).

可合理预见的气候变化影响，包括额外的温室气体排放和诸如预测的海平面上升等效果"。项目申请人必须提交项目排放量分析，他们还必须考虑可行的减缓方案。如果拒绝采取更具能源效率的方案，申请者必须解释原因。①

2009年7月，纽约州的环境保护部紧随马萨诸塞州之后修改了其条例，以便在州和地方机构准备大规模土地开发项目的环境影响报告时，为其提供关于评价程序和减缓项目温室气体排放方面的指导。环境保护部门的指南列出了若干减缓措施供土地利用机构在《州环境质量评价法》程序中考虑，具体包括绿色屋顶、具有能源效率的建筑维护结构、高反射率屋面、最大限度的室内采光、建筑材料再利用、现场可再生能源、热电结合技术。②

根据《加利福尼亚州环境质量法》制定的气候变化影响评估指南于2010年3月18日生效。在很多年前的一起案件，即Communities for a Better Environment v. City of Richmond案中，③法庭否决了一个精炼厂的环境影响评价，因为其减缓温室气体排放的计划不充分。在这一点上，法庭解释道：

最终的环境影响评价只是提出不让温室气体排放净增长的一般性目标，然后提出了一些粗糙的替未来后代考虑的缓解措施……没有做任何努力来计算按照这些模糊描述

① Massachusetts Executive Officeof Energyand Environmental Affairs，Greenhouse Gas Emissions Policy（Apr. 23，2007）.

② New York State Dept. of Envtl. Conservation. Assessing Energy Use And Greenhouse Gas Emissionsin Environmental Impact Statements（Jul. 15，2009）.

③ 184 Cal. App. 4th 70，108 Cal. Rptr. 3d 478（Cal. App. 2010）.

的未来减缓措施将会导致多少（如果有的话）项目预期温室气体排放被减少。

虽然环境影响评价设想的是市政当局会对制定得更加充分的温室气体减排计划在最后予以批准，但法院强调：

分析项目影响并制定缓解措施以最小化或避免这些影响的时间，是在环境影响评价的过程中，且在该项目提交规划委员会和城市理事会寻求最终批准之前。因为如果该城市直到环境影响评价程序的最后阶段才算承认项目的温室气体排放会对环境构成重大影响，那么显然，该城市无法在其环境影响评价过程中搜集到足够的信息来制定具体的缓解措施。解决方案不是直到项目批准一年以后才详细说明和采取减缓措施，而是直到拟议的减缓措施被全部提出、清晰定义，并且可为公众和感兴趣的机构获得来进行审查和评论，才批准该项目。

4.5.2 清洁能源项目的环境评价

除了涵盖温室气体排放的负面影响，"小《环境政策法》"还适用于与可再生能源项目和其他可持续性举措相关的消极影响。举例来说，大型风力发电场经常对景观和野生动物产生影响，必须权衡这种影响和可再生能源带来的效益。纽约州的环境保护部已经发布了商业风力发电场对鸟类和蝙蝠潜在影响的评估指南。指南的目的是对各风力发电场的地点及其不同年份之间的信息进行标准化的数据收集，以便来自各风力发电场的信息有助于在全州范围内了解风能发电的生态效应。

如果一个机构认定某清洁能源项目不会产生重大环境影响，且该机构遵循适当的程序，那么如果法院认为该机构的决定合理并有证据支持，通常它会得到支持。然而，如果机构不能对项目影响采取"严格审查",也可能会被法庭推翻。例如,在纽约的一个案例中,法院推翻了某镇法律关于其风力涡轮机没有任何重大环境影响的决定。法院裁定认为,尽管镇委员会在得出其结论时已识别出"环境问题的相关方面",但它未能对这些环境问题采取"严格审查",也没有为其决定做出"合理的详细阐述"。新法律相比先前被搁置的法案以及在噪声标准方面更为严格这一事实并不能否定法院的裁定。①

假设一个项目可能具有重大环境影响,并准备了环境影响报告,则由指定的牵头机构按照"严格审查"的标准对有关项目的影响、减缓策略和替代方案的分析进行审查。环境影响报告中需要提及的影响根据项目的具体情况有所不同。对于风电项目而言,可能包括对供水、鸟和蝙蝠的死亡率、噪声、落冰、不动产价值和景观的影响。详见 Matter of Advocates for Prattsburgh,Inc. v. Steuben County IDA 一案。② 同样按规定必须考虑的替代方案也会根据不同情况而存有差异,但可能会包括不同的选址、更小的项目规模、替换场地设计、不同的技术、替代性施工方案。举例来说,在 Matter of Brander v. Town of Warren Town Bd 案③中,纽约法院认为该镇在审查一项拟建具有 68 个风力涡轮机的风力发电场申请时没有遵守《州环境质量评价法》,因为它没有对被评论者认定、并在环境影响报告草案和最终

① Hamlin Preservation Group v. Town Bd. of the Town of Hamlin,Index No. 2008/11217(NY Sup. 2009).

② 18Misc.3d 1126,859N. Y. S. 2d 892 (N. Y. Sup. 2007),aff'd 48 A. D. 3d 1157,851 N. Y. S. 2d 759 (N. Y App. Div. 2008).

③ 18 Misc.3d 477,847 N. Y. S. 2d 450(N. Y. Sup. 2007).

案中都提及的项目替代方案进行评价。

然而,应依据合理原则来看待环境评价程序的需要。在 Residents Opposed to Kittitas Turbines v. State Energy Facility Site Evaluation Council 案中[1],华盛顿最高法院解释"最终环境影响报告(FEIS)不会仅仅因为其没有将'移动涡轮机避开每一个可能的视角'列为一个潜在的减缓措施就违反'合理原则'。最终环境影响报告所起的功能是向'决策者'展示对项目直观影响所进行的'合理、深入的讨论'"。而且在依据《加利福尼亚州环境质量法》判决的一个案件中,法院认定探测用地热井的环境影响评价报告不需要包括一项对商业地热开发影响的分析,因为商业开发具有不确定性,而对探测井的批准并不意味着就一定会批准未来任何更密集的地热开发。[2]

4.5.3 依据"小《国家环境政策法》"平衡可持续性利益

当《国家环境政策法》或州的"小《国家环境政策法》"被环境组织用来延迟或终止可再生能源项目或可持续性举措时,结果似乎不合时宜。举例来说,像在第三章第五节讨论的 Save the Plastic Bag v. City of Manhattan Beach 案[3],塑料袋制造商协会成功挑战了市政府在颁布禁止零售商向消费者提供塑料袋的命令之前没有进行深入的环境影响评价这一点,因为这样的行为可能增加纸袋的应用,这将最终导致温室气体排放的增加。

---

[1] 165 Wash. 2d 275,197 P. 3d 1153 (2008).

[2] Lake County Energy Council v. County of Lake,70 Cal. App. 3d 851,139 Cal. Rptr. 176 (Cal. App. 1977).

[3] 181 Cal. App. 4th 521,105 Cal. Rptr. 3d 41 (Cal. App. 2 Dist. 2010).

当可再生能源项目因环境评价遭受延迟、成本和诉讼的风险时，类似的问题会出现。遗憾的是，《国家环境政策法》及其等效的州法律还没有发展到能减轻具有积极环境影响设施的负担。参议员 Barrasso 提出的解决此问题的建议是放弃对可再生能源设施的环境评价要求。而一种更好的立场，也是众多环保组织所采取的，是以一种更细致入微的方式来应用《国家环境政策法》和"小《国家环境政策法》"，以便对项目积极环境影响与消极环境影响一并进行评价。作为不采取行动的替代方案的一部分，这种分析会考虑可再生能源项目不能推进所导致的排放影响，而且为了能对减排利益进行充分评价，这种分析也会涵盖足够的时间和地区范围。在环境评价过程中，随着有关机构在评估温室气体排放负面影响方面变得愈发熟练，开展对清洁能源项目积极影响的评价会更容易。

4.6　可再生能源和节能措施

虽然可再生能源系统和能源效率改进有长效环境和成本效益，但高额的前期费用和其他风险仍可能阻止住宅、商业和工业部门对这些技术的投资。为了帮助克服这些障碍，各州已经开发出清洁能源生产和减排的各种管制和激励机制，本节就其中的一些机制进行讨论。

4.6.1　可再生能源配额制

可再生能源配额制的目的是刺激可再生能源的市场，例如风力发电、太阳能、生物质发电。这些可再生能源电力供应占美国净电力的比重不足百分之五。正如在第三章所讨论的，美国国会尚未制定联邦可再生能源配额制。然而，超过 30 个州已经制定了强制性措施来增加可再生能源的产量。他们采取各种方法要求电力公用事业实现燃料来源的多样化,例如自己拥有可再生能源设施、购买可再生能源证书,或从使用可再生资源的设施购买电力。

州采取可再生能源配额制的权力源于其许可和管制本州内发电的法定权限。2009 年,新泽西州上诉法庭支持了该州公用事业局(BPU)制定的可再生能源配额法规。本案涉及自 2008 年 6 月 1 日开始提供基础性电力服务事宜。[①] 法院解释道:

(法律)授权公用事业局采用可再生能源配额制,要求州内越来越大比例的能源要由可替代性能源资源提供……在之前很长一段时间,成本和责任对公用事业局而言是不同程序的问题。我们判定公用事业局在这些问题上的行为是得当的。

虽然各州标准相差很大,但大多数州的可再生能源配额法律要求在公用事业销售的电力中增加来自太阳能、风能、地热的可再生能源发电比例。例如,俄勒冈州《2007 年可再生能源法》要求该州最大公用事业公司的发电量到 2011 年至少 5% 来自可再生能源,2025 年增加到 25%。[②] 亚利桑那州同样要求该州最大的公用事业公司的发电量到 2012 年至少 4.5% 来自可再生能源,2025 年增加到 15%。康涅狄格州可再生能源配额法律为公用事业设置了逐渐增加的最低比例要求,最终在 2020 年要达到 20%。在 Office of Consumer Council v. Department of Public Unility

---

① 411 N. J. Super. 69, 984 A. 2d 437 (N. J. Super. 2009).

② S. 74−838, Reg. Sess. (Or. 2007).

Control 一案①中,法庭阐明可再生能源配额制规定仅适用于零售电力供应商,而非批发电力供应商。

在可再生能源配额制方面,纽约采取了与绝大多数州不同的方法,它并没有规定公用事业需购买一定比例的可再生能源电力,而是由公共服务委员会与纽约州能源研究和发展局(NYSERDA)确定两种方法来增加可再生能源生产:(1)集中采购条款要求受管制的公用事业按照消费者账单收取附加费并将这些资金转移给纽约州能源研究和发展局;(2)自愿性市场方法。凭此纽约州能源研究和发展局根据实际产量为生产可再生能源的批发商提供激励。

在很多州公用事业除了经营自己的可再生能源项目,还可以购买可再生能源信用(RECs)来满足可再生能源配额制的要求。可再生能源信用可以从不同的来源购买,包括向已经安装了小规模的可再生能源系统并参与净计量的电力消费者购买。新泽西州的做法是按照发电每兆瓦小时所产生的环境利益来测算可再生能源证书。能源供应商在其年度报告中向新泽西州公用事业局说明本年度购买的可再生能源证书数量。这允许不动产所有者安装一个小型风力发电机,监测所生产电力的兆瓦数,并将每兆瓦作为一个信用额度销售给本州受管制的公用事业。

大型生产商也可以通过认证来发行可再生能源信用。在 Indeck Maine Energy v. Commissioner of the Division of Energy Resources 一案②中,两个有资格发行可再生能源信用的生物能源设施提起诉讼,称马萨诸塞州不适当地

---

① 2001 WL 1231684 (Conn. Super. 2001).

② 72 Mass. App. Ct. 92, 888 N. E. 2d 994 (Mass. App. Ct. 2008).

批准了其他两个可再生能源设施。初审法院认为原告没有起诉权,因为他们唯一受到的伤害是基于业务竞争造成的,但上诉法院推翻了此种说法,理由是州可再生能源信用认证项目的违规"迫使原告与据称使用未经许可的燃料来源进行可再生能源发电的单位竞争,威胁到原告在市场的竞争地位……能源资源部的所谓行动如果被证实了的话,则破坏了可再生能源的信用市场,阻碍了推动竞争性可再生能源发电……"[1]然而,马萨诸塞州最高法院重申了初审法院对原告起诉权的认定,确定法律无意给予在可再生能源信用市场上的私人竞争者以任何起诉权。[2] 法院如此解释:

立法旨在引导促进和扩大可再生能源发电市场,而非致力于保护并赋予现有竞争者以起诉权,因而设立市场准入的障碍。如果允许现有竞争者挑战另一个公司进入可再生能源市场的申请,这将阻碍竞争,延迟急需的可再生能源项目,并抑制开发商及其投资者建设新的发电设施。

4.6.2 净计量

另一个旨在支持可再生能源生产的管制机制是净计量。该机制要求公用事业购买从诸如屋顶太阳能电池板和住宅风力涡轮机等小规模生产设备送入电网的能源。大多数州已经制定了净计量立法,根据《2005 年联邦能源政策法》,各州必须至少考虑采用净计量规则。[3] 从州的情况看,净计量的具体管制可能是法定的,也可能由州公共服务

---

[1]　2006 WL 3008508 (Mass. Super. 2006).

[2]　454 Mass. 511, 911 N. E. 2d 149 (2009).

[3]　16 U. S. C. §2621(d)(11).

委员会按照宽泛的法定指南来发布。各州有关净计量的规定在定价、所涵盖的可再生能源类型以及电力消费者类型等方面存在着实质性差异。在最简单的系统中，一个仪表测量个人的用电量，并根据可再生能源产生的电量向回转。另一方面，双仪表系统分别测量所使用和生产的能源，而且用户发电（customer－generated）量以低于公用事业零售电价的价格定价。具体价格由州监管机构根据一天中的时间以及需求等因素来设定。如果净计量对作为用户的电力生产者并不适用，或仅适用于他们所产生的电力的一部分，那么多余的电力可能会以批发价格或者没有补偿的方式并回电网，用户也可以购买电池系统储存能量以备将来使用。一些州的净计量政策也对可以做净计量的发电总量设定上限，通常以公用事业电力生产总量的一定比例来设限。

　　新泽西州的净计量系统被认为是美国国内最好的系统之一，适用于安装了太阳能电热系统、光伏发电、垃圾填埋沼气系统、风力涡轮机、生物发电系统、地热电力系统、厌氧消化系统、潮汐能源系统、波浪能系统或燃料电池（使用可再生燃料）的住宅、商业和工业电力用户。用户净计量的电力限制在 2 兆瓦，但对任何超量电力的付款可能会转入下一个付费周期。尽管州公共服务委员会认为合适的话可能会将净计量限制在占 2.5％ 的峰值需求[1]，但是没有对所有登记用户做总量限制。俄勒冈州也被视为净计量政策的领导者，它的许多政策是根据新泽西州的政策制定的。俄勒冈州的净计量规则不限制每个用户拥有的净计量设施数量，这将允许具有多块仪表的用户（如商业和农业等领域的

---

[1]　N. J. Stat. §§14:8－4. 1 et seq.

用户)拥有多个可再生能源系统。[①] 而且,俄勒冈州还简化了住宅以及其他小型设备的应用系统,用户也可以保留他们的可再生能源信用,这将是一种额外的激励。

州际可再生能源委员会和新能源选择网已经就净计量及相互关联的法律制作了一系列年度报告来评估各州相关项目的成效。2009 年报告排名前十的州分别是科罗拉多州、特拉华州、马里兰州、新泽西州、加利福尼亚州、俄勒冈州、宾夕法尼亚州、佛罗里达州、犹他州和康涅狄格州(按降序排列)。报告指出了以下最佳实践:

——净计量系统在规模限制上能够容许涵盖大型商业和工业用户的负荷,2 兆瓦级别系统不再罕见。

——不任意地将净计量的电量限制为公用事业高峰电力需求的一定百分比。

——每月允许以公用事业的整体零售率移后扣减多余电力。

——明确作为用户的发电者对其生产的能源保留所有可再生能源信用。

——允许对所有可再生技术进行净计量。

——允许对所有类型用户进行净计量。

——保护作为用户的发电者免受不必要的、繁琐的公事程序与特殊费用。

——将净计量标准不分服务领域地适用于州内所有公用事业,这样,用户和安装者才能完全理解这一政策。

4.6.3 可再生能源和能源效率激励措施

直接激励措施,如退税、赠款和按绩效付费,对于住宅

---

① Or. Rev. Stat. §757.300.

和小企业主尤其有用,否则他们可能无法负担安装可再生能源系统或投资改进能效的成本。举例来说,马里兰州的太阳能赠款项目为 20 千瓦以下的太阳能系统提供高达 10000 美元的资助。明尼苏达州的小风力涡轮机退税规定对住宅安装风力系统的按照安装费用的 35% 退税,最高达 10000 美元。

一些州,包括加利福尼亚州、科罗拉多州、佛罗里达州、马里兰州、俄亥俄州,还授权《不动产评估清洁能源计划》(PACE)进行融资,允许地方政府发行债券、提供贷款给不动产所有者用于改进能源效率和可再生能源的使用。政府通过对不动产税的评估给予不动产所有者一个很长的还款期。这种分期付款的方式大大增加了安装小型可再生能源系统的可负担性。此外,由于贷款依附于不动产,所有者如果选择出售其不动产时无须担心贬值或者遭受其他损失。现有关于评估的特定立法可以授权市政当局建立《不动产评估清洁能源计划》,而对《不动产评估清洁能源计划》做专门立法会规定得更为清晰因而受到推荐。例如,在一些州,只允许为"公共目的"进行评估,为此可能需要通过修正案来澄清私有的可再生能源和能源效率改进也具有公共目的。在其他州,符合特定地区融资的项目类型(如下水道、人行道)被明确列举出来,而且有必要对《不动产评估清洁能源计划》融资做专门的立法授权。也可能会需要修正案来授权"自由选择"特定地区,以便仅评估那些选择参与《不动产评估清洁能源计划》区域内的不动产。

州对可再生能源的税收激励也很常见。亚利桑那州及许多其他州在对不动产评估时不计入能源效率建筑组件和可再生能源设备的价值,以确保当不动产所有者做出能源改进后,其所负担的不动产税不会上升。① 在爱达荷州,商业风力和地热发电项目的所有者有资格享有全部不动产税的豁免权,尽管会对这些项目进行评估后按其总能量的3‰征税来代替不动产税。② 在许多州像个人和企业所得税抵免一样,购买可再生能源设备和零部件可以获得销售税豁免。这些以及其他激励措施已经被汇总录入州可再生能源激励措施数据库。

除了财政激励,技术帮助在鼓励可再生能源和能源效率项目上也扮演着重要角色。例如,纽约州能源研究和发展局提供能源审计和可行性研究,帮助农民识别减少排放和减少用电的机会。能源审计用于识别具有成本效率的能源效率改善机会,审计是低价或免费提供的,而纽约州能源研究和发展局会分摊进行更为详细的能源可行性研究的成本。马里兰的农场能源审计项目需花费 300 美元,如果农民执行能源审计所做出的任何建议,政府可将这部分花费退还。

许多州还建立了专门的办公室或机构来协调私人实体、地方政府和交通、住房、经济发展、环境机构的可持续性努力。例如,新泽西州规划和可持续社区办公室为地方政府在温室气体减排方面提供帮助,马萨诸塞州能源和环境事务办公室向为可持续发展项目寻求赠款、贷款和技术帮助的实体提供帮助。在纽约,阿迪朗达克公园机构就小型住宅和高至 125 英尺的商业风力涡轮机选址提出了一个简化的快速程序。

---

① Ariz. Rev. Code § 42—11054.

② Idaho Code § 63—3502B.

4.6.4 绿色建筑和能效建筑标准

在美国,住宅和商业建筑消耗了 70% 以上的电力,40% 以上的能源,排放了 35% 以上的二氧化碳。到 2039 年,由于美国人口预计增长 33%,数以百万计的新房屋和数十亿平方英尺新的非住宅建筑将在未来几十年建设。一些评估显示,三分之二的地面建筑物将在现在到 21 世纪中叶之间建设。通过确保新建筑和翻修建筑尽可能节能,我们可以有效控制归因于这些新建筑所增加的二氧化碳排放。

正如在第 6 章和第 7 章详细讨论的,完成多个可持续目标的建筑被称为绿色建筑。这种建筑物不仅具有能源效率,还能够完成一个或更多额外的可持续发展目标。例如,绿色建筑采用节水、减少照明需要、使用再生材料或创建一个更健康的室内环境的建筑技术、建筑设计和运行系统。绿色建筑也会引入单独的太阳能系统和风力涡轮机等可再生能源。显然,有不同程度的绿色建筑,等级从那些具有一种或两种绿色特征的建筑直到那些可以真正满足更加可持续世界的迫切需要的建筑。

许多州的立法和行政命令都规定对公共建筑和政府资助的项目采用绿色建筑和能源效率标准。这些计划有助于将绿色建筑扩大到私人部门,因为在许多地区,政府有足够的购买力对建筑产业施加实质性影响。然而,绿色建筑的要求不仅仅限于公共资金资助的项目。加利福尼亚建筑标准委员会开发了全州范围内的绿色建筑规范,适用于州内"每一个建筑物或构筑物的规划、设计、运行、建造、更换、使用和居住、选址、维修、拆除"。绿色建筑规范于 2008 年 7 月通过,加利福尼亚因此成为制定可持续建筑标准的第一个州。该规范 2010 年前自愿采用，它设定了有关能源效率、水资源保护和减少建筑废物的目标。

4.6.5　家用电器能效标准

尽管联邦管制在许多家用电器的能效要求方面享有优先权，但州仍可以自由管制其他家用电器，并在联邦政府管制条例颁布之前执行州所制定的标准。例如，2009 年加州能源委员会颁布新电视机规定，削减电视机用能约 50％。包括马萨诸塞、纽约、华盛顿和威斯康辛在内的各州都引入了类似的立法①。各州也可以请求美国能源部就联邦标准所涵盖的家用电器放弃对其优先适用联邦管制的权力。例如，马萨诸塞州最近寻求豁免，以便它可以在住宅火炉上适用一项 90％的年度燃料利用效率标准。

2008 年，一联邦地方法院发出一项初步禁令，使阿尔伯克基市的绿色建筑规范因其包含某些家用电器标准而无效。除了其他规定外，该绿色建筑规范要求新建及正在翻修的商业和住宅建筑的能源效率增加 30％。为了实现这一目标，该规范要求独栋住宅应该更绝缘并且在制热、制冷、通风、热水和照明方面更具效率。此外，商业和住宅结构也必须接受热循环检测。法官写道：

这个城市颁布（所争议的规范）的目的是值得称赞的。不幸的是，规范的起草者们并不知道长期存在的管理某些暖通空调和热水器产品能源效率的联邦法规，而且在起草规范时，联邦法规已明确对这些产品的管制享有优先于州的权力。结果，规范一经制定即侵犯了联邦法律的优先权。

2010 年 9 月，一联邦地方法院就一项永久性禁令提议

---

① H. B. 3124；A. B. 9387；H. B. 2416/S. B. 6489；S. B. 450/A. B.

进行裁决，提议认为城市节能规范的特定部分实际上属于联邦法律享有优先权的事项。然而，法院否决了对规范中基于性能的规定，包括 LEED 标准违反联邦法律优先权的提议。法院发现原告没有充分履行他们的责任[①]。然而此时不应该将法院的判决解释为所有基于性能的规定都能免受法律优先权的挑战，因为法院是根据该案的事实才做出拒绝决定的。

4.7　节约用水

节约用水是可持续性努力的有机组成部分，因为水的抽取、处理和运输都是能源密集型活动。此外，天气模式改变和积雪减少产生的影响增加了国内许多地区的干旱情形，使水资源效率显得尤为重要。

水权已经变得如此重要，以至于许多州提起诉讼来保护他们有限的水资源份额。2007 年，蒙大拿州根据各州达成的黄石河契约，就水权的分配起诉怀俄明州[②]，堪萨斯州就水资源问题起诉内布拉斯加州和科罗拉多州[③]，并单独诉科罗拉多州[④]。

乔治亚州、佛罗里达州和阿拉巴马州之间复杂而长期的水权纠纷导致了一系列的联邦诉讼。2009 年，佛罗里达中区的联邦地方法院做出有利于佛罗里达州和阿拉巴马州

---

①　AHRI v. City of Albuquerque, Civ. No. 08−633 MV/RLP (2010).

②　Montana v. Wyoming, Supreme Court Docket No. 22O137.

③　538 U. S. 720, 123 S. Ct. 1989, 155 L. Ed. 2d 951 (2003).

④　543 U. S. 86, 125 S. Ct. 526, 160 L. Ed. 2d 418 (2004).

的裁决,法院认定美国陆军工程兵部队没有获得国会从拉尼尔湖供水的批准。为了给陆军工程兵部队获得国会批准的时间,法院将本案的诉讼中止3年。但是如果到最后期限仍未获批准,三个州的水权分配将回到按照设立于20世纪70年代中期的"基线"来操作。如果发生这种情况,乔治亚州将会失去大量的水,对亚特兰大及其以外的居民来说,这可能会带来毁灭性的后果。重要的是,法官 Magnuson 在他的命令中指出造成这种情况的责任并非仅仅陆军工程兵部队一家。① 正如他解释的:

太平常不过的是,州、地方甚至国家政府人员不考虑他们决策的长期后果。地方政府因为它增加了税收收入允许无节制的增长,但同样是这些政府并没有对这种无节制增长所需要的资源做出充分的规划。公民个人也没有经常考虑他们对稀缺资源的消费问题,因为缺少一种像过去几年里 Apalachicola—Chattahoochee—Flint(ACF)盆地所经历的那种危机情形。随着人口增长和更多未开发的土地被开发,ACF 盆地所面临的问题将继续在整个国家重复发生。只有通过合作、规划和保护,我们才能避免导致诉讼的这类情况。

为了应对水问题,2010 年乔治亚州通过立法来"创建节水文化"。立法要求各政府机构"检查他们的实践、行动方案、政策、规则、法规以找到机会为自愿性节水提供增强的行动方案和激励措施"。立法特别提及州政府在节水规划方面通过诸如综合性规划的审查和技术帮助等与地方政

---

① In re Tri—State Water Rights Litig. , 639 F. Supp. 2d 1308 (M. D. Fla. 2009).

府进行协同的机会。立法还指示州机构考虑鼓励私人部门节约用水的方案和激励机制。立法还要求在 2012 年 7 月及之后获得许可的新建筑必须包括高效的厕浴间设备、多单元建筑必须为每个单元安装独立的水表。由于早上 10 点到下午 4 点之间蒸发率最高,某些类型的灌溉和洒水是被禁止的,立法还规定没有使用的农业用地表水的取水许可期满终止。

如同三个州之间的水权诉讼所清晰化的以及乔治亚州作为回应法院裁决的立法所展示的:节约用水规划以及与地方政府的合作是实现节水目标的关键。正如上面所讨论的,许多州已经要求地方政府在其综合性规划中纳入关于水的问题。

各种鼓励和强制要求节水的措施层出不穷。一些州试图鼓励节水型园艺,这是一种使用规划和设计、选择合适的植物物种、使用节水灌溉技术以及其他可持续实践做法的一种整体性景观设计方法。佛罗里达州已经颁布立法支持用节水型园艺开展园林绿化,并指示市政当局考虑制定园林绿化条款以节约用水。法律还禁止订立阻碍节水型园艺使用的契约。科罗拉多州也禁止这样的契约,而且在得克萨斯州,地方政府得到了颁布节水型园艺法令的明确授权。①

华盛顿州 2003 年通过的立法指示卫生部对市政水供应商采取水利用效率规定。② 得克萨斯州也在 2003 年通

---

① Fla. Stat. § 166. 048,373. 185;Colo. Rev. Stat. 37 − 60 − 126;Tex. Local Gov. Code § 430.002.

② Rev. Code. Wash. § 70.119A.180.

过了一系列节水措施,其中包括禁止反对雨水收集系统的限制性契约或契约条款,要求市政当局在宣布任何一项地表水权或地下水权有缺陷之前,要开发和实施节水计划。该法还创建了一个实施节约用水的专门工作组。① 2010年,加利福尼亚州水资源控制局发布了2020年节水计划,旨在制定一个全州范围内的路线图,到2020年实现减少用水20%。

在很多州,可能需要一些立法行动来授权采取某些节水措施。根据各州的不同情况,水权遵循的或者是河岸权学说或者是先占学说,或者是二者的某些组合。河岸权制度源于英国法律,在新英格兰地区和大西洋中部各州常见。该制度将水权分配给所有的河岸土地所有者,并依靠"合理使用"原则以防止个别不动产所有者不成比例地大量取水。然而,在美国西部,大多数州遵循先占学说,顾名思义,该学说根据先前用水的资历来分配水权。先占学说使老资格的水用户甚至在雨落到地面之前就能够主张雨水权利,这妨碍了获取雨水的努力。为了对这个问题进行补救,科罗拉多州最近通过了一项法律,允许在有限的情况下进行雨水收集②。在华盛顿,其生态部目前正在致力于制定管理条例,界定哪些雨水收集系统应该需要得到行政批准。

---

① S. B. 1094. Tex Prop. Code § 202. 007; Tex. Prop. Code § 21. 0121.

② 2009 Colo. Ch. 179 (S. B. 80).

4.8 机动车排放管制

自 1967 年以来,联邦政府已经确立在机动车排放管制上优先于州的权力。然而,由于加利福尼亚州在 1967 年之前就制定了自己的排放标准,因此允许该州在收到美国国家环保局弃权证书的情况下,维持其自己的排放标准。1990 年,加利福尼亚州空气资源委员会利用这一弃权条款采取更为严格的排放控制,其中包括技术方面的强制性规定,即要求该州最大的汽车公司开发和销售零排放汽车(ZEV)。《清洁空气法》的一个条款给予其他州选择采纳加利福尼亚州的机动车标准来代替联邦规定的权利。据此,许多其他州采纳了加利福尼亚州标准。然而,由于《清洁空气法》要求这些州采纳的规定需与加利福尼亚州的完全相同,因此,当零排放汽车规定在加州被废止时,它在其他州采用也会变为无效。参见诸如 Association of Int'l Auto. Mfrs. v. Commissioner, Mass. Depat. of Envtl. Protection 案,[①]以及 American Auto. Mfrs. Assn. v. Cahill 案。[②]

2004 年,加利福尼亚州通过了严格的新机动车排放标准,但其获取弃权证书的请求在 2007 年被国家环保局否决。与此同时,环保局卷入一起诉讼案之中,该案挑战的是

---

① Association of Int'l Auto. Mfrs. v. Commissioner, Mass. Dept. of Envtl. Protection, 208 F. 3d 1 (1st Cir. 2000).

② American Auto. Mfrs. Assn. v. Cahill, 152 F. 3d 196 (2d Cir. 1998).

国家环保局 2003 年做出的不管制机动车温室气体排放的决定。环保局坚持认为它没有得到管制温室气体排放的授权,但最高法院在 2007 年裁定温室气体排放属于《清洁空气法》框架下受国家环保局管制的"污染物"(见 Massachusetts v. EPA 案[1])。随着这一裁决和总统的施政转变,国家环保局开始制定联邦机动车温室气体排放标准。在 2009 年国家环境保护总局还承认了针对加利福尼亚州的弃权,允许更严格的温室气体排放标准在超过十二个采用加州标准的其他州生效[2]。除了亚利桑那州、康涅狄格州、特拉华州、佛罗里达州、缅因州、马里兰州、马萨诸塞州、新墨西哥州、纽约州、俄勒冈州、宾夕法尼亚州、罗德岛、佛蒙特州和华盛顿州之外,至少三个州,包括科罗拉多州、蒙大拿州和犹他州,正在考虑采用加利福尼亚州的规则。

另一个用以减少机动车排放的策略是用于新机动车的强制性温室气体标识。加利福尼亚州 2005 年颁布了一项标识法律,要求标识应包含烟雾指数和全球变暖指数。信息必须用一种易读的方式提供,标识还必须包括"同年份车型中全球温室气体排放最低车型的排放量"。[3] 类似的法律已经在康涅狄格州、佛蒙特州和华盛顿州颁布。[4]

通过机动车保险法律可以促进减少机动车的排放。例如,在 30 多个州都在一定程度上提供按里程付费的车辆保险。与传统的一次付费保险政策不同,按里程付费政策给

[1] 549 U.S. 497, 127 S. Ct. 1438, 167 L. Ed. 2d 248 (2007).

[2] 74 Fed. Reg. 32744.

[3] Cal. Health& Saf. Code § 432001.

[4] Conn. Pub. Act 06－161, § 3; 10 V. S. A. § 579; Rev. Code Wash. § 70. 120A. 050.

予司机经济激励以减少其车辆行驶里程。而且为了鼓励拼车,2010 年加利福尼亚州引入的一项法案改变了州的保险规范,允许个人,而非仅仅是得到许可的租赁公司出租汽车。[1]

---

[1] A. B. 1871.

第5章 地方气候行动计划、可持续性和综合规划

5.1 州和地方行动的重要性

虽然全球变暖和气候变化的影响是国家和国际问题，但应对这些挑战的解决方案以及策略的有效实施离不开各州以及更为重要的城市政府的有效参与。地方政府拥有无需州的授权即可制定许多气候变化措施的灵活性，这使它们能够既是对气候变化首先做出回应者，同时又是创新的实验者。他们拥有可支配的必要工具来促进以下转变：从依赖汽车、独户住宅模式的社区理念转变为公共交通导向城市生活方式的理念；提高建筑能效；减少对碳封存开放空间的开发压力。当把这些市政当局的管制条例、政策和教育计划的影响聚集起来时，它们在这个国家所实现的温室气体减排中所占的比例，即使不是最重要的，也一定是十分重要的。

美国数以百计的地方政府没有坐等国会通过全面的气候变化立法，相反，他们主动采取行动，在减少排放、保护开放空间、促进可再生能源方面提出了自己的举措。到2010年，超过1000名市长签署了全美市长会议的《气候保护协

议》,签署方被要求通过在他们自己的社区采取行动来追求《京都议定书》所设定的目标——到 2012 年,温室气体排放比 1990 年的水平降低 7%。该《协议》于 2005 年由当时的西雅图市长 Greg Nickels 发起,他不断努力让西雅图成为国内在地方气候变化行动方面最具创新的城市之一。2007年,全美市长会议推出了市长气候保护中心以提供指导和帮助,联系城市加入该协议,并提倡智慧型气候政策定位。会议帮助建立了能源效率与节约整体拨款计划(EECBG),该计划第一次为市政当局专门就能源效率项目寻求拨款提供了机会。《2007 年能源独立与安全法》每年为该计划拨款 20 亿美元,《2009 年美国恢复和再投资法》又追加了 32亿美元的拨款。

许多美国城市还加入了地方环境行动国际理事会(ICLEI——可持续性地方政府),该委员会是一个推动智慧规划、可持续发展,并采取行动以延缓全球变暖的国际联盟。地方环境行动国际理事会于 1990 年组成并一直致力于提供技术咨询、培训和信息服务,支持和鼓励地方气候变化行动。全球已经有 1200 多个城市成为其成员。

地方环境行动国际理事会和全美市长会议提出的一些政策包括:执行当地温室气体清单,采用反蔓延式土地用途管制,鼓励交通的替代性方式,促进可再生能源的生产,在新建筑和翻修建筑中增加绿色建筑技术的使用,市政车队购买具有燃油效率的汽车,增加抽水系统的效率,促进城市森林的生长,就全球变暖及需要减少温室气体污染开展公众教育。

5.2 城市制定气候变化法律的
权力来源与本质

5.2.1 法定授权法

各州已经颁布了各种影响地方政府制定可持续发展策略权力的授权法。例如,像在第四章中讨论的,绝大多数州已经颁布了综合规划授权法,规定了地方政府在其长期规划中需要考虑的强制性和选择性要素。各州还制定区划授权法和再分区法,为地方政府的土地利用法设置程序和规则。这些授权法可能要求地方政府从事特定规划实践或特别授权进行某些创新性的土地用途管制,如开发权的汇集与转让计划。

像在第二章所讨论的,一些地方法可能遭遇州或联邦的优先立法,或者其可能违反商业条款。尽管通常有地方管制发挥作用的余地,但在能源生产、机动车排放和固体废物管理领域优先立法普遍存在。

其他法律可能专门授予地方政府创建特定类型激励方案的权力。例如,大多数州的法律允许城市成立重新开发部门,这有助于鼓励对土地的填充、净化及再利用。还有一些州立法授权地方政府提供《不动产评估清洁能源计划》的融资,允许家庭和企业主分摊能源改造成本和可再生能源设备的成本,并将偿还的余款作为其不动产税账单的一部分。《不动产评估清洁能源计划》立法在第四章和第六章中讨论。

5.2.2 警察权和地方自治

即使没有授权立法,地方政府也可以基于警察权从事各种各样的可持续性计划、管制和行动。如同最高法院在 Berman v. Parker 案①中所解释的：

> 公共安全、公共卫生、道德、和平和安宁，法律和秩序——这些是警察权在传统市政事务上应用得尤为引人注目的例子。但它们只是说明权力的范围而没有对其做出界定……它所代表的是精神、物质、审美以及金钱等方面的价值。而确定社区应当是美丽且健康、宽敞且整洁、和谐，被小心守护的则是立法机构的权限。

警察权属于州的权力，但通过州的宪法和法律规定，地方政府通常作为代表受托行使广泛的警察权。对地方警察权的管制仅限于宪法性规定以及政府权力行使的合理实践。对此，州或联邦立法没有优先权。

在一些州，市政当局也能够被赋予地方自治权。自治权力的分配在不同的州有很大的差异。在少数几个州，据说地方政府拥有固有的地方自治权。而在多数州，市政当局享有源自宪法授予的地方自治权，或者根据通过的章程来践行地方自治权。在其他一些州，市政当局凭借一般立法法令拥有地方自治权或拥有宪法性、立法性和准宪法性的混合权力。一般来说，地方自治权力的作用是保证地方政府在管理财产、内部事务和治理方面享有一定程度的自治权。

总之，即使没有明确的授权法，地方自治权和警察权也能允许地方政府颁布各种法令。举例来说，在 Smith v.

---

① Berman v. Parker, 348 U. S. 26, 75 S. Ct. 98, 99 L. Ed. 27 (1954).

Pittston 案[1]中,缅因州最高法院维持地方法令的规定,限制不动产所有者在其土地上播撒化粪池污泥。法院认定,该法令是一项有效的警察权管制条例,州废物处置法律对该法令不具有优先权,因为州法律表达的一个意图是在州和地方层面对化粪池污泥实施联合控制,而该案的地方法令不会阻碍任何州的管制制度实现其目的。

然而,在区划的背景下,如果具体的法律管制是适当的,那么未经授权的地方法令可能会被法院认定为超越权限或法律对地方法令具有优先权(或者是两者)。纽约上诉法院在 Albany Area Builders Association v. Guilderland 案[2]中就得出了这样的结论。此案涉及的是交通影响费法令。该法令要求开发商支付与拟议项目规模大小成比例的费用以覆盖因配套交通所增加的成本。如同法院解释的:"州立法机构在高速公路融资方面已经颁布了一项全面而又详细的管制计划,在此议题上享有相对于地方立法的优先权。通过《城镇法》和《高速公路法》的一些条款,州立法机构已经证明它决定对道路改进如何进行预算、这些改进如何进行融资以及用于改进的这些钱该怎么花等进行管制。"

5.3 土地利用管制

5.3.1 混合利用区划

传统的欧几里德人区划是 Village of Euclid v. Ambler

---

[1] Smith v. Pittston，Me. 2003.

[2] 74. N. Y. 2d 372，547 N. Y. S. 2d 627，546 N. E. 2d 920 (1989).

Realty Co. 一案①后被命名的。该区划方法将住宅、商业和工业用地分别划入互不相连的区域。在 Euclid 案中,最高法院判定这种形式的土地利用管制是一种法律上有效的警察权实践,并推论认为各自分开利用的形式有助于提高防火、减少交通堵塞、减少噪音以及其他妨害,并提供更加有利的居住环境。法院还同意将多单元住宅排除在独户住宅的社区之外。法院解释说:

如果这些理由无法证明我们所询问的相关政策是明智的、合理的,那么这些理由至少有足够的信服力让我们排除了这样的说法,即这样的规定明显是武断的、不合理的,与公共卫生、安全、道德或公共福利没有实质性关系,而只有这样,才能宣布政策规定违宪。

尽管早期区划方案的目的值得称赞,但各区单独利用以及支持开发独户住宅的社区促成了依赖蔓延和向外扩展的规划方案。在第二次世界大战之后,这些方式急剧发展,当时联邦将大量资金花费在州际高速公路系统上,鼓励全国郊区的增长。但从可以步行的社区转向机动车友好型的郊区已经产生了灾难性的环境后果。除了增加行车里程,郊区的增长已经侵犯到重要的生态栖息地和多产的农田。

理解传统欧儿里德人区划方法的负面影响致使许多城市进行区划改革,强调由土地混合利用、相互兼容所构成的紧凑发展。在邻近地方设置不同的土地利用,如住宅和零售,让居民能够走路而非开车,以此来减少行车里程。此外,区划法令可以量身定做,以确保在任何给定的区域只有兼容性的土地利用才被允许。例如,在巴尔迪摩市,在独户

---

① 272 U. S. 365, 47 S. Ct. 114, 71 L. Ed. 303 (1926).

住宅区域允许的土地用途包括：农业用途、日间看护，教育用途和文化机构、休闲娱乐设施和宗教用途；作为特许用途的附属建筑物而获得许可的犬舍、俱乐部用房、温室和家庭职业（即居家微型企业）；以及一些有条件的利用形式（即按照城市规定的条件被允许的利用），包括俱乐部和旅社、幼儿园、政府使用、卫生保健设施、码头、社区活动中心、游泳池和养老院。[①]

美国规划协会创建了一个模范混合利用商业区划法令，以促进小型的、地面楼层为商业用途而高楼层为居家用途的混合利用模式的成长。法令许可的用途包括：地面上一楼的艺术家生活/工作空间、位于一楼以上的住宅单元、组屋、学院和高等院校、文化机构和图书馆、日间看护、公园和休闲娱乐设施、邮局、公共安全服务、宗教用途、小型公用设施，兽医室和商店、艺术家销售空间、餐厅、小型娱乐设施、银行、零售食品饮料店、小型旅店、医疗服务、办公室、健康俱乐部和体育馆、维修店和一般性寄存商店。其他住宅、民用和商业用途附条件允许。该法令对商业机构的大小进行限制，允许以混合利用的方式建造密度更高的建筑。为了方便行人对小型商业的使用，法令还免除了小型商业的停车要求，而对其他的则要求对停车场加以遮蔽，使其不能从大街上被看到。建筑外观标准要求街面应有展示橱窗，以及主要入口要面对人行道等建筑外观标准，有助于创造对行人友好的环境。

另一种试图减少机动车依赖的混合利用开发模式是公共交通导向的开发（TOD）。这种将在第八章做详细讨论

---

① Baltimore Code § § 4－201 TO 4－204.

的开发模式一般鼓励提高交通枢纽附近地区的开发密度。公共交通导向开发的目标是鼓励在交通廊道上从事混合利用的城市开发，为居民提供步行可达的公交站点及附近的兴趣点。鉴于步行或通过大众交通即可很容易地抵达目的地，空气污染和能源消耗也随之降低。另外，由于公共交通导向的开发强调紧凑型设计，这样，自然资源和生态系统就能够作为开放空间得以保留。

采用按照规划单元综合开发（PUD）和区划叠加的方法也能促进混合利用型开发。根据规划单元综合开发方法，开发商可以对特定地段进行混合利用，只要该地段属于区划中所指定的开发区域中被允许这样利用的几个地段之一，其做法就会被允许。除了提供给开发商以灵活性外，规划单元综合开发方法也给了社区规划者一定程度的灵活性，他们可以在规划单元综合开发的谈判过程中要求开发商提供特定的社区便利设施。除了别的设施以外，这些设施包括保留的开放空间、建立的行人和自行车基础设施或者建造的休闲娱乐设施。重叠区划方法可以挑出独特的地理区域，以便修改基础功能区划的限制来更好地应对这些区域的特殊属性。简而言之，重叠区划方法通常用来补充（而非取代）现有功能区划，允许地方政府量身定制，根据其城区是否具有与生态、地貌、历史、文化抑或是贸易和商业利益相关的特殊属性进行规划。重叠区可能与基础功能区同时存在，或者它可能只取代基础功能区的一部分，而且在重叠区可以扩大或放松对基本功能区的管制。

5.3.2 簇团式开发管制

簇团式开发是仅在一小部分土地上密布建筑、将剩余部分作为开放空间的开发项目。与传统住宅小区相反，簇团式开发有助于节约土地,保护生态多样性,促进耕地保护。簇团式开发因社区密集拥挤,减少了对汽车的需要,也有助于减少温室气体排放。

具有适当法定权限的地方政府能够要求对住宅小区进行簇团开发,并通过提供诸如密度奖励等激励措施来鼓励在没有要求进行簇团开发的地方进行簇团开发。地方政府应通过要求项目至少保留最低比例的未开发土地,或要求通过契约限制或地役权保护来对未开发地区进行法律保护,确保簇团开发的目的得以满足。市政当局还可以在簇团式开发的管制中增加可持续性措施,鼓励开发商保留自然植被而非园林设计工程,并引导他们最小化对自然生态系统的影响。例如,《马萨诸塞州智慧增长开放空间住宅细则》适用于所有超过四单元的住宅开发项目,并建议将对土壤和植被的干扰最小化。该《细则》要求至少要保留 50%的土地,并且对利用之前已经不能开发的湿地来满足规定限额的做法加以限制。此外,该《细则》要求依法保护开发空间,并将其组成连续的大片区域。根据所开发的能力可以负担的住宅单元数量和被保留的开发空间数量,政府可以提供高达 30%的密度奖励。

5.3.3 适于步行的再分区

典型的美式再分区是城市蔓延的具体体现,但即使没有明确的法定权限,也可以修改有关再分区的规定,使新的多地块开发更加可持续。适于步行性可以通过对人行道、街道树木、交通稳静化装置以及街道连通的管制要求来增强。通过要求再分区使用低影响开发技术,如种植本地物种、利用生物湿地(即设计植被排水过程来过滤径流)、允许分为更小的地块、许可一些可以增加密度的附属或多单元建筑、进一步降低再分区对土地的需求等也可以限制再分区对外部环境的影响。地方政府还可要求住宅开发和办公园区满足街道连通、人行道和交通稳静化要求。

5.3.4 农业区划

地方政府可以按照一般的区划权力设立农业保护区，并对保护区的各种用途及用地施加限制以保护既有农田，防止与邻近的非农业性质的土地利用区划产生冲突。农业功能区划通常会得到法院支持。农田保护被认为是政府支持限制性区划的一种合理意愿。尽管当土地整体不适合农业用途时，农业区划法令可能会被法院判定为不合理，但不能仅仅是因为在农业区许可了一些非农业性利用，或者因为一些适合农业的地区被划为非农业利用而就判定该法令是武断和任意的。尽管一项农业区划法令可能会如此具有限制性以致等同"征用"，但大多数索赔主张都未能证明农业区划妨碍了土地的合理使用。

5.3.5 开发权转让计划

开发权转让（TDR）计划的目的是利用市场力量保护耕地和未开发土地，同时引导向现有的城市地区发展和增加密度。计划的运转方式是在农村地区建立输送区域，然后该输送区域可以将其开发权卖给城市化的接收区域。一旦被购买，开发信用会作为接收区域的密度奖金，而被购买的农村土地则受到了诸多针对未来开发的法律限制，如保留地役权或契约限制。地方政府和非营利的土地银行也可以购买开发权来刺激城市的经济性开发。它们或者是建立土地管理机构，或者是将开发信用存入银行，以备未来使用。

理想情况下，促进开发权转让或购买计划的目的是为农民和农村土地所有者将其土地出售用作新的开发提供一种竞争性替代方案。同时，计划提供了一种灵活的、以市场为基础的方法，允许开发商在有增长需求的区域适用密度信用。然而，许多开发权转让计划未能保存数量可观的土地，而且即使计划做到了这一点，但计划本身的自愿性以及基于市场运行的特性使其无法保证通过出售开发信用就可将最重要的自然栖息地保留下来。设计粗略的计划还可能事实上成为一个增加密度的税种，并对城市蔓延产生意想不到的激励。

5.3.6 停车法令

区划管制通常为所有类型的土地利用设置了停车方面的最低要求，但广泛可获得的免费停车被认为会诱导更多的驾驶行为。Donald Shoup 在其《免费停车的高代价》一书中解释道：

因为停车是按照收回成本的价格收费的，它在汽车旅行的总成本中占了很大的份额，而"免费"停车使得在旅行方式的选择上严重偏向独自驾驶，并远离了对目标站点容纳能力要求更低的其他旅游形式：公共交通、拼车、骑自行车以及步行，而步行仅需要鞋子和人行道，根本没有对目标站点容纳能力方面的要求。

通过减少甚至取消停车方面的最低要求，地方政府可以有力地抑制驾驶活动，从而有助于降低交通排放。此外，减少对新开发项目的路外停车数量要求有助于鼓励增加城市的密度和可步行性。限制停车场采用大量的铺砌地面有助于保护植被、减少地表径流。即使不减少停车方面的要求，地方政府也可以通过要求周边绿化和栽种设立安全岛来"绿化"其对停车场的管制。

5.3.7 绿色建筑

由于建筑排放约占美国温室气体排放量的40％,因此建筑规范改革和绿色建筑激励成为最重要的城市可持续发展战略之一。全美各市政当局制定的绿色建筑管制条例通常包括有关可持续的场地设计和施工方法、能源和水的效率、室内空气质量等规定。一般建筑能效要求也被添加到一些市政能源规范之中,并有更具体的规定,例如"降温屋顶"要求设定最低屋顶反射率标准以控制夏季的建筑温度。绿色建筑要求可以适用于所有新建和翻修项目、城市公共建筑项目以及某些满足特定规模或达到补贴门槛的私人开发项目,或仅适用于市政建筑。

绿色建筑激励通常采取拨款、密度或高度奖励以及加快许可证审批等形式。例如,在加利福尼亚州的圣拉斐尔,住房达到至少100绿色积分或LEED黄金级才有资格得到绿色评级的费用补偿、获颁铜匾,并列于城市网站之上。在加利福尼亚州的奥克兰,激励措施包括对能源效率和LEED设计的无偿帮助以及免费向公共推广绿色项目。波特兰监管着一项竞争性绿色建筑创新项目拨款计划。该计划自2002年以来发放了250多万美元,并为每个项目提供42.5万美元的赠款。一项单独资助绿色屋顶的赠款计划资助资金高达每平方英尺5美元,是安装一个绿色屋顶成本的25％到100％。波特兰还运营一个展示特色建筑的绿色家园年度观光旅游项目,并发布一些绿色建筑指南。

一些地方政府还采取了抑制传统建筑的措施。弗吉尼亚州的阿林顿县要求未获得LEED认证的项目每平方英尺缴纳0.03美元作为绿色建筑基金,用于绿色建筑的教育和推广。

5.3.8 绿色屋顶

绿色屋顶,有时也被称为生态屋顶,是专门设计的屋顶花园或草坪。他们可能有很深的土壤层能够支持树木和灌木生长,或者由一层用来植草的浅层生长介质组成。为了遵守城市绿色建筑法律,全国各地已经开始在公共建筑上安装绿色屋顶,有环保意识的居民和企业也开始使用绿色屋顶取代更传统的屋面系统。随着绿色屋顶的日渐普及,它们所具有的特别利益——改善空气和水的质量、保存雨水、缓解城市热岛效应,形成栖息地、提高建筑效能、延长屋顶寿命和更加美观等开始显现,致使一些市政当局在一般绿色建筑要求之外专门开发针对绿色屋顶的激励措施和具体要求。

辛辛那提、芝加哥和俄勒冈州的波特兰等一些城市提供政府赠款来补偿绿色屋顶安装的高成本;西雅图、波特兰、安纳波利斯在评估雨水管理要求时会纳入对绿色屋顶和屋顶花园的考虑;洛杉矶县将绿色屋顶作为最佳管理实践用以满足低影响开发方式中对雨水资源管理的规定[①];纽约市和费城为建造绿色屋顶提供高达十万美元的税收抵免。[②] 费城和波特兰也为绿色屋顶提供密度激励。[③]

---

① Seattle, pp. 44−45; Portland, sec. 2−37, Annapolis, Annapolis Municipal Codesec. 17. 10. 080 (C) (2) (f); Los Angeles County Code § § 12. 84. 410−12. 84. 460; Low Impact Development Standards Manual (draft 2008).

② New York, A. 11226 (2008); Philadelphia, Philadelphia Code § 19 −2604(8).

③ Philadelphia Code § 14−1633(7)(b); Portland Code § 33. 510. 210 (C) (10).

绿色屋顶通常需要遵守许可和维护方面的要求。例如,波特兰的绿色屋顶管制条例包含斜面、防水、排水、生长介质和植被类型等内容。在洛杉矶县,绿色屋顶必须根据制造商(供应商)的指令安装和维护,植被必须包括那些不需要杀虫剂或化肥就能"自我维持的植物",并且必须在两年内达到90%的植物覆盖率(低影响开发标准手册(2008年草案))。为了获得费城绿色屋顶税收抵免资格,申请人必须提交文件,展示其灌溉和排水计划,并表明屋顶结构组成的妥善性以及建有通往屋顶的安全通道。[①]

虽然绿色屋顶的建筑特征目前在任何城市还没有成为强制性要求,但一些城市已经颁布了屋顶反射率标准。根据这些标准,屋顶必须有浅色的表面以减少屋顶吸收的热量,继而降低冷却成本、节约能源,并帮助减轻城市热岛效应。据估计,在夏天,有反射性、浅色表面的屋顶比深色屋顶要凉60度。包括乔治亚州、佛罗里达州、加利福尼亚州在内的一些州颁布了屋顶反射率标准作为它们建筑规范的一部分,而地方政府也在独立采取行动。2008年达拉斯的法令要求在2009年10月1日之后建设的低斜面商业建筑要满足屋顶反射标准。休斯顿在其商业节能规范中也有类似的要求。[②] 芝加哥在其能源规范中也为低斜面和中度斜面的屋顶设定了最低反射率要求[③],该城市甚至还为安装降温屋顶的建筑物所有者提供赠款和激励。

---

① Philadelphia Code § 19－2604(8).

② sec. 5.5.3.1.1.

③ sec. 18－13－303.1.

5.3.9　促进可再生能源使用的区划

正如第八章中讨论的,地方区划法对便于土地所有者安装和运行可再生能源系统产生重要影响。在美国许多地区,州的法律保护对太阳能的获取,并对阻碍太阳能电池板安装的地方区划和契约享有法律优先权,而许多地方政府也颁布法律简化太阳能系统的批准程序。例如,在纽约州的伊萨卡,安装屋顶太阳能集热器作为一项权利,只要其遵守建筑许可要求,就可以在所有区域获得许可。该镇还允许在所有区域安装独立式太阳能集热器,只要这些集热器遵守可适用的后置要求:不高于 20 英尺,面积小于 1000 平方英尺,位于侧院或后院。[①] 纽约州汉廷顿镇也为安装太阳能电池板制订了一个快速审查程序。太阳能快速通道方案适用于商业和住宅建筑,除了加快审批外还免除其申请费用。[②]

5.4　地方食品计划

产业规模的食品生产和运输系统的可持续性越来越受到质疑。本地采购食品产生更少的运输和储存排放,有助于维持小型有机农场的竞争力。"本土膳食主义者"运动可能也含有一定的味觉因素,但它导致地方政府试图更为经常性地致力于支持当地的农业和食品生产。除了前述的创建农业功能区和不动产开发权转让项目外,地方政府还制定了农夫市场管理条例、本地食品采购政策以及"从农场到

---

① Ithaca Town Code § 270－219.1.

② Town of Huntington Code § 87－55.4.

学校"计划。

地方政府支持本地食品配送的方法之一是修改区划管制条例准许农夫市场的存在,或者提供公共土地(通常是公园或停车场)用作农夫市场。例如,西雅图 2009 年通过了一项简化农夫市场审批程序的计划。该计划认识到,位于私人土地上的农夫市场容易受到被逼迁而不得不寻找新场所的发展压力。为了帮助他们找到更稳定的场所,该市对适合举办农夫市场的公共土地予以确认。它还降低许可费用,并创建了一站式许可程序取代先前需要四项独立审批的系统。

纽约州奥尔巴尼县于 2009 年通过了一项购买本地食品政策,声称其目的是"提高本区域人均收入,为创造就业、吸引经济投资、应对全球气候变化、促进公民和社区的健康与安全提供激励措施"。该县立法机构援引了一项研究,即"发现与典型依靠跨国船运食品来提供饮食相比,来自本区域的饮食所消费的石油和天然气要低 17 倍",研究还强调了"保持农民经营和拯救脆弱耕地免受开发"的重要性。该政策要求县政府为其居民卫生保健和矫正设施采购更多本地生产的食品。

学区也试图增加从本地渠道采购食品,参与"从农场到学校"计划的学区数量已经超过 1000 个。这些计划的目的不仅仅是支持本地农业和减少食品生产的相关排放,而且还有改善学生营养和对抗儿童肥胖的作用。大多数参与这些计划的学校也提供如堆肥、学校花园活动、烹饪示范和农场参观等相关活动。"从农场到学校"计划的指南可以从美国农业部获取。

5.5 绿色采购法律

地方层面的绿色采购法律要求市政当局将环境因素纳入其采购决定。纽约州伊利县于 2007 年通过了《能效产品法》，要求该县在需要时购买"能源之星"评级产品。根据该法，县部门在采购招标的技术规范中必须包括优先选择"能源之星"产品的内容，并且只能在"部门能以书面形式证明采购非'能源之星'评级设备会更好地满足县的利益"时才可以拒绝购买。纽约州拿索县在 2008 年也制定了类似的法律，尽管其绿色采购指南并没有以"能源之星"评级体系为基础。拿索县法律指示采购办公室制定各种物品的绿色采购标准，包括办公用品和设备、清洁用品、食品、景观和建筑材料、公园和休闲设施、车辆和运输物资。采购标准在某种程度上参考了由国家环保局和其他环保组织发布的绿色采购指南，并经与由县有关部门和当地环保组织代表组成的委员会协商后制定。

在克利夫兰，招标会优先选择当地企业和获得采用可持续商业实践认证的公司。通过关注当地生产，法令不仅承认鼓励可持续商业实践的重要性，还承认采取可持续性举措支持当地经济的重要性。

5.6 混合动力/低排放车队的转换

地方政府通常经营着相当大的车队，将这些车队转换成混合动力或低排放车辆可以大大减少他们的碳足迹。1993 年，丹佛市成为国内首批采取"绿色车队"计划的城市之一,并推出了包括混氢天然气和生物柴油在内的各种替代燃料试点计划。2009 年,丹佛大都会区的十二个城市向美国能源部申请匹配 1500 万美元拨款,用以将其已有的混合动力汽车转化为插电式混合动力汽车。该计划预计转换约 700 辆汽车,每年将节省至少一百万加仑汽油或柴油。该项目也考虑在演唱会场馆、动物园、艺术博物馆等公共场所安装充电站。

西雅图是城市绿色车队政策的另一个领军者,它在 1992 年开始试验压缩天然气汽车,并在 2001 年将整个柴油车队改造成为使用超低硫柴油的车队。自 2003 年开始,该城市一直向 100% 清洁绿色车队的目标努力。它其后购买的汽车中超过四分之三为混合动力或使用生物燃料,并且在那个时期购置的所有小型汽车都使用替代燃料或燃油效率达到每加仑 45 英里。西雅图也在诸如查抄仪表读数或公园维护等工作中使用电动平衡车和社区电动车,这类车没有排放。

5.7 回收、堆肥和按量计价的垃圾收集

固体废物会通过多种途径导致温室气体排放的增加。例如,被处理的材料中的"隐含能"必然会转化为新的物质,而这种转化过程涉及材料在提取、制造、运输过程中产生的所有排放。垃圾填埋场还是甲烷的一个重要来源,甲烷是垃圾分解的副产品。

在实现"零浪费"目标上,旧金山已成为一个领军者,它希望到 2020 年达成此目标。除了居民和商业的再生利用计划,该城市还接受食物残渣、纸、庭院装修辅料作为其堆

肥计划的一部分。2009年，旧金山还制定了《强制再生利用和堆肥法令》，要求旧金山所有人对其废弃物按照可再生利用、可堆肥和无价值垃圾进行分类。多单元住宅、商业设施的所有者和经营者以及食品供应商必须向居民、员工、客户和其他公众提供足够的垃圾收集服务和容器。另有一项法令要求对所有来自于新建、翻修、部分拆除施工的建筑与翻修材料适当进行再生利用。为了进一步激励再生利用，该城市每月针对无价值垃圾的清运收费，而不包括再生利用和用作堆肥的废物。而且对于产生更少无价值垃圾的居民实行打折收费。低收入家庭也有资格在收集费用上获得折扣。

许多城市采用了另外的垃圾限制计划。成千上万社区建立了对垃圾按量计价或"按量收费"计划。"零废物"的目标和路边堆肥计划也越来越受欢迎。爱荷华州的迪比克市是小城市提供路边堆肥计划的典型。家庭和企业以每月60美分的价格获得12加仑轮式"绿色货车"来处理其食物残渣和庭院废物。然后废物每周被收集。迪比克市说明该计划可以帮助它：(1)延长垃圾填埋场的寿命；(2)减少污染，尤其是甲烷；(3)保持城市再生利用率达到25％以上；(4)提供有益的堆肥产品。

5.8　地方碳税

2006年，科罗拉多州博尔德市成为美国第一个批准征收碳税的城市。电力公用事业公司根据用户使用的能源数量征收该税，税收收入用于资助作为城市气候行动计划一部分的气候变化行动。2009年，税率提高到选民所批准的最高限,即对居民用户每年平均征收 21 美元,对商业用户每年平均征收 94 美元,对工业用户每年平均征收 9600 美元,预计到 2010 年会有约 160 万美元的税收。"湾区空气质量管理特区"对旧金山周围区域也征收碳税。与博尔德市向居民征税不同,旧金山的排放税作为每年续展空气质量许可的部分费用由工业设施负担。碳税涵盖各种温室气体,而不仅仅是二氧化碳。2008 年,"湾区空气质量管理特区"估计将产生约 130 万美元的年收入。像博尔德市一样,该笔税收用于支持气候保护活动。

5.9　节约用水

在第四章中讨论过,州节约用水的法律十分重要,因为州法律(包括成文法和普通法)经常限制地方政府制定节水措施的能力。然而,随着干旱问题越来越严重,特别是在南部和西部各州,地方政府已经采取行动保护水资源。例如,许多城市和县,包括亚利桑那州图森市和新墨西哥州圣达菲县,已经对新建工程制定了雨水收集的要求。图森市的法令要求所有新的商业开发都要包括雨水收集规划,并用收集的雨水满足其至少 50％的景观用水需要。法令还声明未来可能妨碍雨水收集设备安装的契约或行为限制均为无效。另一有关住宅中水的法令要求所有独栋或双户型住宅要按照安装中水再利用设备的方式建造。在圣达菲县,类似的景观和集雨要求适用于所有新建筑。此外,要求配备自有井和限制用水的住宅物业要提交年度用水数据,新的商业开发必须安装低水流的厕所和小便器、节水淋浴喷头和配有透气网的水龙头。节水通知还必须张贴在所有公共浴室,餐馆可以仅在客人要求时才供水。

达拉斯的节约用水法令更关注于草坪和景观灌溉。任何人在春季和夏季的上午 10 点与下午 6 点之间灌溉草坪或在不透水地面上以大水漫灌的方式灌溉草坪构成违法。此外,所有新的灌溉设备必须配备雨水传感设备和霜冻计量表。法令规定对违法行为处以高达 2000 美元的罚款。[①]在圣地亚哥,干旱是主要的问题,用水户不能使用软管冲洗人行道、车道或其他不透水表面,禁止游泳池水过满外溢,装饰喷泉必须使用再循环水泵,汽车只能在商业洗车店清洗或用配备自动停水喷嘴的软管手动洗车,对使用单一通传冷却系统的用户不再提供新的供水服务,所有新的商业洗车店和洗衣店必须使用循环供水系统。

5.10 综合规划和气候行动计划

本章前面各节已经讨论了各种具体的地方政府可持续性计划。然而,努力解决气候变化问题需要广泛、长期、跨部门的方法。按照这样的方法制定计划,地方政府主要选择现有的综合规划框架和气候行动计划,或两者兼而有之。然而,无论以何种方式将对气候变化的关切纳入可持续性计划,都为地方政府提供了对其地方计划和法律进行"绿色审计"的机会。例如,地方政府可以决定地方管制条例是否要鼓励使用太阳能、小型建筑用风力涡轮机和绿色或白色屋顶,或者是否此类能效措施在简化的审核过程中难以实现。此外,市政当局能够对区划法令进行审计,确定是否将

---

① Dallas Code § 49—21.1.

混合利用和所规划的开发区域作为其管制方案的一部分，以鼓励采用能够减少汽车依赖继而减少温室气体排放的新都市化技术。

5.10.1 综合规划

正如在第四章所讨论的，一些州已经颁布了有关节能与可持续发展的强制性或选择性的综合规划条款。然而，即使没有州的指导，地方政府也越来越多地使用综合规划来应对气候变化的威胁，将保护重要的环境资源、减少温室气体排放、应对正在改变的天气模式纳入规划之中。综合规划，作为近一个世纪以来普通的地方政府规划文件，呈现的是地方政府将可持续关切纳入其长期规划的常见且便利的形式。

弗吉尼亚州布莱克斯堡的综合规划在其中环境要素中确认"维护和加强布莱克斯堡空气质量、节约资源的最好方法是减少能源使用，从而减少燃料燃烧和空气污染物的排放"。为了促进这一目标，该计划建议改善城市公共交通系统，确保"合理紧凑的发展模式"，并继续扩大城镇步行和自行车道路网络。此外，该规划说明通过改善建筑效能可以减少能源使用，并建议"包括树木、适当朝向、尽可能加密、簇团布局并采用混合利用开发的土地利用模式可以提高对天然加热与冷却方式的使用以及减少居民的交通能源需要"。

布法罗的综合规划承认城市面临着由全球变暖和环境退化带来的诸多挑战。作为回应，布法罗试图通过一个可持续性框架解决这些问题。像其规划所说明的："以可持续发展的名义采取的举措必须努力减少对能源、土地和其他不可再生资源的消耗；最小化对材料、水和其他有限资源的浪费;创建宜居、健康和多产的环境;减少温室气体排放以帮助缓解全球气候变化的影响。"考虑到布法罗可能经历的天气变化、伊利湖水位的变化以及生态变化和全球变暖给地方经济造成的影响,该规划强调气候变化减缓政策非常重要。该规划还包括支持绿色建筑的章节,并解释说布法罗"在利用绿色建筑技术方面处于一个独特的地位,因为它需要修复、保存和重新利用它的建筑存量"。

2007 年更新的加利福尼亚州马林县的县域规划所使用的可持续性框架集中在三个核心主题上:环境、经济和社会公平。与地方政府只关注气候变化这一单一要素不同,马林县将持续性规定贯穿于整个规划。该规划还注重计划的实施,并提供基准方面的指导,为采取特定行动以及衡量行动成功与否设定了优先顺序。规划中有关气候变化的策略包括:通过鼓励替代性交通方式和技术来降低温室气体排放;保护森林和其他自然碳汇;通过强调可再生能源而采用能效建筑技术;减少垃圾填埋场的甲烷排放;鼓励采用甲烷回收技术的农业操作;在土地利用审批流程中评估碳排放;指导面向既有城市走廊的开发;研究和筹划应对气候变化的影响。规划还表达了对以下事项的支持:居家工作以及减少通勤需求的其他工作安排、对行人友好的社区街景和混合利用设计、为绿色建筑项目和节水型园艺提供激励。

5.10.2 气候行动计划

地方政府也试图通过气候行动计划来制定长期可持续的发展战略,处理土地利用以及其他地方政府的政策问题。与第四章所讨论的州层级气候行动计划相似,城市气候行动计划一般包括:(1)温室气体排放清单;(2)以清单为基础的实际减排目标和对节能机会的分析;(3)满足这些减排目

144

标的战略和政策。考虑以下几个例子：

2007年洛杉矶气候行动计划——"绿色洛杉矶"提出："气候变化的威胁确实是将洛杉矶转型为全美最绿色的大城市——成为21世纪可持续性典范的机会。"该市温室气体清单显示，它对全球温室气体排放的千分之二——相当于瑞典整个国家的排放负有责任。该计划还表明，城市超过一半的排放归因于汽车和卡车，可以追溯到的第三个排放源是市政业务，包括城市托管的电力公用事业。

"绿色洛杉矶"呼吁到2030年要将排放量减至35%，低于1990年的水平。为实现这一目标该计划建议：增加可再生能源的供应，到2020年将其增至占城市供应能力的35%；提高现有非可再生能源发电厂的效率；制定私人部门绿色建筑标准；改造所有城市建筑以提高其效能；每年在城市建筑物上安装50个降温屋顶并将公共泳池改造成太阳能加热；为城市居民分配近三百万个紧凑型荧光灯泡；人均用水量减少百分之二十；将大多数市政车队改为使用替代性燃料；使非英语人群更容易获得公共交通；扩大区域铁路系统；促进公共交通导向的开发，鼓励增加密度；增加固体废物转换率至百分之七十；改善城市港口和机场的可持续性；创建三十五个新的公园并使洛杉矶河恢复生机；种植一百万棵树减少城市热岛效应；运用市政采购和管制法规来鼓励绿色研究与技术的开发；为绿领工人创设劳动力培训计划；改善应急准备；制订计划解决干旱、野火、海平面上升以及与气候相关的健康问题；修改区划和建筑规范以减少气候变化影响。"绿色洛杉矶"还提出许多"下一步"计划来帮助安排有关实施行动。为了协调和跟踪这些行动，该市设立了"气候洛杉矶"计划作为对"绿色洛杉矶"计划的补充。

宾夕法尼亚州的蒙哥马利县位于费城附近,该县为制定一项县减排计划于2007年1月成立了减少温室气体专门工作组。该县的温室气体清单显示,其排放水平低于全国平均水平,但在1994年和2004年之间排放稳步增长,"很大程度上是由于交通、电力使用和燃料能源的增加"。该县于2007年12月通过的气候行动计划承认全球变暖可能会减少该县的农业生产,危害自然栖息地,并由于正在变化的和极端的天气模式而对健康、安全造成威胁。行动计划中还包含有专门工作组提出的有关气候变化影响的对策、建议。

专门工作组根据其对可实现的减排所做的评估,最终选择的目标是:将该县的排放水平在2004年排放水平的基础上到2012年降低4%,到2017年降低15%,到2025年降低32%。该计划注意到蒙哥马利县已采取了减排的第一步行动,如资助公共交通、建设郊野小道和自行车道、鼓励公共交通导向的开发、资助对开放空间和农业用地的收购计划、购买可再生能源(该县所有的能源都来自风力涡轮机)、参与公众拓展活动。

该计划提出可以使县政府的自身运作更加可持续化并采用"以身作则"的多种途径,对县政府雇员进行使用可替代交通方法通勤、关灯和增加再生利用的重要性教育。该计划还建议使用绿色采购政策以及将县政府车队转换为使用更低排放的车辆。计划给出的其他一些建议包括:与附近的县和费城协调制定减排策略;持续定期审查县的减排计划和方案,包括在适当的时候采用新的策略,并监测和报告实际排放水平;通过绿色建筑法令;为住在工作地点附近的人提供低息贷款;运用土地利用规划减少开车需要,鼓励混合利用设计,集约化发展、增加密度的再开发以及公共交通导向的开发;促进可持续农业;种植新的树木,并运用最大程度保存森林的灵活区划技术和安装绿色屋顶来增加植被覆盖;鼓励堆肥;使用废弃物消化技术减少废水厂的排放。

被称为"可持续的克利夫兰"的克利夫兰可持续性计划建议通过诸多区划和规划技术来推进其目标。与其他气候行动计划不同,虽然在"可持续的克利夫兰"计划建议中确实包括计算城市碳足迹和达到《京都议定书》的目标,但该计划没有包括详细的温室气体排放清单以及对减排潜力的预测。然而,相比其他城市的计划,该计划更集中在提高可持续性的具体策略上。

该计划首次确定了城市需要解决的一些趋势,包括人口下降及其导致的城市恶化、环境退化、土地利用方式、肥胖及其他与生活方式相关疾病的增加、本地食品采购、运输、教育、变化中的经济、劳动力的流动性、高性能和绿色建筑、节约能源、可再生能源以及再生利用和固体废物处置。克利夫兰还对其拥有的资产进行了识别:充足的未利用土地、城市和区域的成功所奠定的发展基础、推进可持续性问题的强大地方性组织网络、现有地方可持续发展模式、现有混合利用的土地利用模式以及像伊利湖这样的自然特色。该计划还承认在实现可持续发展目标上将面临重大挑战,包括人力和财政资源不足、私人和公共部门缺乏兴趣、浪费能源的建筑实践做法以及既有的环境退化。

基于这些评估,克利夫兰能够制定一份可持续发展的政策和策略清单。这些广泛的政策支持可持续发展模式和实践、可持续的经济模式、绿色建筑、非机动车化的大众公交、节能、可再生能源、棕地修复、再生利用和废物管理以及空气质量的改善。为推进"可持续的克利夫兰"计划目标，该市推荐了一些更为具体的土地利用和规划技术，包括：创新和灵活的功能分区（如生活工作重叠区和行人零售重叠区）、市中心地面停车场禁令、适当的成比例的城市规模、将公共交通导向的设计纳入到选址审查程序之中、城市自行车道规划草案、自行车停放架和街头长椅的安装计划、建筑检验员的绿色建筑培训、对开发的激励（尤其是对增加密度）、住房信托基金和住房改造计划。克利夫兰还设立了可持续性计划管理人和土地振兴管理人的职位，以帮助实现其可持续发展目标。自行车、行人和街景咨询委员会也为计划的发展和实施提供援助。

丹佛的 2007 年气候行动计划在认为该市于 1990 年水平上降低 10% 的最初减排目标"似乎是可以实现的"之后，进一步提出了低于 1990 年水平的第二个减排目标建议。该计划列出了 10 个具体的工作目标：(1)鼓励居民和企业采取节能和可持续性的实践；(2)通过电力公用事业的分级费率制度来激励节约能源；(3)创建一个自愿性的旅行抵消项目；(4)通过开发碳中和的城市建筑和其他城市计划以身作则；(5)增强再生利用计划；(6)对新建筑采用强制能效标准；(7)提高现有住房的能源效率；(8)要求使用"绿色"混凝土；(9)支持紧凑型、行人、自行车友好的和公共交通导向的开发；(10)促进所有类型的可替代交通策略。该气候行动计划还包含了城市温室气体清单的相关信息，试图凭此确定该市各部门所产生的排放数量。

第6章 能源效率建筑

6.1 建筑、能源消费、二氧化碳排放和法律

超过80％的美国能源需求供应的是化石燃料（石油、煤炭和天然气）。正是这些燃料的燃烧发电造成美国相当大比例的二氧化碳排放。

美国电力消耗的70％以上、能源消耗的40％以上以及二氧化碳排放的35％以上归因于住宅和商业建筑。由于美国预计在30年内会增加33％的人口，数以百万计的住房和数十亿平方英尺的新非住宅建筑将在未来几十年内建设。一些评估显示，21世纪中叶三分之二的地面建筑物将在今后的时间内建造。通过尽可能确保新建和翻修建筑具有能源效率，就能阻止这些新建筑二氧化碳排放的显著增加。

由于新建建筑和实质性翻修建筑开工之前必须接受土地使用审批并符合建筑和能源规范，分散的法律体系可以被用于减少能源使用和碳排放。该体系通常在州一级采纳得到强化的能源建筑规范，以及当开发者新建或实质性翻修既存建筑需提交申请时由地方政府负责实施该规范。在州和地方政府各自独立的土地利用管制权之下，很多州的

地方政府可以在有关区划、再分区和修建性详细规划的法律中插入节能标准，并利用项目审查和批准程序来要求采用建筑节能技术。

当建筑经过翻修消耗更少的能源时，其二氧化碳的排放量会大幅下降。然而，实现既有建筑的节能存在更多的问题，因为法律很少允许政府对已建成项目强加管制。很多老建筑使用能源非常低效。一些评估表明，利用现有技术改造可以减少超过 75％的既有建筑能源需求，继而减少国内能源总需求的 20％。既有建筑的能源改造人多依赖于地方、州和联邦机构提供足够的激励，促使房主、地主和商业建筑所有者投资节能项目。大多数现有的补贴计划鼓励重要但相对适度的节能，而实现通过更深度翻修才能达到的减缓气候变化潜力则需要另外的策略。

建筑物及其居住者通过多种方式使用能源，其中主要是空间采暖和制冷、照明和加热水，这些使用构成大约一半的建筑用能。对于这些终端用能可以通过制定法定标准，要求高水平的绝缘，具有能源效率的门、窗、采暖、制冷和通风系统以及通过建筑施工最小化外部空气的渗透等来减少。此外，本地所执行的规范和区划法要求或鼓励被动式太阳能设计、具有能源效率的照明和电器、太阳能热水器、高反射率屋面材料、战略树和其他景观植物、单体建筑物的热电联供系统以及多建筑的地区能源系统。

建筑物能源消耗可以通过在第九章介绍的可再生能源就地发电或第八章介绍的地区能源系统和社区采用的热电联产技术来减少。本章的能源效率是第七章介绍的可持续或绿色建筑的一个方面。

6.2　能源规范基础

6.2.1　一般范围和法定权限

在美国的法律体系中,节能规范是实现新建建筑和实质性翻修建筑能源效率的主要方法。适用于大多数州的基本节能规范包含设计、建设和安装建筑外壳或"围护结构"、机械系统和照明的最低标准。在美国建筑规范的演变过程中,相对于历来管制建筑施工、给排水、消防、电气系统的规范家族而言,能源规范是大受欢迎的新增规范。能源规范的明确目标是减少适用房屋建筑规范的新建和实质性翻修建筑所消耗的能源。

每隔几年,能源规范就会添加最新发展的技术,进一步提高节能度。一些州和地方政府意识到建筑技术能够使新建筑变得非常高效,因此比其他政府更快地在它们的建筑规范中添加了新的规定;他们利用能够实现更高效能的新规定来增强规范。一些地方政府用土地利用管制条例来补充能源规范,对超出建筑规范范围的事项实施管制。例如,能源规范不包括建筑朝向和布局以及场地美化等这些可以用来减少新建筑能源消耗的规定。实现这些效能需要由修建性详细规划管制条例做出规定,由地方土地利用委员会来执行。因此,为了地方能源规范实现最大的能源和气候效率,必须通过更严格的条款来强化它,或者用涵盖范围超出基本能源规范的地方土地利用管制条例和项目审批实践来补充它。

地方政府修改能源规范的权力因州而异。一些州没有采用全州范围的能源规范,将其留给地方政府来决定是否采用能源规范。一些州已经通过了州能源规范，并在采用和实施更严格的标准方面享有相对于地方政府的优先权。其他一些州则通过一个基本的能源规范，连同一套单独的更为严格的标准，允许地方政府自主决定采用与否。最后还有一些州是已经通过了一项全州范围内的强制性规范，但允许地方政府制定更加严格的标准，这是一项地方特权。

6.2.2　国际节能规范

大多数州和市政当局使用由国际规范委员会（ICC）颁布的国际节能规范（IECC）作为其能源规范标准。美国已经有超过 80% 的州采用国际节能规范作为其标准。国际规范委员会作为一个非营利组织成立于 1994 年，其目的是开发一套建筑示范规范，除其他方面以外，还包括建筑施工、给排水、电气和节能。国际规范委员会由建筑官员和规范管理人员国际有限公司、国际建筑官员会议和南方建筑规范代表大会国际有限公司所创建。这些前任组织开发了三套独立的示范规范，被许多州在其管辖区域内采用或借鉴。

通过成立国际规范委员会，这三个专业组织为国家节能规范的开发铺平了道路。最终的国际节能规范分为两个主要部分：一部分管制小型住宅的建设（独栋和双户型建筑，以及三层及以下的多户建筑）；另一部分管制所有其他建筑物，通常指所谓的"商业"建筑——包括大型住宅。

6.2.3　美国采暖、制冷与空调工程师学会标准 90.1

如今大多数商业建筑是按照由美国采暖、制冷与空调工程师学会（ASHRAE）颁布的标准 90.1 进行设计的，该标准通过援引被纳入到国际节能规范之中。作为 1894 年成立的国际会员组织，美国采暖、制冷与空调工程师学会在

1975 年颁布了第一套商业建筑能源标准，即标准 90。其中，标准 90.1 是最常用的商业建筑能源施工准则，该标准被持续更新以紧跟不断变化的技术。如今，美国采暖、制冷与空调工程师学会标准致力于建筑物围护结构、采暖、通风、空调（HVAC）系统以及水加热、电力、照明和其他设备及锅炉效率的改进。

6.2.4 规范执行和建设审批程序

遵守建筑、给排水、电气、消防和能源规范是从当地政府的开发管制机构获得建筑许可和使用证书（CO）的先决条件。使用证书是地方土地使用管制程序的终点，它意味着建筑遵守了所有土地利用管制、所有项目审批要求的条件以及适用的建筑规范。建筑师和工程师致力于为新建筑编制规划。他们依据合同义务，必须了解并遵守当地所执行的规范。一旦依照区划和修建性详细规划标准确定提议进行一项开发，这些专业人士就对建筑本身的建设编制规划，而这些规划必须采纳并遵守所适用规范中的每个标准。如果他们不这样做，地方规范执行部门将驳回规划制图并拒绝给开发商发放建筑许可。

一旦发放建筑许可证开始建设，地方规范执法人员即监控并检查建筑以确保其建设符合许可。如果检查表明建设违反了规范标准就会向开发商发出停工命令，如果开发商没有停工或者整改，地方政府可以去法院申请禁令，对其实施民事或刑事的惩罚。建设完成后，如果证明建筑遵守了相关规范，就会发给使用证书。只有这样，才允许建筑所有者占有该处房产。如果建筑是独栋住宅，使用证书允许房主进入并开始居住。如果它是一个大型商业建筑，其所有人可以在使用证书发放之后使用或出租该房产。

地方层面的能源规范执行主要是由一名或多名经过训练并了解其标准的规范检查人员负责，在确保图纸和建设均满足规范后，签发使用证书，证明建筑符合当地的所有标准，包括区划、修建性详细规划、建造、给排水、消防、电力和能源要求。因为地方政府通常财政有限，以及一些地方建筑部门认为执行能源规范并不像遵守建造、防火和其他规范那样对生活和安全更具决定性，因而很多地方和州在执行能源规范标准上缺乏足够的追踪记录。

州通常要求对地方的规范检查员进行培训，并提供可得的培训计划，以确保地方检查员熟悉能源规范的规定。然而，州也面临财政困难，在某些情况下无法为现有的和新雇佣的规范检查员提供培训。在一系列节能和碳减排策略中，州和地方政府最重要的行动之一就是正确执行能源规范。联邦通过提供资金或其他激励措施发挥这一法律体系的基本功能，为能源规范的执行提供帮助。通过培训当地规范执行者以及通过更好地执行和监控程序来强化对能源规范的遵守，这是相对而言花费不多的策略，将大幅节约能源和减少未来的碳排放。

6.3　规范的增强

6.3.1　要求或激励规范增强的法定权限

一些州允许地方政府增强全州范围的规范或由这些州自己采取全州范围的强化规定，这些州认为与通过那些基本能源规范条款所达到能源效率相比，能够使建筑物更具能源效率。当然，采用更严格的标准会增加新建或实质性翻修建筑的资金成本。在实现更高的效能与超越理性的增加成本之间存在着天然的紧张关系。当规范要求增加资本但不能提供短期回报时,它们可能只会阻碍开发或导致诉讼。

这一资金和政治的现实致使政策制定者在注重管制还是激励这二者之间产生分歧。基本能源规范实现了重要但有限的能源节约,因为强加于建筑商的额外费用条款是相对温和的。而某些更严格的规范规定,按照他们拥护者的意见,固然会牵涉到高成本,但该成本在一个合理的期限内可以通过能源的节省而收回。为达到更高的效率需要政府机构或公用事业公司提供激励措施,引导所有者投入更多的资金花费。从最近能源规范的增强和能源效率激励的情况来看,涉及对资金成本、节能以及需要激励还是管制等各方面紧张关系的一系列反应。

在州节能规范强制执行的加利福尼亚州马林县,它采用了一种直接的方法来提高新的独栋住房的能源性能。[1]该县要求面积 4000 平方英尺以下的住房要超过州规范所要求的节能性能的 15%。面积在 4000 平方英尺以上不足5500 平方英尺的住房,则要求其效率必须超过州规范的20%。而对于面积在 5500 至 6500 平方英尺之间的住房要求是 30%。对于超过 6500 平方英尺的大型住房则必须成为"净零能源"用户。具有不同起点和节能要求的类似标准适用于多单元住宅建筑和商业建筑。这种基于能源规范增强的方法抑制了更大、耗能更多的建筑的建造与运行,因为大型、昂贵住房的购买者会负担效率提高的成本。

州一级能源规范的增强过程可以《2008 年马萨诸塞州

---

[1]　Marin County, Cal., Ordinance § 19.04.100.

绿色社区法》为例加以说明。其中包括一组可供地方采用的补充性标准。尽管该州采用的能源规范与大多数州的相同，但该州所采用的是一种"弹性规范"，地方政府在其政治和经济情况允许的情况下，可以选择采用一系列更严格的规定。增强小型住宅建筑"弹性规范"依据的是能源之星住房标准和住宅能源服务网络（RESNET）评级方法。对于商业建筑，增强规范依据的是最新版本的国际节能规范，它比用作马萨诸塞州基础规范的版本以及下面将进一步讨论的新建筑研究所的商业建筑核心性能指南都更为严格。第三方标准，比如能源之星住房标准或核心性能指南，是在基础规范要求之上为了提高建筑的能源性能这一截然不同的目的所创设的。通过采用这样的第三方标准作为州或地方法律，可在经济合理性的范围内使效率水平达到一个更高层次。

纽约州允许地方政府采取比纽约州节能建筑规范更严格的标准。格林堡镇修改其地方规范，要求所有在镇内建设的新住房（小型住宅）遵守纽约州"能源之星标识的住房"标准。

6.3.2 能源之星标准

上面纽约州格林堡镇的例子说明了如何使用能源之星计划增强基础节能规范的要求。[①] 能源之星评级体系是美国国家环保局和美国能源部的合营企业。能源之星最初于1992年作为节能电脑和显示器的标签计划而开发，现在它已经扩大到覆盖所有的电器、制热制冷系统，甚至新建住宅和商业建筑。许多城市已经把"能源之星"的建造与设备要

---

① Greenburgh, N. Y., Building Reg. ch. 100, § 15.

求纳入规范之中,提出了围护结构的热效率、节电、优越的通风和设备效率要求。

与大多数州能源规范要求相比,能源之星提供了一些更具能源效率的方法。对于住房,这些方法包括更有效的绝缘、更高性能的窗户、更高效的制热和制冷设备、采用更严密的围护结构减少空气渗透以及对各种能效产品的使用。住房能源评级体系(HERS)指数被用来作为能源之星标识住宅的参考工具。指数范围从 0 到 150,零代表建筑不发生净能量使用。如今在美国建造的标准建筑通常指数等级在 100 左右。要想得到"能源之星"标识,住房必须达到最低的能源评级系统等级,依据所处的气候带不同,一些地区要求指数等级达到 80,另一些地区则要求达到 85。

像其他第三方标准和评级体系一样,住宅的能源之星指南在地方层面或者作为新建筑及翻修建筑的强制性标准被采纳,或是作为通过提供激励来达成的标准而被采纳。纽约州的布鲁明格拉芙镇使用密度奖励来鼓励住房开发商采用"能源之星",而不是像格林堡镇那样强制性要求遵守。布鲁明格拉芙镇以在其地方区划范围内增加 10％ 的住房数量作为奖励条件,换取所有住房都申请能源之星认证。①这是一个利用市政当局所具有的区划权力来补充能源规范要求的例子。

华盛顿州的西雅图也采用了类似的方法,除了其他第三方标准外,西雅图利用能源之星来促进绿色住宅的开发。在促进这些增强标准的使用方面,西雅图不是采取强制遵

---

① Blooming Grove, N. Y., Dist. Regs. ch. 235, art. 5A, § 14. 1 (2007).

守的方式,而是通过其"气候行动就在现在"网站(一个有关减缓气候变化相关信息与活动的中心交易所)为房主提供信息以及每一个计划的链接。该市也通过其城市绿色建筑计划促进能源之星。在绿色建筑计划下,规划和发展部门为有兴趣在建设和改造项目中使用绿色建筑技术的房主和建筑业者提供帮助。

为了给私人部门树立榜样,科罗拉多州的丹佛市要求接受城市补贴的建筑遵守能源之星标准。根据该市的第123号行政命令,城市资助的新建筑和重大改造建筑必须按照能源之星标准来建设。在弗吉尼亚州的阿林顿县,建筑的建造和设计必须满足能源之星性能标准。《阿林顿减排行动》建议小企业采用"能源之星"标准来减少能源使用和排放。为了推进这一努力,该县提供了几种免费的能源审计。

6.3.3 美国采暖、制冷与空调工程师学会标准 189.1

美国采暖、制冷与空调工程师学会会同美国绿色建筑委员会(USGBC)和北美照明工程协会(IESNA),为高性能绿色建筑的设计与施工开发了标准 189.1。开发背后的意图是为了让公共和私人组织使用标准 189.1 作为性能基线。该标准不适用于低层住宅建筑,它旨在实现比美国采暖、制冷与空调工程师学会标准 90.1－2007 高 30% 的能源效率。

标准 189.1 不仅限于节能,还包括了选址和建筑开发的各方面,例如场所的可持续性、水的利用效率、对大气的影响、材料和资源、室内环境质量、建设运营以及能源效率。标准 189.1 的节能增强特性包括其电器和照明标准,以及要求可再生能源就地发电系统至少提供其电力需求的百分之一。通过实施就地发电和要求对能源和关键系统安装远程或自动测量设备,标准189.1可以达到比遵守标准90.1的建筑降低30%能耗的目标。

6.3.4 建筑内部性能

新建筑研究所(NBI)是一个非营利组织,其主要目标是提高建筑能效。它建立了一套能源规范的增强要求,州政府和地方政府可用来作为提高其规范的机制。它的《建筑内部性能计划》所规定的方法就小于100000平方英尺的商业建筑而言,可比国际节能规范多节能约30%。正如本章前面所讨论的,建筑内部性能通过援引的方式被纳入马萨诸塞州的补充规范之中,供地方政府采用。

6.3.5 热电联产

诸如区划、再分区以及修建性详细规划管制条例等地方土地利用法律,通过许可和鼓励在单体建筑和某些混合利用区域相互联系的能源系统中使用热电联产(CHP)系统,可以取得非凡的能源效率。在高密度和混合利用的社区采用热电联产这种机械系统生产电力、热力或同时生产热力和电力,其在能源效率以及节能与减缓气候变化方面所具有的潜力与单独使用热、电部分相比是指数倍的提升。这种类型的系统被称为地区能源系统(DES),对此在本书第八章将进一步探讨。

6.3.6 电器能效要求

电器包括家用冰箱、冰柜、电脑、电视和衣服烘干机,以及商业建筑中许多更大的电器设备,包括打印机、传真和其他办公设备。在商业和住宅建筑中,电器和设备用电量占了很大比例。在一些地方,设备和电器用能占到了两类建筑能源使用的一半。出于这个原因,一些地方政府试图要求开发商在其建筑中安装具有能源效率的电器和设备。

在 AHRI v. City of Albuquerque 案中[①]，联邦地方法院发出初步禁令，在诉讼未决期间禁止执行阿尔布开克市绿色建筑规范的某些规定，基于联邦法律对这些绿色建筑规范条款具有优先权的理由，电器设备贸易组织、承包商和经销商提起了该诉讼。该市的绿色建筑规范要求新商业和住宅建筑以及那些正在实质性翻修的建筑将能源效率提高30％。为了实现这一目标，规范规定了包括暖通空调和热水器在内的单体建筑构件标准，该标准超过了联邦标准。法官写道：

> 这个城市颁布（所争议的规范）的目的是值得称赞的。不幸的是，规范的起草者们并不知道长期存在的管理某些暖通空调和热水器产品能源效率的联邦法规，而且在起草规范时，联邦法规已明确对这些产品的管制享有优先于州的权力。结果，规范一经制定即侵犯了联邦法律的优先权。

2010年9月，美国联邦地方法院对城市节能规范的特定标准部分颁发了永久禁令。[②] 法院拒绝就规范中基于绩效的规定，包括其所援引的 LEED 标准是否由联邦立法享有优先权做出裁决，因为原告在诉讼过程中没有充分履行他们的责任。

阿尔布开克市规范所要求的其他规定早前并没有引起法庭的注意。例如，独栋房屋要有更多的绝缘和更高效的采暖、制冷和通风、水加热和照明；一些商业和住宅结构必

---

① 2008 WL 5586316 (D. N. M. 2008).

② AHRI v. City of Albuquerque, Civ. No. 08－633 MV/RLP (2010).

须经过热旁路检查。这些规定是州和地方政府可采纳的用以增强基础能源规范且不受联邦法律影响的几个有用的例子。

6.3.7 既有建筑

能源规范和土地利用管制条例均不适用于既有建筑，除非其所有者计划对建筑改扩建，从而把既有建筑带入管制体系。大多数业主都不知道现有的补贴、改造建筑的机制以及推进能源改进的成本效益，因此进展甚微。这是令人可惜的，因为据估计，美国建筑的电力和天然气消费每年超过3500亿美元。由于既有建筑使用大量的能源，排放大量的二氧化碳，政策制定者们对鼓励既有住宅、商业和工业建筑进行节能改造有着强烈的兴趣。

既有建筑的节能改造包括诸如提高建筑物外围护结构、运行系统、电器的效率，以及增加建筑物本身的可再生能源设施等。改造包括增加绝缘性、取代低效的窗户、引入植物遮蔽元素、添加绿色屋顶或高反射率屋面、增加光伏板和更新暖通空调系统。原因已经解释过，这通常是一个超越政治、法律和经济管制范围的领域。

大多数新兴地方气候行动计划会在测量既有私人建筑的碳足迹方面做些尝试，并提出各种减轻碳足迹的非管制性方法。地方气候行动计划的常见条款包括教育建筑物所有者节能，提供包括州及联邦税收抵免在内的补贴，或提供减免收费的能源审计来确定可能采取的翻修措施，这些措施可以在不久的将来就能收回成本。

现有商业建筑的租约要求租户支付能源成本，建筑物所有者没有动力为了减少能源成本这一唯一目的而承受资金成本。住宅建筑方面，对于有中央供暖和空调系统的建筑以及没有天然气表和电表的个人公寓而言,租户没有动力采取减少能源使用的行为。这些问题可以通过与商业经纪人、建筑物所有者、租户群体、公用事业公司和其他利益相关者谈判来解决。需要激励每个组别来配合节能策略,这些策略没有可得的管制工具来促使他们做出必要的改变。

在郊区的社区、大型独栋老旧住房急需能源改善。全国平均独栋住房大小约 2600 平方英尺,大多数住房是在能源廉价时代建造的,美国的能源效率低下在很大程度上是由于在郊区和城市社区生活中独栋住宅占据优势。独栋房主通常不知道现有的补贴和能源改进的成本效益。而即使知道这些好处,他们也往往缺乏直接的资本来支付这些改进。

纽约市已经通过了适用于某些既有建筑的几部相关法律,其所有者无须申请建筑许可或土地使用审批。[①] 这些法律要求超过 50000 平方英尺建筑的所有者使用美国国家环保局的能源之星基准软件来审查他们的能源使用和废物利用情况。法律进一步要求大型建筑物的所有者为能源审计付款,到 2025 年升级既有建筑的照明,并设置七年或更少的投资回收期的资金投入利用。这些规定的合法性还未经检验。

在得克萨斯州的奥斯汀,当地法律要求住宅和商业建筑均在销售点实施能源审计,并要求卖方向买方交付审计结果。[②] 十年以上多单元建筑和商业建筑的所有者需要进

---

① New York, N. Y., Admin. Code ch. 3, tit. 28, §308.1-9.

② Austin, Tex., City Code ch. 6-6, art. 1 (2009).

行审计以明确建筑是否可以出售。注册审计师必须执行所有审计并对整个建筑及其所有系统进行审计。该法的目的是教育所有者使其认识到建筑改造的优点。

国家能源机构、公共服务委员会、地方政府和公用事业公司在创建补贴计划、提供能源审计和成本效益分析方面取得了一些进展,但如果使这些举措在不同程度上取得成功,需要拓展计划以及审计人员、评估人员和承包商等有关智慧能源方面的人员。此外,大多数现有的补贴和税收抵免已经足以支持相对较小的能源改进,而实现进一步削减能源使用,确实使既有建筑达到净能源使用为零甚至能源有余,这将需要一套全新的激励机制。

6.3.8 用《不动产评估清洁能源计划》为节能改造融资

《不动产评估清洁能源计划》融资机制由加利福尼亚州的伯克利市开创,为改造既有建筑提供了一种能力可以负担的资金来源。在房地产评估清洁能源项目下,城市可以创建一个特殊征税地区为既有私人建筑的能源改进提供融资。这是资助市政项目的常见方式,经常用于创建水和排水系统或街道照明的特殊区域。在所创建的市政地区内发放免税债权,并用债券收益来支付公共改进的成本。能源改进的资金成本及服务运营成本由受益的不动产所有者支付,这些费用包含在不动产所有者的地方不动产税账单中。

在房地产评估清洁能源制度下,债券收益或其他来源的融资用于帮助不动产所有者进行能源审计、确定做出何种能源改进、如何改进节能、计算出投资回收期,并对所有者发放用于改进的贷款。年度的贷款本金和利息在相关的回收期被添加到所有者的税收账单中直到贷款付清。在绝大多数情况下,审计和偿还情况分析能够确保公用储蓄超过房产税的增加,并有效刺激既有商业建筑和住宅的所有者参加。房地产评估清洁能源融资方式可用于为创立地区能源系统提供所需的资金。关于地区能源系统本书前面已有提及,并将在第八章做进一步讨论。

2009年,白宫发布了一个有关《不动产评估清洁能源计划》融资计划的政策框架,作为通过能源部发放资金为地方《〈不动产评估清洁能源计划〉》提供替代融资渠道的第一步。证券包销进程以及特定地区债券的发行对不动产所有者和市政管理人员来说十分繁琐、昂贵并充满了陷阱。而当能源改进资金源于联邦政府并且当此类计划的联邦标准被精心制定并得到遵循时,上述问题可以避免。联邦政策框架适用于所有联邦对《不动产评估清洁能源计划》的资助,意在为参与此融资机制的地方和州政府提供指导。它具有保护建筑物所有者、抵押权人以及保护受《不动产评估清洁能源计划》的留置权和房产税义务约束的建筑物购买者几个方面的特征。

6.4 土地利用管制条例和建筑能效

6.4.1 土地利用目标包含节能

建筑物和场地开发中还有一些方面没有受到能源规范的管制,但这些方面与建筑物消耗多少能源及其碳强度直接相关。本章早前讨论了关于修建性详细规划管制条例是如何规定建筑朝向以及如何对能够减少能源消耗的绿化提出要求的。此外,正如第七章中所讨论的,地方土地利用法律可以阻碍或促进运转中的太阳能和风力发电设施。属于土地利用管制范围内的其他技术包括:空间制冷系统,将热能驱散到天然"槽"中,如地热管道系统。其他也需要促进的技术包括地区能源系统(上面已经提及,将在第八章中讨论)、蒸发性制冷系统以及夜间辐射制冷系统。根据特定州的土地利用法律结构,地方政府可以依据其土地利用管制权,要求或鼓励将这些土地开发的节能特性作为其土地利用管制体系的一部分。

州立法机构将土地利用权力作为地方政府警察权力,即地方政府所享有的立法保护居民健康、安全和福利的法定权限的一部分赋予地方政府。州立法机构采用的区划授权法按常规都会说明地方土地利用管制条例可以实现"合理使用土地"。控制土地开发以减少能源消耗和减缓气候变化的地方土地利用管制条例符合授权法这些关键的准则。通常,授权法会说明对其可做宽泛性解释,而且,如果受到挑战的法律明显是为了保护公众利益,法院对授权法做出扩张性解释的情况在增加。给为节约能源和减缓气候变化而设计的地方土地利用法律带来的挑战,其主张可能是基于超越权限所提出(法律超过地方的权限)或声称此事由联邦或州法律享有优先权。鉴于我们高度意识到有必要节约能源、减少碳排放,如今很清楚的是:地方政府如此进行管制可以实现多种公共利益,促进公民的健康、安全和福利。

6.4.2　被动式太阳能、建筑形式和朝向

新建或实质性翻修建筑物的开发商必须向其不动产所在地的地方政府提出申请,取得建设批准。这需要所在社区的区划执行官员进行行政审查,首先决定区划法令是否允许所提出的利用和建设,是否需要再分区、修建性详细规划或对特别许可的批准,以及是否有必要对区划规定做出

改变。在这个审议流程的早期阶段,施工图纸还没有完成。无论是开发商、建筑师还是工程师均未完成详细的设计工作,当然,如果照明、电气和室内设计专业人员参与其中,他们也没有做多少工作。

土地利用审查流程的早期阶段是要求或鼓励开发商考虑采取最具成本效益的方法来减少能源消耗和碳排放的理想时段。这个阶段会决定建筑朝向、建筑形式、自我遮阳、窗口的大小和位置、屋顶的外形与扩展部分、对地高度比例以及关于被动通风和制冷的建筑特性。土地利用法律会要求建筑选址要合适、多个建筑要进行组团式开发、应改变设计以节约能源。区划法律会允许混合利用,开发商因而能够采用更高效的地区采暖和制冷系统而大大降低能源消耗。正是在这个阶段,会考虑在较大的项目中采用就地能源发电系统。通过在建筑物自身设置发电系统,可以防止输电过程中造成的大量能源损失。

6.4.3 建筑质量测试

还是在开发项目审查流程的早期阶段,当地的土地利用政府官员会与开发商及其设计团队讨论可能的建筑质量测试。地方土地利用和建筑标准通常不控制实际建筑质量,而建筑物的紧密性和功能完整性与节能密切相关。在预申请的研讨会上,开发商被鼓励选择并遵循建筑质量调试程序作为其建筑设计和施工的基本规则,这超出了传统土地利用审批的范围。质量测试会包括对能源使用系统及其组件的高质量和频率的功能性测试,甚至包括建筑物所有者的使用计划,即由所有者说明在建筑交付使用后如何进行管理以确保建筑节能。

6.4.4 建筑设计系统方法

这种对拟议建筑早期审查流程成功的一个重要方面是开发商和设计团队能够与地方官员一道工作,将拟建建筑物作为一个完整的系统进行审查,并在进行这种系统性审查时改变建设元素及设计标准。这被称为集成设计过程,即在审批过程中,设计团队的所有成员以互动式方法参与其中,而通常情况下该阶段只有建筑师参与。通过在早期阶段对所有设计问题进行整体性考虑,可使能源效率提高35%～40%,大大降低了建设的资金成本,并减少了交付使用后的运营成本。

6.4.5 土地利用许可条款

这些方法可以被整合到地方土地利用法的强制性规定之中或者作为建筑审查和批准程序本身所推荐的条款。通过部门实践、市长行政命令、城市理事会或城镇委员会的决议,地方当局可以做出节约能源和减少碳排放的承诺。可以在地方综合性规划中加入一项概述节能目标、目的、策略和实施措施的修正案。

地方政策的这种清晰表述足以使地方行政管理人员和规划委员会要求拟建项目的开发商提交一项远超能源规范标准的建筑物节能计划,并转到本书这里所讨论的建筑设计、朝向、质量测试举措等方面来。

6.5 联邦法律策略

尽管建筑能耗与国家贸易平衡、外国原油依赖性以及二氧化碳的减排利益有明显相关性,但在实现新建、翻修及改建建筑的节能方面,本章很少将联邦政府的作用纳入其中。这是因为建筑和能源规范以及土地利用管制被认为是州和地方政府的职权。联邦政府的作用主要依靠它的征税和开支能力,是补充性的。例如,联邦通过对既有建筑改造的税收抵免帮助地方政府实现地方气候行动计划目标或取得更高的能源效率。而被一些州和地方政府用作管制标准或激励计划先决条件的"能源之星"计划始于1992年,是一项联邦举措。上面所讨论的不动产评估清洁能源融资工具,尽管最初由地方创设,但却是由清晰的联邦框架和联邦金融支持所推进和保护的。此外,联邦开支能力被以更激动人心的方式用于推动各州更加积极地采取行动来实现建筑能效。

6.5.1　促进能源规范的更新和遵守

依据《2005年能源政策法》,联邦政府能源部颁布了关于各州采用的最新版本国际节能规范和美国采暖、制冷与空调工程师学会标准90.1附赠条款的决定。首先,能源部被要求确定新发布的示范法是否比以前的版本更节能。《能源政策法》要求各州在规范通过后的两年内证明其商业住宅能源规范符合最新发布的标准,并就是否应当修改其住宅能源规范做出决定。由于联邦所具有的开支能力,遵守有关这些证明和决定的要求对于希望争取联邦能源拨款和其他激励的州来说十分重要。

这种方法的强大影响在执行《美国恢复和再投资法》(也称为"ARRA"或"经济刺激法案")上是显而易见的。《美国恢复和再投资法》的州能源计划(SEP)向各州提供超过三十亿美元的刺激资金,条件是只要它们保证更新并强化其能源规范。依据州能源计划,各州必须向美国能源部长保证他们将采用新的2009国际节能规范或其等效规范,以及 2007 版美国采暖、制冷与空调工程师学会 90.1 或其等效标准。此外，各州被要求准备并实施一项计划，在八年之内使遵守这些增强版能源规范的新建和翻修建筑至少达到 90%。按照《美国恢复和再投资法》，遵守计划中必须包括积极培训和执行的项目，而且各州必须将拨款优先用于资助能源效率和可再生能源项目。为了得到激励资金，美国的大多数州选择提交这样的计划并按照《美国恢复和再投资法》的要求做出承诺。

《能源政策法》为新建或既有商业建筑的所有者设立了每平方英尺 1.80 美元的应税所得减免，鼓励其采用能够降低建筑物能耗的特定室内照明、建筑物围护结构、采暖、制冷以及通风系统和设施等。只要遵守美国采暖、制冷与空调工程师学会标准 90.1 的建筑物将其能耗降低 50% 以上，就能要求应税所得减免。美国国税局对用来计算节能量的强制性软件系统实施审批。同样这部联邦法为新建能效住房的建造者提供 2000 美元的税收抵免。为取得税收抵免的资格，新建住房必须比符合国际节能规范的住房降低 50% 的采暖和制冷能耗。在某种程度上这些税收抵免起了作用，它说明了超出当前能源规范标准要求的新建建筑还可以再节能多少。

众议院 2009 年通过的《美国清洁能源和安全法》（ACESA）为联邦在这些问题上能够发挥何种作用提供了一个更为积极的视角。以其最为著名的温室气体总量控制和排放交易条款来看，《美国清洁能源和安全法》旨在到 2050 年实现温室气体排放量的显著减少，并设置递增的减排目标。名为"能源效率"的该法标题二对新建以及实质性翻修住宅和商业建筑的能源利用设定了实现显著、强制性降低的目标。以 2006 年国际节能规范作为住宅建筑基线，2004 年美国采暖、制冷与空调工程师学会 90.1 作为商业建筑基线，《美国清洁能源和安全法》要求美国能源部长采用能够实现特定目标的国家规范。《美国清洁能源和安全法》的标题二规定，除非州政府和地方政府收到一份证明，认为他们已经更新了能源规范，达到或超过了新的国家规范标准，否则"国家规范应当成为这些管辖区域所适用的能源效率建筑规范"。

如果州或地方未采用与国家规范相一致的规定，能源部部长将负责在其范围内执行国家规范。《美国清洁能源和安全法》要求能源部部长建立联邦"执行能力"，包括实现规范 90％的遵守率、收取联邦检查费以及当州或地方政府未能遵守本法规定时直接执行国家规范。该法激励各州和地方政府采取行动更新他们的能源规范，使其具备资格获得有价值的排放配额和直接资助，而如果他们未遵守相关规定，将被否决或减少这些配额和资助。这些规定提出了一个有趣的问题，即在州或地方不遵守时，联邦政府是否有能力如此广泛而强硬地执行能源规范标准。

6.5.2　结论

在州和联邦的适当支持下，地方政府可以使用各种各样的策略通过减少二氧化碳排放来减缓气候变化，并在此过程中减少对外国石油的依赖——通过地方行动增强国家安全、保护全球环境。对一适当能源规范的执行应是其他策略赖以建立的基础，当然也是地方政府帮助减少能源消耗及其相关碳排放的最明确的义务之一。州和联邦政府是必需的行动参与者。他们为地方政府有效发挥其作为能源规范执行者的作用提供所需的标准、资金、培训、专业知识、数据和其他资源。

执行能源规范只是实现节能和减缓气候变化目标的诸多合适方法之一。其他方法在本书中另有说明。然而，如同本节的讨论所表明的，我们似乎正重新思考联邦政府在协助、指导，甚至在实现既有建筑能效上享有优先于州和地方权力等方面所扮演的角色。这种政策的混乱在其他气候变化管理领域也很明显。清楚的是，所有级别的政府都是必要的。每一层级都拥有重要的资源、能力和知识，应该对所有这些关键资源仔细协调。

在接下来的几章中，我们探索地方政府在可持续发展和其他气候变化管理方面的历史性和基本性作用。这些政府通过地方特权促进绿色建筑，增加其他可持续发展目标与节能目标。他们正培育绿色或可持续社区，促进可再生能源设施，保护固碳资源，适应海平面上升，并越来越适应气候变化的影响。狭义地看，这些不同地方策略之间的横向联系提供了一个综合的气候变化管理背景。他们如何适应州和联邦的总体系统是在这些关键时期挑战政策制定者的持久性问题。

第 7 章　绿色建筑和场地

7.1　绿色建筑法的兴起

作为前面一章的主题，发展能源效率建筑是总体可持续发展战略的重要手段。能源效率建筑使用更少的能源，排放更少的二氧化碳。然而，从单体建筑规模上看还可以做很多事来促进可持续发展事业，减缓和适应气候变化。

能够实现多种可持续性目标的建筑被称为绿色建筑。绿色建筑采用的是能够节水、减少照明需要、使用再生利用材料或创造更加健康室内环境的施工技术、建筑设计以及运行系统。绿色建筑可能也会引入例如单体建筑太阳能系统和风力涡轮机等可再生能源，这将会在第九章来讨论。当然，绿色建筑物有多种形态，涵盖范围从那些引入一两处绿色特性的建筑直到能够真正回应环境更加可持续的世界的迫切需求、高度可持续发展的建筑。

绿色建筑法兴起的实践阐明了减缓气候变化是如何适于可持续发展领域的。使用更少的水、消耗更少能源的可持续建筑就是适应气候变化现实的例子。一个被变化的气候所改变的世界要求我们在干旱时期少用饮用水，节约有限的能源资源并减少二氧化碳的排放。我们可以将绿色建筑的法律或者激励措施用作减轻气候变化或者适应气候变化的一种方法。

20 世纪 90 年代早期,美国就已经开始探索促进环境可持续性的建筑物建造和运行方法。1993 年发起了一项被称为"绿化白宫"的行动,以此来说明一栋建筑是如何成为高效率和减少废物典范的。"绿化白宫"行动由美国建筑师协会发起,并向环境政策办公室转交了一项可行性研究报告。报告包含了一个示范设计流程和一份在第一家庭的住房实现更高能源与环境效率的建议列表。也是在 1993 年,非营利性组织美国绿色建筑委员会(USGBC)成立。它很快成为绿色建筑,包括新建和既有建筑主要国际标准的制定者和认证机构。

在过去的几十年里,国家和地方政府已经要求公共建筑和政府资助的建筑采用一系列可持续发展标准来实现绿色化。逐渐地,一些地方政府也开始要求或者鼓励新建或者翻修的私人建筑满足各种可持续发展标准。在 20 世纪中叶之前,这一领域的地方立法活动极其少见。如今,我们可以找到成百上千要求或者鼓励绿色建筑的地方法律,它们提供了无数供其他地方模仿的模式和选项。

随着绿色建筑运动的开展,很多地方选择美国绿色建筑委员会(USGBC)的"领先能源和环境设计"(LEED)绿色建筑评级体系,通过援引将其作为它们自己的标准。LEED 评级体系被设计为一种自愿性的标准供开发商使用,而非地方政府通过的立法要求。将其纳入法律实践已经引发了很多法律问题,特别是当法律自动采纳该标准的未来变化并委托第三方认证机构,例如美国绿色建筑委员会进行合规认证时更是如此。随着此类活动的进行,人们从中学到了许多经验，并采取了新的绿色建筑策略作为回应。其中要特别注意的是，由国际规范委员会(ICC)发布的供地方政府采纳的国际绿色建筑规范(IGCC)。

如今，绿色建筑标准正在被纳入地方区划法、建筑规范、修建性详细规划标准、项目审查与批准条款之中。这些标准得到各州和地方政府激励措施的支持。这些激励措施鼓励在地方层面上进行试验，并将这种地方实践系统化为一种有效的战略。虽然绿色建筑法在全国很多地方取得了成功，但是这一领域仍在兴起之中，并存在很多的陷阱，政府、律师、开发者以及对推进绿色发展感兴趣的有关市民必须对此予以考虑，防止造成意外后果。

7.2 要求和激励绿色建筑

州和地方政府正制定绿色建筑标准，并在州建筑规范或者地方土地利用和建筑法规中对其予以采用。这些州和地方政府的数量在迅速增加。早在 1996 年，科罗拉多州的博尔德就通过了绿点计划，并将之适用于新建住宅。①

博尔德事例说明了地方和州的计划在决定该采用何种可持续发展标准以及需要何种绿色形态的建筑上具有灵活性。一些社区可能主要对节能感兴趣，因此希望尽可能要求高效建筑、就地发电、热电联产系统、使用源自诸如风力和太阳能设施的可再生能源。其他一些社区可能关注水资源，希望通过像斯科茨代尔市那样规定采用高效厕所或者提出其他一些减少用水的要求，如最小化外部景观的用水

①　Boulder. Colo. ，Ordinance tit. 10，ch. 7.5 (2007).

强度、降低灌溉需求等来限制建筑用水量。另外,有社区可能对公众健康或者减少热岛效应更感兴趣,希望开发绿色、高反射率或者高反照率的屋顶,最大化建筑或者建筑周边的植被以降低现场温度、减少能源成本。

加利福尼亚州通过了"绿色加州规范"(CALGreen Code),这是一套在全州范围内评定绿色建筑的标准,并可以防止建筑所有者向第三方标准制定者支付昂贵的认证费用。"绿色加州规范"由加州建筑标准委员会发布,该委员会还负责该州的建筑和能源规范。"绿色加州规范"为绿色建筑设定了全州性的标准,但允许地方适用更加严格的标准。加州的这个规范是全美最严格的,它要求采用削减室内用水的给排水设备,将 50% 的建筑垃圾从填埋转为再生利用;要求采用低污染的涂料、地毯、地板;要求对分隔使用的商业建筑各自安装水表(激励每个租户节水),并对能源系统进行强制性检查以确保效率。

华盛顿特区的《绿色建筑法》制定了地方绿色建筑标准。该市为市长提供意见和政策建议的绿色建筑咨询委员会对法案的进展情况进行监督。该法要求将相关规定适用于私人项目,并由市长选定的一个机构或咨询委员对适用情况进行监督。经批准允许建造的建筑物所有者必须交付履约保证金以确保他们遵守这些标准。如果他们没能达到核查要求,将会失去这笔保证金。这些资金将会被存放在"特区绿色建筑基金"之中。该基金为规划审查、对所涉建筑的监督以及教育、培训和拓展活动等提供人员费和运行费用。

7.3 纳入第三方标准

7.3.1 强制性第三方标准

开发适合于特定城市的标准,优势在于可以把目标定位于地方条件以及当地社区的需要和目标。然而,制定地方特色标准的难处在于需要耗费巨大的时间和精力,而且实施和监控起来更加烦累,需要深刻的技术理解水平。通常,可适用的标准也需要更详细的设计。因此,某一地方政府依靠一套经过仔细设计的第三方标准并要求建筑需获得该标准认证是有一定道理的。

1. 领先能源与环境设计(LEED)

当社区寻求此类标准时,他们通常会选定 LEED 评级体系。该体系通过打分的方式来证明一些关键领域的建筑性能,并以此促进各种可持续性目标。这些关键领域包括:可持续场地、用水效率、能源和大气、材料和资源以及室内环境质量等。针对不同建筑类型,LEED 至少有 9 种各自独立的评级体系,具体包括:新建商业和办公建筑评级体系(LEED-NC);既有建筑运营和维护的认证评级体系(LEED-EB:OM);内外部施工评级体系(LEED-CS);商业建筑内饰评级体系(LEED-CI);独栋住房评级体系(LEED for Homes)以及社区开发评级体系(LEED-ND);学校评级体系(LEED for Schools);零售场地评级体系(LEED for Retail)和卫生保健设施评级体系(LEED for Healthcare)。

LEED 体系按四个等级(证书级、银级、金级、白金级)打分。认证最终由绿色建筑认证机构(GBCI)决定是否授予。该机构是由美国绿色建筑委员会成立的管理 LEED 认证程序的实体。开发商支付绿色建筑认证机构所有的认证费用。认证是一个繁杂的过程,认证费用依据建筑的规模收取,相当高昂。由于认证程序的复杂性,做出决定会耗费大量的时间,因此通常会是建筑最终完工很久之后才收到认证证书。

虽然 LEED 评级体系目前最受欢迎,但是它并不是唯一的绿色建筑标准。其他绿色建筑评估体系包括 ICC－700 国家绿色建筑标准、绿色地球、生态建筑挑战、建筑商挑战、美国采暖、制冷与空调工程师学会标准 189.1,国际绿色建筑规范以及生态环境等标准,其中一些我们在下面的章节会进一步讨论。

2. ICC－700 国家绿色建筑标准

ICC－700 国家绿色建筑标准是由国际规范委员会会同国家住房建筑商协会开发的。ICC－700 国家绿色建筑标准作为一项针对住宅建设的建筑标准,解决的是能源、水以及其他资源的效率问题。像 LEED 一样,ICC－700 也使用了四级评级体系,分别是铜级、银级、金级和翡翠级。ICC－700 标准可被州或城市政府用来作为制定更严格规范要求的基础。

3.《绿色地球》标准

《绿色地球》标准于 1999 年被引入美国,从 2004 年开始,该标准在美国一直由"绿色建筑行动"所管理。《绿色地球》是一项主要针对商业建筑的评级体系。对于新建筑,可从七个方面获得评分,具体包括能源、室内环境、场地、资源、水、排放和废水以及项目管理。《绿色地球》有四个认证等级,分别是从一个地球到四个地球,具体等级依据综合得分确定。对既有建筑认证采用的体系稍有差异。

4.《生态建筑挑战》标准

依据《生态建筑挑战》(LBC)标准，开发商会采用一个建筑设计与施工框架，在建筑物交付使用和运行12个月后进行认证。《生态建筑挑战》于2009年由国际生态建筑研究院创立，并已经获得美国绿色建筑委员会的认可。该标准的适用范围从单体建筑到整个社区。除其他以外，该标准评定的是人与建筑的互动，主要对七个方面的性能进行评分，包括场地、水、能源、公平、材料、健康以及美学。《生态建筑挑战》认证体系对建筑开发具有高度敏感性，要求开发商在七种建筑类型中选择其一，这七种类型涵盖了从低密度的未开发区和农村项目到中高密度的城市中心区和核心区。

5. 美国采暖、制冷和空调工程师协会标准189.1

美国采暖、制冷和空调工程师协会在发布标准90.1（已在第六章讨论过）的同时，还发布了一个更加严厉的规范，即所谓的标准189.1。该标准旨在标准90.1所实现的节能之外实现更多的环境利益。标准189.1不适用于低层住宅建筑，它在有关用水、能源效率、场地可持续性、室内环境质量以及建筑对大气的影响、材料、资源等方面为大型多单元住宅以及所有商业建筑设立基线准则。在那些允许地方政府采用比国际节能规范(IECC)更严格标准的州，标准189.1会被地方政府所用。

6.《国际绿色建筑规范》

2010年国际规范委员会发布了《国际绿色建筑规范》作为地方适用的范本。该《规范》是在美国绿色建筑委员会和美国建筑师协会的帮助和鼓励下制定的，它包含广泛的可持续性措施以及一些供地方政府选择的选项。《国际绿色建筑规范》将在本章结尾处详细讨论。《国际绿色建筑规范》作为对系列美国绿色规范的最新补充,能避免适用其他第三方标准所产生的诸多不良结果。

7.3.2 可能的意外后果

1. 获得使用证书的问题

根据 LEED 绿色建筑评级体系,项目开发者提交大量的认证文件以便核查该建筑是依据 LEED 标准建造的。认证所需要的最终文件直到建筑实质性完工后才能提交。而认证审查过程时间会很长,经历从初步审查、最终审查到同意、上诉的各个阶段,须耗费数月之久。在地方开发流程中,新建建筑必须在使用或运行之前从当地建筑官员或建筑部门处取得使用证书。这就在那些要求开发商获得 LEED 认证的地方造成一个进退两难的困境:如果批准条件(获得 LEED 证书)没有达到,怎么能授予使用证书呢?一种答案是在认证期间授予临时使用证书。但是,如果认证被美国绿色建筑委员会否决了,又会发生什么呢?在那种情况下,必须撤销临时使用证,并腾空建筑。在一个强制要求 LEED 认证的社区开发一处建筑会冒风险,即如果没有获得证书,那么就将永远没有资格获得一个永久性的使用证书。

当某一市政当局将绿色建筑标准强加于私人开发项目时,还会产生其他一些法律问题,包括反垄断的考虑、违反非授权原则、州或联邦的优先权等,下面将对这些法律问题进行讨论。

2. 对项目融资的影响

在地方法律要求建筑获得第三方认证的情况下,如果不加预防,取得永久使用证书的复杂性会妨碍开发商获得建筑融资。提供建筑借款的银行和其他借款人想确认他们供资的建筑能够获得使用证书,实现占有并有资格取得永久抵押。其中,永久抵押被用于偿付建筑贷款。如果存在永久使用证书被否决的任何可能性,那么也会存在建筑贷款被否决的现实可能性。那些开发商所接触的投资者在投资建筑类股票等方面也同样会犹豫。如果居住证存在风险,新建公寓楼的个人住房购买者也不可能进行投资。

3. 责任问题

当地方政府立法要求遵守 LEED 或者其他第三方标准时,为开发商工作的建筑师、工程师和承包商就必须确认他们知道那些标准并且能够在制图、设计以及施工工作中达到这些标准。如果他们没有做到,就可能要依据合同替他们的开发商客户承担违约责任。这就产生一个问题,即他们的专业责任保险是否包括不能满足此类第三方标准责任时他们所承担的责任。在这种情况下,开发商就不得不担心一旦没有达到第三方标准,该建筑未能获得认证,那么他们建筑的最终购买者或者承租人是否会以虚假陈述或者疏忽为理由去起诉他们。

4. 反垄断问题

通常,当某地采纳第三方绿色建筑标准时,一般只采纳一个,比如《绿色地球》评级体系,美国绿色建筑委员会发布的 LEED 标准,或者国家住房建筑商协会的《模范绿色住房建筑指南》等。这些系列标准中的每一项都是由那些代表建筑行业不同领域的组织发布的,这些领域对于他们的等级产品都有投资。在某些情况下,如果这些标准违反了反垄断法的规定,市政当局有义务提供确认和禁止等救济。

虽然至今仍然没有判例解决市政当局适用某一排他性的第三方标准是否真的违反了反垄断标准问题,但该问题仍然是地方政府的代理律师所担心的。

5. 违反禁止授权原则

依据正当程序原则,立法机构不得授权第三方来确定私人主体的法律权利。例如,LEED认证是由专业人士会同美国绿色建筑委员会创建,绿色建筑协会实行。依据禁止授权原则,地方政府必须确保自己不会将其任何自主权利出让或者授予私人的个人或者机构。推论原则是:政府官员对其裁判权或者自由裁量权的运用不能通过将这些权力授予私人主体而免除。这会产生以下问题:对所采纳标准的合规认证是私人轻率做出的还是具有行政性?对于认证决定过程市政当局是否有失察之处?受害方是否有可用的行政申诉程序?

这些起初也是引起市政当局的代理律师质疑是否明智的法律问题,即采纳第三方标准以及允许独立的私人专业人员决定地方标准这种做法是否合规。

6. 其他问题

随着地方政府继续采纳第三方标准作为法律加以适用,其他问题开始暴露出来。如果地方法律所采纳的不仅是第三方评级机构现有的系列标准,还包括未来的修正案,那么它可能会违反有关非法引入所采用标准未来修正案的宪法性禁止规定。这实际上和上述讨论的禁止授权原则相似,所采用标准的未来修正案可能属于未来立法机构的自由裁量权。当地方政府采用复杂的第三方标准时,其所采纳的这些标准的条款有可能会超出地方政府的法律权限。在那些不允许地方政府采纳比州的建筑或给排水规范更严格标准的州，这种情况是有可能的。例如，采纳 LEED 标准，特别是金级或银级标准，可能会强迫开发商要纳入超过州建筑或给排水规范要求的建筑特性。新墨西哥州的阿尔布开克就因为在采用规定电器能源效率的地方标准时，不知道该领域已经为具有法律优先权的联邦能源法律所规定而陷入困境。

7.3.3　规避现实和法律问题

以上最先提到的两个问题——获得使用证书和项目融资并非是不可克服的，但是它们确实要求市政当局在适用绿色建筑标准时要有一些技巧。

例如，华盛顿州的西雅图，当认证所需的水平未能达到时，就开发出一项技术解决没有达到所要求的认证等级问题。[①] 在开发绿色建筑计划时，西雅图与其开发团队紧密合作来识别和避免意外后果。为了防止产生获得银行融资的障碍，开发商要求该市以建筑高度和密度奖励作为交换，对没有达到所承担的绿色建筑认证义务的采用一种惩罚机制。如果认证未能通过完成，他们就会受到处罚而付款，因此也就消除了因缺少认证而被最终否决获得使用证书的潜在可能性。

通过更新的区划立法，西雅图创设了以激励为基础的密度奖励制度。为了增加高度和密度，开发商必须承诺达到 LEED 银级认证，要么是关于新建或大修的 LEED 标准，要么是内部和外部施工 LEED 评级体系。具体而言，开发商获得密度奖金必须完成两个步骤。第一，开发商必须在签发建筑许可之前提交一份达到 LEED 银级、金级或

---

① Seattle, Wash, Mun. Code tit. 23, chap. 23. 49 020(2007).

者白金级认证的意向书。然后该市就会基于此种善意的承诺签发随后的许可和最终的使用证书。第二,在收到最终使用证书后的 90 天时间内,申请人必须提交美国绿色建筑委员会文件,证明获得 LEED 银级或者更高级认证(不及时提交报告会受到惩罚,如果有适当理由可以延期)。而没有达到银级认证会受到处罚,处罚数额实质上是根据项目达到 LEED 银级认证所需要的额外分数用特定公式计算得出的。所有的处罚款都将被存入该市的绿色建筑基金。该基金专注于支持市场采用绿色建筑。这种惩罚制度回应了银行对向在获得使用证书上存有法律障碍的建筑项目供资的担心。

波士顿在其 2007 年区划法绿色建筑修正案中通过援引纳入了 LEED 绿色建筑评级体系。[①] 修正案所宣称的目的是确保主要建筑项目在规划、设计、施工以及运营管理过程中使负面环境影响最小化,保护自然资源,促进可持续发展,提高波士顿的生活质量。修正案要求受其影响的建筑依据 LEED 标准是"可认证的",而不是已经"认证"的。这就意味着开发商对建筑物的设计和施工要达到与 LEED 认证相关的标准,但并不要求它申请从美国绿色建筑委员会处得到实际的认证。

对于一些市政当局而言,波士顿方法存在的问题是它免除了借助美国绿色建筑委员会进行合规核查的责任。没有第三方的认证证明,地方政府就要自己负责对某项目是否满足绿色建筑要求进行评估。对于那些预算以及人员能力有限的社区来说,这是一项看起来令人生畏的任务。然

---

① Boston, Mass, Zoning Code. 37—1 to—8.

而,即使没有第三方认证,也仍然有一些合规核查方法可用,即使对于那些没有大量资金或人员能力的小城市而言也是如此。其中一种方法是对选出的建筑进行随机但详细的审计——美国国税局税务审计的方法——马萨诸塞州的剑桥正考虑使用这种方法。依据这种方法,市政当局会对所有适用的项目进行粗略审查,然后不定期地雇用一个审计员对随机选取的项目进行各方面广泛的审查。

在整个开发过程中,市政当局可能要求开发商提交各种文件以跟踪合规流程。很多社区要求开发商在开发过程初期就提交一份检查表,阐明该项目将满足哪种 LEED 标准,并要求开发商定期提交该项目正在达到那些标准的报告和书面证词(可能是由项目工程师、建筑师或者其他专业人士提交)。当像在波士顿一样不需要实际进行认证时,这种要求提交文件的方法使开发商被纳入 LEED 标准的遵守程序之中,并且可能激励开发商出于交易目的、增加投资回报或其他理由而自己去获得认证。

7.3.4 通过激励来鼓励遵守

社区可以将 LEED 或者其他第三方标准用作绩效目标或者审查协定的内容,而不是作为取得使用证书的要求或者先决条件。这涉及地方政府的土地利用审查、审批权力和程序,需要规划委员会以及市政当局的开发人员要求开发商遵守特定的绿色建筑评级体系,或者也许只是某一选定的标准(例如用水效率的要求),将其作为加快许可程序的手段。

在有些地方,向那些非绿色的新开发项目收取影响费,并用它奖励那些进行绿色开发的开发商。例如,俄勒冈州的波特兰就考虑采纳一种费用折扣制度。所提议的费用折扣计划适用于住宅建筑,它给予开发商三种选择:(1)按照建筑规范建造的建筑将会被收取标准的影响费;(2)满足LEED 银级标准的建筑将免予缴纳影响费;(3)满足 LEED金级或者白金级标准的建筑将获得奖励。该计划同时包括对能力可以负担住房的一种特殊激励,即对于能力可以负担住房的开发商而言,只要其建筑满足了 LEED 银级标准,而并非满足金级或者白金级标准就能获得奖励。此外,该计划还对那些按照能源之星标准获得住房能源评级 75分以上的住宅免收影响费,以此来激励提高能源效率。

根据纽约州立法机构 2008 年批准通过的专门立法,授权雪城按照该法的一项安排来跟踪 LEED 认证等级以及所涉建筑类型,对获得 LEED 认证的建筑免征地方不动产税。新建住宅有资格获得为期 15 年的不动产税豁免。从一开始对获得所有 LEED 等级认证的建筑豁免 100%,之后逐年降低,获得高等级 LEED 认证的住宅降低幅度要小些。

联邦法律规定对那些在建筑项目中采用太阳能或者地热能技术、热电联产、小型风电以及燃料电池的企业实行能源税抵免。纽约为绿色建筑的所有者提供税收抵免。该州能源机构也为全州的住房所有者、开发商以及市政当局提供各种各样的赠款和贷款。这些激励措施可以和地方法律要求结合使用,也可以单独使用,以实现其他可适用的建筑和土地利用法所不能达到的节能和环境效益。

依据它们有关区划的授权,某些州的地方政府可能会放弃对绿色建筑开发商的区划要求。甚至可能像西雅图那样,对那些自愿同意建造绿色建筑的开发商提供密度奖金。此类计划可以鼓励如 LEED 认证或突出绿色屋顶、采纳就地发电、热电联产或者特别的防洪措施等作为开发商向地方政府换取区划激励的利益。

佛罗里达州的夏洛特县创建了一种三层认证体系,规定减少对合规商业开发商的停车要求。[①] 最高一级减少25％,第二级减少15％,第三级减少10％。密度奖励的激励措施与此要求措施一同使用。如果一个开发商获得了LEED金级认证,那么会将允许其开发的建筑面积增加10％,而如果是白金级的话,还会再额外增加建筑面积。

在纽约州新罗谢尔,该市对遵守LEED标准的开发商采取了一种密度奖励的激励制度。[②] 法律只适用于那些位于城市商业区中浮动的住宅重叠区内满足资格要求的新建建筑项目。这些项目必须是在城市交通中心500英尺之内或在公共停车场300英尺之内的地块。该市的可持续性计划包括这样一个目标,即将该市未来增长的90％的住宅置于距离通勤轨道交通或者公共汽车站步行可达的范围之内。

绿色建筑开发商在开发申请过程中经常被赋予优先地位。亚利桑那州的钱德勒市颁布了4199号决议案,通过加快规划审查,将标准规划审查时间减半来激励寻求LEED银级或更高级认证的项目。佛罗里达州的夏洛特县也是这么做的。依据该市立法机构LEED政策决议案,开发商可以享受行政机构对其申请项目的快速跟进。申请者必须在提交他们的开发申请前与市政人员会面,并且他们必须雇用LEED认可的专业人员作为咨询员来精心安排建筑设

---

① Charlotte County, Fla, Ordinance 3.2.85(2009).

② New Rochelle, N.Y., Code 331-154(2007).

计流程,审查施工文件,并对项目各项工作的完成情况做出证明。需要遵守的准则包括提交在建设期间遵守 LEED 标准进展的合适文件并由咨询员确认所有工作满足 LEED 标准。开发商必须在项目完成后提交申请进行建筑认证。除了提供快速通道的许可激励外,夏洛特县还为开发商提供交易确认,以及用退款、抵免和减收开发规划审查费等形式提供金钱激励。

7.4　绿化政府建筑及其运行

基于各种理由,市政当局采纳了施加于他们自身的标准,要求市政当局新建和翻修建筑绿色化。通过这样做,他们对公众做出了一项关于绿色建筑的政策或道德承诺,并且树立一个榜样,为鼓励和要求私人部门推行绿色建筑铺平了道路。通过让市政工作人员参与学习和在市政项目中应用绿色建筑标准,城市可对私人部门建筑的合规性审查做准备。当市政建筑要求遵守 LEED 标准时,这会激励当地的建筑师、工程师以及承包商们去学习这一体系,引导他们把这一认证体系推荐给他们的私人客户。当然,这里的底线是市政建筑,尤其是那些需要采暖和制冷以及那些使用大量燃料或电力的市政建筑,如果它们效率低下,将会花费纳税人缴纳的大量费用,并且排放会恶化全球气候条件的二氧化碳。

华盛顿州的西雅图城市理事会在 2000 年通过了一项决议,要求该市资助的新建或重大改建设施以及总占地面积超过 5000 平方英尺的建筑必须达到 LEED 银级认证。2001 年,俄勒冈州的波特兰开始要求任何新建市属建筑需达到 LEED 银级认证。在加利福尼亚,根据 2004 年州长颁布的一项行政命令,州新建和翻修的建筑必须满足 LEED 银级认证标准。2005 年,波特兰市将 LEED 认证等级提高到金级,并增加了"对能源绩效、雨水管理、节约用水、安装生态屋顶以及施工和拆除垃圾再生利用的要求"。

2007 年,波士顿市市长发布了一项行政命令,要求所有城市项目获得 LEED 正式认证,要求新建建筑在效果上要超过州能源规范标准的 14%。2005 年,华盛顿州对那些由州财政出资新建或运行的面积超过 5000 平方英尺的建筑,包括得到州财政资助的学校建筑,强制实行绿色建筑标准。纽约州的伊利县在 2007 年颁布了《绿色建筑法》,要求县主要的建设与翻修项目至少达到 LEED 银级标准。

在纽约市通过的促进绿色开发的诸多方法之中包含了要求市属或者得到该市一定资助的建筑通过 LEED 认证的规定。[①] 纽约市政当局估计拥有大约 1300 套建筑,租用 1280 万平方英尺的办公空间,在其 10 年期的资金计划中,有超过 120 亿美元的建设会受到这一立法的影响。而将这些要求强加于市政当局自身:

将会持续减少纽约市电力消费、空气污染和用水以及提高居住者身体健康水平和工人生产率……不考虑其他方面的节约以及社会利益,单单节约的水费和能源费就足以弥补这项立法带来的支付债务所增加的任何资金花费。

在很多州,这种类型的政策声明、地方决议或法律修正案很常见。北加利福尼亚州的教堂山市修改了其 2005 年的规范法令,要求所有市政当局建设的或者为市政当局建

---

① New York, N. Y. ,City Charter 224. 1(2005).

设的新建建筑以及对既有市政建筑所做的增建,只要新建建筑的总占地面积等于或大于5000平方英尺(不包括公共住房单元),就要进行 LEED 认证。① 在纽约州的雪城,有关绿色公共建筑的要求适用于所有市政当局新建建筑、相关改进以及在城市所有土地上的建筑,以及所有翻修、复原或者既有市政建筑的扩建。② 密西西比州的斯塔克维尔市政当局通过了一项决议,要求所有占地超过3000平方英尺的新建市政设施都要遵守 LEED 标准。在佛罗里达州,坦帕市的城市规范将 LEED 标准适用于所有新建市政建筑以及新增面积达到或超过50%的既有市政建筑扩建项目。③ 加利弗尼亚州有许多城市拥有适用于所有城市市属建筑的地方法律,圣地亚哥是其中之一,其地方法律仅适用于占地超过5000平方英尺的新建或大修建筑。④

7.5 减少汽车化石燃料消耗的绿色建筑

单体建筑可以帮助创建支持替代汽车出行、鼓励使用替代燃料和车载动力的基础设施。下一章我们转向社区规模的规划,并证明地方土地利用规划和实施条例是如何培育公共交通导向开发和可持续社区的。此类战略能够通过鼓励步行和骑自行车,减少汽车出行和汽车行驶里程来减少化石燃料消耗和尾气排放。这些也能够为使用燃油效率

---

① Chapel Hill, N.C., Ordinances ch. V, art. VIII, 121 to 27.
② Syracuse, N.Y., Ordinance ch. 52 1−3.
③ Tampa, Fla, Ordinance ch. 17, art. VII, 5−201 to 5−205(2008).
④ San Diego, Cal, Cmr 02−060(2003).

汽车提供一个框架。

在建筑层面,建筑所有者能够与地方政府在鼓励步行和骑自行车以及建立交通需求管理系统方面进行合作。建筑所有者会被鼓励或要求通过例如在停车场提供充电设备插口等来为混合动力汽车提供便利。建筑物管理者可以采用反对汽车发动机空转的政策,并张贴标志阻止在建筑物之外停车场和等候区内的汽车发动机空转。

旧金山正努力成为全美环保汽车之都。除了其他举措外,该市城市理事会通过了一项建筑规范,要求所有新建住房和办公建筑都要安装电动汽车充电器。该市为独栋住房的所有者提供贷款,鼓励他们安装充电站。相似的举措也在休斯敦、圣地亚哥以及波特兰实施,但是没有那么严格。在纽约州的扬克斯,城市理事会议员争相使用属于该市充电站的一部电动汽车,该车在市政厅停车场的充电站充电。城市气候行动计划按照常规来测算该市市政车队的成本及排放量,并采取措施降低成本及排放,承诺购买电动汽车或者混合动力汽车,随着时间的推移这会节省纳税人的钱。

那些确定了人行步道和自行车道的城市会要求新建建筑的选址规划与之相连。新建建筑会被要求外设自行车棚,或者提供室内自行车存放地,因而鼓励工人或居民骑自行车上下班或者出差、郊游。在城市和区域规划中出现了一个有关自行车交通的新重点,一些社区通过了自行车总体规划,要求制定街道和人行道的设计标准,确定自行车停车设施的场地、采取激励、教育措施等,所有这些都是为了增加对自行车这项替代性交通工具的使用。在采纳这些方法后,纽约市的报告指出,在 2007 至 2008 年一年之间,骑车通勤量增加了 35％之多。根据 1990 年人口普查,波特兰市只有 1.2% 的人选择骑自行车上下班。在按每个居民 3.5 美元投资了自行车基础设施相关计划之后,6% 的通勤者开始选择自行车上下班;而 2007 年在城市商业区已经有 12% 的人选择这样做了。在明尼苏达州的明尼阿波利斯市,骑行和步行大约占到所有出行的 20%。

联邦政府支持地方的这些努力。国会通过了《自行车通勤者法》,将其作为《2008 年能源经济稳定法》的第 211 节。按该法规定,雇主有权按照其骑车上下班的雇员每人每月 20 美元来抵税。税收抵免会鼓励雇主为雇员报销购买、修理以及存放自行车的花费。

7.6　可持续场地

按照市政当局的土地利用权限通过的地方修建性详细规划管制条例通常要求新建建筑开发商避免侵蚀土地和沉积地块,注意雨水管理,限制在洪泛区建设,在其场地提供植被缓冲带。有些地方政府的规定已经超出这些传统控制范围,要求保护小型湿地及其缓冲区,保护栖息地,以及历史性的视域空间等。开始被采纳的低影响开发标准包括场地设计的精细标准,例如鼓励蓄水并对现场污水进行处理,使用透水地面以便现场储存更多的雨水,增加植被来保护建筑以及给建筑降温等。随着新开发的推进,这些方法试图保护并在某些情况下增强场地环境所提供的生态系统服务,诸如净化空气和水、调节温度以及受保护的自然资源所提供的其他公共利益。

LEED 等评级体系会对这种类型的场地设计以及自然资源保护打分。美国采暖、制冷和空调工程师协会标准

189.1 也是如此。最近出现了一种新的评级体系，它制定并正在测试可持续场地开发标准。这种被称为"可持续场地举措"（所谓的 SITES）的体系是由美国景观建筑师协会开发的。该体系包括场地认证的 15 项必要项，其中有关水、土壤、材料以及植被的可持续性设计的分值超过 50，而总得分可以达到 250 分。该体系根据某一项目所得到的分数给予它一星到四星的评级。"可持续场地举措"意在连同LEED 等绿色建筑标准一起运用。

有趣的是，"可持续场地举措"接受了世界环境与发展委员会在其报告中对可持续性的定义，这在本书第一章已经讨论过。"可持续场地举措"把可持续定义为："满足当代人需要而不损害后代人满足其自身需要的能力的设计、施工、运行以及维护实践。"它所指的目标是创造富有经济竞争力的场所，建立健康社区，保护生态系统服务。

本章之前讨论过的美国采暖、制冷和空调工程师协会标准 189.1，其适用范围不仅限于节能，还包括有关场地可持续性、用水效率、能源效率、对大气的影响、材料和资源、室内环境质量以及建设和运行等标准。美国采暖、制冷和空调工程师协会标准 189.1 包括通过植被、混凝土、遮蔽以及屋顶设计来管理热岛效应的准则。此外，必须通过景观设计、设备和器具等来减少用水。

7.7 国际绿色建筑规范

本章大部门内容都在致力于探讨市政当局采纳 LEED或者其他第三方标准作为对新建建筑或翻修建筑的法律要求这样一个趋势，同时也对这样做所带来的意想不到的法律和实践后果进行了探讨,对此各地制定了很多聪明的方法来避免这些后果。绝大多数标准制定组织,包括美国绿色建筑委员会并没有想到它们的标准会被法律所吸收,而且对标准服务于那样的目的它们也不是很满意。它们的评级准则是由建筑设计、选址、建设和运营领域的专业人士创建的自愿性标准,这些专业人士明白美国的建筑能够做到比流行的实践做法所要求的更具可持续性。

在另一方面,国际规范委员会从事的规范开发是为了被州和地方政府采用而设计的。在第六章,我们探索了国际节能规范的使用,其为能源效率建筑创建了一个强制性的基线。国际节能规范如同国际规范委员会发布的其他几个规范一样被用作地方法律,当开发商和建筑商申请建筑许可时,由地方规范检查员负责执行。

为了对美国联邦、州和地方三级政府流露出来的对绿色建筑标准立法的兴趣做出回应,国际规范委员会在2010年3月发布了第一版国际绿色建筑规范,将其作为一套标准由政府考虑采纳,并由对地方条件和区域的考量作为补充。

国际绿色建筑规范的采纳过程及其运作的法律体制值得探讨。第一,国际规范委员会在开发这些标准时是连同美国建筑师协会(AIA)、美国国际试验与材料学会(最初被称为美国试验与材料协会)一道工作的。美国国际试验与材料学会是一个代表水领域专业人员的工业组织。这两个组织被列为国际绿色建筑规范的合作伙伴。

第二,国际规范委员会在制定这些新规范时,所遵循的程序与联邦管理和预算办公室有关开发自愿性规范的第A-199号通告中所要求的程序相一致。遵守此联邦通告使得这些标准有资格在联邦层面使用和采纳。这一过程涉及可持续建筑技术委员会的创立,该委员会是一个基础广泛的组织,由代表可持续建筑各领域科学和技术水平的专业人士组成。重要的是,该委员会还代表了几个关键性组织,包括美国绿色建筑委员会(委员会的标志出现在国际绿色建筑规范的封面上),还包括绿色建筑行动以及美国国家环保局。

第三,这些咨询者和发起者由全体专家为其服务,这些专家撰写详细的草案,并且对咨询人员以及对 5 次公共委员会会议参会者的意见做出回应。举办这些公共会议是为了收集对这一新规范条款的补充信息和评论。

第四,所设计的国际绿色建筑规范与国际规范委员会的其他规范,包括能源效率、建筑以及给排水规范等是协调一致的。这些国际规范委员会的其他标准设有基线,可以在基线之上增设另外的标准。

第五,对于将规范用作法定标准使用的那些规范开发者而言,其任务之一即是确保这些标准在经济上是可行的,不会强加不合理的成本到私人部门的建造者、承包商以及开发商身上。这一惯例在开发国际绿色建筑规范的过程中得到尊重。

第六,国际绿色建筑规范的第一版,即众所周知的公共版 1.0 随着时间的推移将会被修改并定稿。2.0 版本将在举办公共听证会收集意见之后通过。然后将举行最后一次听证会,最终一个考虑更加充分的国际绿色建筑规范将于 2012 年发布。同时,公共版 1.0 仍可以被采用,它还将一个采用该版本的地方立法样本作为文件的附件之一。

国际绿色建筑规范于地方政府绿色建筑管制条例快速

兴起后不久问世就有重要意义。它提供了一个可靠且行业认可的标准,避免了适用独立第三方标准所带来的许多可能的负面后果,因为这些设定独立第三方标准的组织在通过和使用其自愿性标准时有着他们自身的经济利益。可持续性建筑技术委员会负有的责任之一就是不得限制新材料、新产品以及建筑新方法的使用,不得给予任何现有技术、产品和方法以优惠待遇。

某一地方政府适用国际规范委员会制定的规范不存在反垄断问题或者非法行使立法权与行政自由裁量权问题。设计的国际绿色建筑规范由特定地方所希望的标准作为补充,以此来满足地方的独特需要或条件以及全国各地的区域优先事项。这极大地简化了地方政府在采纳绿色规范方面的事务工作,将地方立法者的精力与才能集中在他们特定的优先项和目标之上。

国际绿色建筑规范的结构及其适用的机制也值得探讨。所设计的国际绿色建筑规范用来补充国际规范委员会其他规范的要求,因此它每一条款所增加的要求都是现有建筑施工规范缺失的。有趣的是,采纳了所设计的国际绿色建筑规范的社区还将该规范与区划和土地利用管制条例整合到一起。接下来是一些有关规范所采取的方法的例子以及对这些方法新本质的评论。

依据传统的开发审批流程,土地利用管制与规范标准是各自单独实施的。会有一个地方规范检查员或部门以及一个地方区划执行人员或部门。在较小的社区,有可能一人身兼两职,在较大的社区则可能是一个部门,但是每个角色各自的功能本质上还是相互独立的。依据国际绿色建筑规范,规范的负责官员或者部门对场地开发及土地利用享有管辖权,具体包括诸如自然资源保护、交通影响、缓解热岛效应、场地照明等事务以及众多可选标准。

具体标准包括雨水管理、户外景观用水以及建筑工地废物管理计划。在采用国际绿色建筑规范而没有相关土地利用管制条例的地方会适时引入已经逐渐出现的有关自然资源保护的最佳实践,并运用市政当局的区划授权将其予以采用。在那些区划权力受限或对其做狭义解释的州,为了地方的执行,由州来采纳国际绿色建筑规范将极大扩展地方政府对这些重要事项的管辖权。

关于能源效率以及大气质量,国际绿色建筑规范延伸到建筑系统以及国际节能规范没有解决的设计细节。例如,该规范处理电器设备,包括那些承租人购买和使用的电器设备,以及处理诸如太阳能光伏以及风力系统之类的可再生能源系统。此外,国际绿色建筑规范要求对机械系统进行调试,需要提交一份由注册的专业设计人员或者经批准的机构出具的调试计划,该计划应列明所要求的有关设备和系统安装与运行的技术规范等。

节约与高效用水也包含在规范之内。规范中的那些标准按照国际绿色建筑规范的特定要求,除了其他事项外,对降低流速和饮用水消耗的给排水设备和配件进行管制。规范有一些新奇的要求,例如关于食品单位的预冲洗喷头和非水冲小便器的要求,以及对那些用水设备,如洗衣机、洗碗机、制冰器以及食品蒸笼等的要求。还有一些条款规定了水的使用和储存以及雨水的收集分配系统。

国际绿色建筑规范第十二章中有两章专门对既有建筑及其场地进行管制,并且在改建、维修、扩建或者改变建筑物的运行时,将管制扩展到那些难于控制的建筑物所有者。

例如,规范要求在改变对建筑物的使用时必须最小化对能源、采暖、通风、空调和水的需求。在同样的情况下,也需要按照规范的要求对建筑场地进行管制,例如替换硬化地面使其更具透水性等。

国际绿色建筑规范含有一个表格用以专门指导感兴趣的地区来决定究竟想让它的绿色建筑规范有多严格。例如,市政当局可能会选择前面所述的 ICC－700 国家绿色建筑标准,并且再从四个严格程度不同的层级中选择一个。美国采暖、制冷与空调工程师学会的标准 189.1 也同样如此。按照规范,可以采用也可以不采用。一旦采用,市政当局就可以选择遵守该标准众多层次中的一个,也可以选择或拒绝采用土地利用标准,包括河漫滩保存、保护区以及未开发地区保护的标准。还有很多其他有趣的选择,比如是否就低排放的停产场、光污染控制以及增强版的给排水及其设备规定提出要求,是否把规范适用到既有建筑之上等。

第8章　绿色社区和公共交通导向开发

8.1　社区与可持续发展

在本章,我们在社区层面上来探讨可持续发展以及气候变化管理问题。第六章和第七章从单体建筑范围上处理了一些事务,即单体建筑及其场地能源效率和可持续性问题。此处,我们把建筑物和场地与其周边环境联系起来。在社区会产生一种存在感,这里的建筑历史清晰可见,客观环境达到了一定规模,并且能有效提供基础设施和社会服务。在社区,一个人可以感受到观察建筑的投影、路面径流和排水系统径流,来往的邻里以及一个充满活力、正在恢复生机的地区的那种兴奋。

自可持续发展运动之初,时间可以追溯至1987年的联合国世界环境和发展委员会,可持续性就包括了平等、经济发展和环境保护。在那些低收入的社区,人们对污染工业、设备以及棕地的影响感受最为激烈,对可持续性的追求也必定最为积极。

有5项有前景的可持续发展机制可在社区层面操作:环绕交通站点地区的公共交通导向的开发;关于社区开发的领先能源与环境设计评级体系(LEED-ND);为城市提

供生态系统服务的绿色基础设施;组织对一组建筑物进行节能的区域能源系统;环境正义,包括清除历史性的脏乱地段和有毒废弃物,提供服务和为那些贫困社区提供就业。

在社区层面,这些可持续发展举措会促成令人印象深刻的气候变化管理。有公交服务的社区会减少对汽车的依赖性以及机动车行驶里程,机动车排放是二氧化碳排放的主要贡献者。按照效率规模建造的紧凑、混合利用的建筑和社区具有减少能源需求的供热优势,这些所需能源绝大多数依靠化石燃料的燃烧,是化石燃料二氧化碳排放的另一个主要贡献者。这些建筑当它们为植被缓冲带或者植被屋顶所遮蔽和防护时,就会在制冷和采暖方面消耗更少的能源。充分利用由各种类型建筑物构成的社区的不同能源利用和需要系统能够达到深度节能,而这是在单体建筑层面不可能实现的。绿色基础设施,诸如遮挡了社区三分之一或者更多空间的树冠、绿色屋顶、街心花园或者其他小块绿地,可以降低城市温度,缓解城市热岛效应,帮助封存二氧化碳。与建筑和基础设施绿色化相关的工作可以为低收入社区的居民提供就业机会,这些工作地点通常步行可达或只需乘坐很短距离的公交汽车。

市政当局会要求或者激励开发商在建造建筑物时,配套建设自行车停车架和场地植被,这些也会减少对停车场地的需求。然而,这些只有与社区的便利设施和服务联系起来才会有效。对使用自行车停车架的骑行者来说,必须要有相应的自行车路线或者跑道。而步行者则需要连接起火车、汽车、商店以及咖啡店等美观、有效的人行道。属于某一特定地点的小块植被需要被连成一大块才能在社区层面形成完整的绿地结构,即减缓和吸收雨水、降低夏天气温的绿色廊道。附近必须要有公共交通或者公共停车场才能表明减少停车需求是合理的。公交服务与零售业、服务业、休闲以及娱乐业一起使得人们坚持走路不开车。

8.2 LEED 社区开发评级体系

8.2.1 LEED 社区开发评级体系概述

LEED 社区开发评级体系通过聚焦建筑开发及其与相邻社区之间的关系，推进美国绿色建筑评级体系的发展。美国新城市主义代表大会（CNU）、自然资源保护委员会（NRDC）与美国绿色建筑委员会合作创设了 LEED 社区开发评级体系，该体系 2007 年开始进入试点阶段。按照美国绿色建筑委员会的说法，LEED 社区开发评级体系"鼓励智慧增长以及新城市主义者的最佳实践，促进减少机动车行驶里程的社区以及通过步行或公交就能获得工作和服务的社区的选址和设计"。该评级体系还促进了更加高效的能源体系和用水，这些对于那些此类服务异常昂贵或者基础设施不堪重负的城市区域而言更为重要。虽然绝大多数是在社区层面上应用的，但 LEED 社区开发认证并没有设定项目大小的门槛。按照美国绿色建筑委员会的说法，"项目可以构成整个社区、社区的一部分或多个社区"。然而，美国绿色建筑委员会也的确建议项目不应小于两栋住宅楼或者大于 0.5 平方英里。

就像我们在第七章讨论过的 LEED 其他评级体系一样，LEED 社区开发评级体系被分成很多类。每一类中都有需要满足的必要项以及要获得的各种分数。开发商必须满足所有必要项，并赢得基础认证或银级、金级、白金级这些更高级认证的规定分值。

LEED社区开发评级体系的分数和必要项分为五类，分别是：智慧选址和联通性（SLL）、社区布局和设计（NPD）、绿色基础设施和建筑（GIB）、创新和设计方法（IDP）以及区域优先分（RPC）。在前三个类别（SLL、NPD、GIB）中，所确定的必要项包含了可持续发展的原则。

例如，智慧选址和联通性的必要项鼓励在已建成的社区和公交附近地区进行开发。而作为寻求LEED社区开发认证的新社区开发，必须保护基本农田、湿地以及主要水体免受开发，并避开河漫滩、濒危物种和生态群落。

对于为LEED社区开发评级体系对智慧选址要求而进行认证的项目，有关促进在现有社区进行开发或鼓励使用有困难的、未充分利用的老建筑或者棕地进行开发的区划标准和地方法律会对此很有帮助。那些许可将开发权从农田或其他重要生态区域转让给现存社区的区划法律规定进一步深化了社区开发的原则，并且通过保护封存碳的环境以及促进更具能源效率的人类住区来管理气候变化。

LEED社区开发评级体系的社区布局和设计的必要项促进了宜居性、可步行性、交通运输效率，以及社区与建筑认证要求之外的社区之间良好的物理连接性。社区布局和设计的得分可以通过增加区划所允许的密度适应骑行者对于交通机构的需求而获得。例如，LEED社区开发评级体系要求商业建筑项目的容积率最低为0.8，住宅建筑项目为最低每英亩七个住宅楼。这些标准比提供充足的骑行者支持公交服务所需要的密度要低。

可以以绿色基础设施和建筑类别中的一个必要项为例来说明LEED社区开发评级体系是如何超越第六章所讨

论的基础能源规范条款要求的。绿色基础设施和建筑类别的第二必要项要求设计和建造具有能源效率的建筑，减少空气、水以及土地污染，减缓能源生产和消费所造成的负面环境影响。这一要求迫使开发商去雇用那些通晓如何最小化环境影响，包括二氧化碳排放的设计者和咨询员。LEED社区开发评级体系鼓励开发者超越那些为绝大多数地方能源规范管制条例所施加的强制性标准。例如，任何新建四层或者更高的建筑必须比美国采暖、制冷与空调工程师学会标准90.1－2007的能源效率高10％。而美国采暖、制冷与空调工程师学会标准90.1－2007是许多州对商业建筑的基本能源规范要求。此外，大修的建筑必须比美国采暖、制冷与空调工程师学会标准90.1－2007的要求多节能5％。在LEED社区开发评级项目中，所有新建三层及以下的住宅建筑，90％都必须满足能源之星标准或者等效标准。而这同样超出了地方能源规范标准的要求。

除了必要项外，LEED社区开发评级体系还为开发商提供了使其社区开发项目具有可持续性的大量选项，开发商可以借此赢得评级分数。例如，在场地层面，开发商会选择保护栖息地和湿地，或者修复受损自然资源的设计，如果开发商这样做了就会获得评级分数。在机动车行驶里程方面，开发商会对其建筑的使用者采取交通需求管理或者减少其停车场地面和建筑物的占地面积。在用水效率方面，开发商会选择小流量的给排水设备或者采用废水管理规定。他们还会通过选择建筑物朝向以最大化阳光暴露、减少光污染或者安装集中采暖和制冷设施来获得评级分数。

8.2.2 运用LEED社区开发评级体系指导城市土地开发

LEED社区开发评级体系的必要性和选择性得分形成了令人印象深刻的实现可持续性的选项菜单。而即使没有采纳LEED社区开发标准作为强制性规定,就社区而言仍有许多机会来协同私人部门和公共规划行动。某些情况下,没有这样的协同,开发商要获得LEED社区开发认证会很困难。例如,除非开发商建的是一个大型新社区,否则没有兼容性的地方规划和区划,将难于满足诸如"可步行的街道"或"连接起来的和开放的社区"这些必要项。根据LEED社区开发评级体系,关于减少停车场占地面积的要求可以得到评级分数,但项目必须满足区划规范的停车要求,这可能会导致无法得到那些关于停车的分数。而如果建筑符合地方河漫滩管理规划和雨水系统的要求,通过雨水管理来获得分数则更加容易。地方财政预算能够帮助开发商就一系列可持续性特征,例如便利的娱乐设施、公共交通停车站及街道和自行车网络等来赢得评级分数。

如果地方政府想帮助特定的开发商赢得评级分数,或是它们更加雄心勃勃,鼓励所有开发商助力于更加可持续的社区,那么在这些地方LEED社区开发标准就可为地方土地利用法的改革提供战略性指导。美国新城市主义代表大会、自然资源保护委员会与美国绿色建筑委员会在创设LEED社区开发评级体系时所遵循的原则同样适用于地方土地利用管制条例的制定,就像指导开发商寻求获得认证一样。

地方政府可能将LEED社区开发标准用作检查表来评估他们的综合规划、区划和其他土地利用管制条例、资金预算以及其他活动,确定这些活动是否及在何种程度上达到了社区的可持续性,并决定如何改善这些活动而不对社区开发强加不合理的成本。在某种程度上,地方政府这么做会使开发商更容易获得 LEED 社区开发认证,同时促进可持续社区的发展。例如,位于具有适当街道网络社区的项目以及提供地区采暖系统的项目会获得评级分数。如果得到地方综合规划、经费和土地利用管制条例的支持,以下活动会更容易完成:设计街道以确保更多的连通性,通过人行道上的活动(银行和快餐店)减少对那些需要驾车出行的建筑物的使用,为行人提供更多的使用权和便利设施,建造自行车和小型摩托车道,以及规划区域能源系统。

区划能够允许在特定的建筑或其场地安置区域性的供热制冷设备以及太阳能和风能系统;土地利用审查条款会被用于鼓励土地所有者提供土地;而给予密度奖励会为他们提供财政激励。绿色基础设施和建筑类别的第十一得分项"鼓励就地进行可再生能源的生产,减少与化石燃料能源生产和使用相关的负面环境和经济影响"。太阳能、风能、地热能、小型/微型水力发电以及生物质能设备如果将项目每年的能源成本降低 5% 或更多,就会赢得绿色基础设施和建筑类别的评级分数。如果节省更多的能源成本则可以获得额外的分数。旧金山通过修订其区划,对在某一特定区域的单体建筑上安设风塔增加了一项专门的许可制度。① 依据这一简单的土地利用改变,指定区域的所有开发商们都有能力提供风力涡轮机,并赢得 LEED 社区开发评级体系下这些绿色基础设施和建筑的分数。

---

① San Francisco, Cal, Mun, Plan, Code § 933.

在我们的区划制度中，一直以来的一个低效率问题就是缺乏权威性的标准制定机构去指导地方管理条例的起草。一些州有时为当地提供了与这些事项相关的技术帮助。然而在绝大多情况下，地方政府并没有在标准方面得到经过细致考虑的指导。这部分是由于各地情况不同，结果在州或联邦层面做出的强制性标准可能在地方上不适用。自20世纪20年代区划出现以来，一直存在着这样一种需要，为地方政府管制条例和做出适合其本地需要的选择提供指导。这一需要因为可持续发展以及缓解气候变化的复杂需求而变得愈发强烈。在某种程度上，LEED社区开发评级体系通过提供能够被用于指导可持续社区规划和管制的聪明实践，对这一需求做出回应。

8.2.3 地方政府行动举例

2008年，密歇根州的大急流市通过了《大急流区划》[①]。该法令在促进可步行性、宜居性以及可持续性的同时，鼓励混合利用的开发，并保留大急流社区的特性。《大急流区划》落实了《大急流2002年总体规划》的愿景。《大急流2002年总体规划》以得到广泛认可的可持续性发展原则为基础，该原则与设计LEED社区开发评级体系的原则相同。这样，大急流社区项目的开发商就更容易获得LEED社区开发标准的认证。

华盛顿州的西雅图用具有经济价值的额外密度换取开发商建造绿色建筑，或者提供其他便利设施和公共利益。如果开发商承诺实现LEED银级以上认证，该市的区划规

---

① Grand Rapids，Mich，Ordinance ch. 61§5.6.01－08(2009).

范会为开发商提供超过基本区划条例规定的容积率作为奖励。[①] 此外,开发商必须为政府开发能力可以负担的住房出力,并为在城市商业区的工作者提供所需的儿童保育设施。开发商们可以自己建造设施也可以资助政府建设必需设施。自 2006 年通过之后,该计划已经建造了 8700 套新住宅楼和 630 万平方英尺的绿色办公区域。类似的区划激励可以用于奖励那些获得 LEED 社区开发认证的开发商或者所获 LEED 社区开发得分与地区的需要和利益相一致的开发商。

2009 年 5 月,佛罗里达州的夏洛特县通过了一项激励可持续发展的绿色建筑法令。[②] 该法令为开发商们提供了许可快速通道、县政府对市场交易的确认、以退税和税收抵免为形式的货币激励、减少开发规划的审查费用、增加区划密度以及降低停车方面的要求。所有符合 LEED 社区开发认证条件的项目都可以根据该法令获得激励。

内华达州的拉斯维加斯围绕其现有的传统区划和设计标准展开工作,使联合公园这一占地 60 英亩的大型混合利用开发项目符合 LEED 社区开发评级体系的要求。该市为这一单独项目制定和通过了一套具体设计标准,该标准特别吸收了 LEED 社区开发的认证要求。

在 2007 年创设 LEED 社区开发评级体系后不久,伊利诺伊州立法机构通过了《绿色社区补助法》。该计划对那些选定的获得 LEED 社区开发认证的绿色社区给予其总开发成本 1.5% 的赠款补助。该项目由伊利诺伊州的商业

---

① Seattle, Wash, Code ch, 23. 49. 011(2006).

② Charlotte Couny, Fla, Ordinance § 3. 2. 80−88.

和经济机会部负责管理。

这些社区层面的绿色开发事例阐明了应将可持续发展原则整合到地方规划、财政预算以及区划法律之中。州立法机构通过立法鼓励社区范围的可持续规划和开发,由第三方专家开发国家层面的独立标准有助于地方政府在一项综合战略中整合气候变化减缓、节能以及其他环境利益。

8.3 公共交通导向的开发

8.3.1 公共交通导向的开发与减缓气候变化

减缓气候变化要求我们建立一个更少依赖汽车的社会。其中一个最佳途径就是鼓励在公交站点周边进行更高密度的开发。公共交通导向的开发减少了机动车出行以及机动车行驶里程(VMT),并且减少了汽车排放的二氧化碳尾气。按照《总统气候行动项目》的说法,"减少温室气体排放和石油进口的巨大潜力在于减少机动车行驶里程——美国人每年驾车行使的里程"。

私人汽车的使用为大约占国内二氧化碳排放总量17%的排放负责,而且在乘车穿越各地时,公交车、厢式车以及大卡车会消耗大量的燃油。国家的人居模式对绝大多数每年增加的机动车行驶里程以及对这些机动车所产生的化石燃料消耗和二氧化碳排放负责。大约仅有四分之一的车辆行驶里程增量是由人口增长导致的,剩下的四分之三可归因于大都市地区不断增长的蔓延式开发。在过去的半个世纪里,每年的车辆行驶里程以5倍的速度增长。自1980年开始,美国人驾驶总里程数的增长速度比人口增长速度快3倍。不幸的是,这些趋势超过了能源效率以及发动机技术的发展。创造更高的人口密度与交通便利性是减缓气候变化的关键组成部分。

公共交通导向式开发的土地利用规划和区划鼓励混合利用、在交通站点区域或拥有公交的社区进行开发。这些规划和区划将居住和工作地点安排在交通站点附近,极大地减少了驾车出行的车次和里程。在将住户安置在更小、更具能源效率的住房和办公室的同时,鼓励更多美国人在城区居住和工作,大大减少机动车行驶里程的土地利用模式会进一步减少化石燃料消耗和二氧化碳排放。

8.3.2　交通和土地利用规划

为了使公交系统更为可行,同一交通区域各地方之间的土地利用必须与大都市地区层级交通基础设施的规划和开发协调一致。依据联邦法律,都市规划组织(MPOs)是州和地方机构的联合体,负责制定指定地区内道路、高速公路和公交服务的资金计划。协调地方土地利用规划和都市规划组织的交通规划,对于成功将高密度城市和紧凑型都市开发与公交服务连接在一起至关重要。

联邦法律所要求的这种协调指示都市规划组织实施这样的规划方法:"对以下项目和策略予以考虑:……保护和改善环境、促进节能、改善生活质量,以及促进交通改进与州、地方所规划的增长和经济发展模式的一致性。"[1]联邦交通法律也要求各州制定全州性的交通规划方法来实现这些相同的目标。[2]

公交站点、铁路以及公交线路的开发依赖于土地利用

---

[1]　49 U.S.C. 5303(h)(1)(E)(2006).

[2]　23 U.S.C. 135(2006).

密度。相关区域必须要有足够多的通勤者，以便所服务的地区为公交系统提供一个基本的客流水平。此外，乘客必须是多样化的，以确保人们在一天中各个不同的时间段去上班、去商店、去娱乐以及回家，从而提高公交服务的成本效率。管制建设密度和建筑物用途的地方土地利用规划和区划，决定着在某一地区的人口增长量以及将来人们会有怎样的交通需求，继而这又决定了对各种交通服务的需求。在地方上，这种规划根据城市综合计划在社区层面实施、进行。通常绝大多数公共交通导向的开发都在公交站点四分之一英里半径之内的区间进行。

绝大多数州的授权法要求或者鼓励地方政府在其综合规划中纳入交通因素。逐渐地，这些交通因素被引入规划战略，意在鼓励人们少开车、多步行，或者骑自行车和更加频繁使用大众公交。例如，亚利桑那州的法律要求人口超过 5 万的城市准备在其规划中纳入自行车交通因素。[1] 内华达州的授权法支持大众公交、自行车和人行道等基础设施的规划。[2] 该法鼓励纳入地方规划的公交因素需"表明所提议的是一项由公交线路，包括大众公交、有轨电车、大客车以及无轨电车线路、自行车道和人行横道、停车场及相关设施组成的多种交通形式的系统"。

2008 年，佛罗里达州通过其区划授权法的修正案采纳了这一方法，它要求地方综合规划考虑抑制城市蔓延的方法，支持具有能源效率的开发模式，减少温室气体。该法同时要求地方政府致力于"减少交通部门温室气体排放的交

---

① Ariz. Rev. Stat. Ann. 9－461.05(E)(9)(2009).

② Nev. Rev. Stat. 278.160.(1)(R)(2009).

通战略",并在其自然资源因素中考虑节能问题。[1]

8.3.3 地方公共交通导向开发的案例研究

纽约州的扬克斯市针对通勤铁路中心站地区通过了一项极其详细的总体规划,其中包含了对该地区空地进行开发所要采取的开发类型的具体技术规范。为了将按照车站地区总体规划规定的设计标准进行开发法定化,该市对该地区的区划进行了修改。车站地区开发项目被免除遵守纽约州大量环境评价要求的义务,因为在总体规划中已经就开发造成的影响做过详细研究,并提供了减缓负面环境影响的方案。

在该程序的早期,从招标过程中选中一个开发商来对紧邻火车站的两处中心地带的重建进行规划。随着该市制订该地区的开发计划并进行环境影响评价,私人开发商开始制订修建性详细规划,并向城市规划者提供有关经济和市场现实的信息。随着程序的进展,市民、环境咨询者以及其他专家、开发商提供的信息被整合在一起,并对总体规划和这两处站点的设计进行调整。

上述做法在哈德逊河公园的开发上取得了成效。该公园是一个两阶段的项目工程,包括面向中等收入人群的560套用于出租的住宅以及公共人行通道。通过人行通道可达一个生机勃勃的滨水区、餐馆、办公室、商品零售区,并且可以经由经过仔细设计、确保乘客安全的人行通道和入口直接进入翻修的火车站。哈德逊公园项目生动地体现了公共交通导向的开发,该公园停车场比传统城市区划所要求的少了将近50%。这可能是因为这些建筑和区域对那

---

[1] Fal. Stat. Ann. 163. 3177(6)(B)(2009).

些乘火车上下班的通勤者而言更具有吸引力，而且开发商
又通过营销去吸引他们。每少建一个停车场，开发商就能
节约25000美元的开发成本，居民拥有一辆车而不是两辆
的话，每年可以节约6000美元。为了迎合在这些建筑中居
住的中等收入人群需要，在社区里又开了三个高档的餐厅
以及众多的零售店。这个项目以及政府支持该项目所建的
公共设施被认为为本地区的私人部门带来可观的额外利
益，为公交系统带来了额外的乘客，减少了住宅开发对偏远
地区未开发土地的需求。

对开发的区划管制通过会依据所许可的住宅单元数量
或者办公室、零售空间的面积来确定街道以外停车位的标
准数量。制定出这些标准数量适用于那些非公共交通导向
的开发或者那些非紧凑混合利用的开发。而公共交通导向
的开发和紧凑、混合利用的开发将会有更少的汽车和驾车
出行。减少停车方面的要求，就像上面的例子中扬克斯市
做的那样，都确认公共交通导向的开发需要提供更少的汽
车并抑制居住者驾车出行。

明尼苏达州布卢明顿的城市规范提供了一种"HX－
R"规划区（高密度混合利用的居住区），旨在使人们从汽车
中解放出来。布卢明顿位于服务于明尼阿波利斯都市区轻
轨系统的末端。该市区划措施旨在"……通过允许在紧邻
高频次公交服务的地方进行高强度开发以及通过鼓励一次
多个目的的出行、步行出行、拼车出行或者公共交通出行来
减少机动车出行和机动车行驶里程"。[①] 法令禁止堵塞人
行道和影响步行的驾车穿行。法令规定了住宅开发的最低

---

① Bloomington,Minn,Code ch. 19，19.29(a)(4)(2008).

密度,即每英亩30户住宅单位。同时规定建筑容积率最低为1.5,最高为2.0。最高容积率可以通过密度奖励的形式增加,密度奖励用于鼓励零售和服务行业、地下停车场、广场或公园的开发、能力可以负担的住房、公共艺术以及可持续设计。

该法令限制停车以促进步行、骑行和使用公共交通。停车位必须位于地下并建有结构化的坡道,或者位于单独的街面空间,该街面空间需平行于或者紧邻流量少的街道。在建筑物的入口附近必须提供自行车停车位。紧邻公交站点的开发必须提供与公交站点及邻近地点相连接的人行道和自行车道。布卢明顿的区划战略通过一系列举措展示其对开发的一个承诺,即其所进行的开发是真正以公共交通为导向的,这些举措包括限制停车、连接附近的公共交通、将零售和服务用地配置在居住地短距离步行可达的范围之内,因而减少机动车出行和机动车行驶里程。

8.3.4 交通高效的开发(TED)

即使在目前还没有公交系统可用的社区,他们仍然可以创建紧凑、混合利用的社区来减少汽车出行和汽车行驶里程。与公共交通导向开发类似的是TED,即交通高效的开发。交通高效的开发强调的是在划定的交通高效地区范围内减少汽车出行。区划控制可以限制住房单元的大小,并对零售、办公以及居住用地进行混合利用,将服务、商店和工作放置在住所附近。区划控制也可以被用于要求新建建筑满足能源标准,进一步减少温室气体排放。至今仍然没有公共交通可用的社区能够设计一个或多个此类优先发展地区,并创建规划重叠区,这相比基本的规划区而言,可允许更高的密度开发以及更多的土地混合利用。通过战略性的聚集簇团式开发,这些正在成长的地区将其自身定位于通勤铁路或快速公交的未来服务地区,因而正成为"公交准备区"。

坐落于纽约州奥尔巴尼外部的马耳他镇采纳了一项交通高效开发方法,即通过使用一个为未来公交服务做准备的规划重叠区,来对其中心商务区重新进行区划。[①] 马耳他的区划法规定了注重行人设施的紧凑、混合利用式开发。马耳他镇目前还没有可用的公共交通,但区域性的主要地区交通规划要求将来要为马耳他镇的商业区提供快速公交服务。因此,规划重叠区预先要求"为促进行人活动和多模式的交通,开发应该在距现有或经规划局批准的未来公交站 1320 英尺的范围内选址"。

采用更高密度、混合利用区划的城郊地区将发现,政策上更容易通过适用于高密度区域之外土地的强有力的环境保护法令。如果州法律许可,可将密度奖励分配给交通高效的重叠区,并换得开发商的现金支持。这些钱可以用来从处于更高密度区域之外的土地所有者手里购买有价值的开放空间的开发权,而这些开放空间是通过碳封存来减缓气候变化的地区。

8.4　绿色基础设施

需要采取措施减缓公共交通导向开发带来的城市地区更高密度、紧凑开发所形成的紧张局面。高密度的开发导致更多不透水的覆盖面,结果造成暴雨径流、洪水和地面温

---

① Malta, N. Y. , Mcode Ch. 167, Art. Xiv, 167－61(f)(2005).

度的增加。那些支持公交客流量的开发,开放空间和城市植被会随之减少。随着此类开发的出现,城市必须规划保护未开发土地,增加绿色基础设施。

绿色基础设施与所设计的诸如街道、水及污水系统、照明、电力和煤气线路等都市基础设施项目相似,二者都服务于并支持那些地方综合规划和区划所许可的开发。的确,离开了水,住宅、商业零售与办公项目的开发都不可能进行。随着城市变得越来越稠密,同样需要用相同的方法考虑绿色基础设施服务问题。全面地来看,一个城市的绿色基础设施与城市便利设施(经常绝大多数是天然或生长的植物)是有机统一的整体,这些便利设施吸收、保留、引导雨水流量,管理强暴雨事件,为建筑遮荫、避暑防寒,提供躲避恶劣天气以及供步行和自行车骑行中途休憩的场所。

绿色基础设施包括绿色屋顶、盆栽、雨水收集器、街边树木、建筑场地保留的开放空间、自然植物廊道和洼地、带有绿色特征且可渗透的铺砌区域、节水型园艺、私人花园和公园、蓄洪池、生物滞留池、雨水花园、绿色建筑外墙以及沿街、沿道、沿铁轨的绿化隔离带等等。停车场可以通过增加树和使用允许渗透、支持植物生长的可渗透地面等方式来实现绿化。

本章第二节讨论的 LEED 社区开发评级体系恰当地阐明了开发商该如何促进绿色基础设施。这个美国绿色建筑委员会的绿色开发评级系统要求认证项目保护濒危物种,保护湿地和水体,避免在河漫滩上从事开发活动。该评级系统对用水效率、省水景观、雨水管理、热岛效应减弱、当地食物生产以及街道遮荫等进行打分。

8.4.1 将绿色基础设施纳入到土地利用规划和管制

上述所有这些，甚至更多的绿色基础设施都可以被纳入到地方土地使用规划和资金预算过程中去。开发商被要求在其建筑内、建筑上以及建筑周围体现出绿色特征。同时他们也被要求撤回在河漫滩上的开发，并在他们的建筑场地留出用作开放空间的空地。如果他们使绿地受损，就要为此支付影响费，由此得到的收益会被用于补充地方绿色基础设施预算。地方和州的资金预算支持街边树、隔离带、公园、公有建筑和场地的绿化以及开放空间的保护。

城市可以在实施其绿色社区规划或者公共交通导向开发规划的同时，开始进行其未来绿色基础设施的规划。所有涉及的邻里、居民、纳税人、商人、土地所有者以及开发商会被召集在一起，并加入到这一过程中来，确定他们需要何种绿色基础设施以及由谁来付费。他们会考虑是否应该要求或者激励开发商提供开发现场的绿色基础设施或支付影响费，使项目通过 LEED 社区开发认证或者至少获得LEED 社区开发评级系统中有关绿色基础设施的最高分数。

通过增加绿色基础设施的成分可以有效补充地方综合规划。鉴于绿色基础设施是在规划过程之外得以发展的，对此可以通过修改区划和土地利用管制条例来具体实施绿色基础设施的愿景。景观需求连同对土壤侵蚀和沉积的控制会被加入到再分区和修建性详细规划管制条例之中。

因为绿色基础设施保护自然资源，改善城市用水和空气质量，封存碳，增强美感并改善公共健康，很多城市规划正开始显示出明显的效果。例如，在华盛顿州西雅图市，一项所谓"街边替代"项目行动（SEA）将留在试点区域的雨水减少了90%。费城利用绿色基础设施减少了流入城市混合污水系统的雨水流量，自2006年以来大致节约了1.7亿美元。

绿色屋顶、雨水收集以及节水型园艺是经常为州和城市行动所纳入的三项绿色基础设施。下面探讨这些绿色基础设施以及几个政府行动及权限的例子。

8.4.2 绿色屋顶行动

建筑上和建筑周围的植被可以减少对空调的需求，从而缓解能源使用和减少二氧化碳排放。或许实现这一目标最有效的途径是由市政当局来为绿色屋顶的安装提供便利。绿色屋顶，有时也叫生态屋顶，是专门设计的屋顶花园或草坪。它们可以是拥有深厚的土壤层可以种植树和灌木的所谓密集型绿色屋顶，也可以是由一层浅浅的生长媒介构成用以种草的所谓拓展型绿色屋顶。

为了遵守城市绿色建筑法，全国各地的城市都已经开始在公共建筑上面安装绿色屋顶，而且有环境意识的居民和企业也已开始使用绿色屋顶来代替传统的屋顶系统。随着绿色屋顶的日渐普及，它们所具有的特别利益——改善空气和水的质量、保存雨水、缓解城市热岛效应，形成栖息地、提高建筑效能、延长屋顶寿命和更加美观等开始显现，致使一些市政当局在一般绿色建筑和雨水管理要求之外专门开发针对绿色屋顶的激励措施和具体要求。

例如，波特兰对绿色屋顶的管制涵盖了斜坡、防水性、排水系统、生长介质以及植被种类。在洛杉矶县，必须按照生产者或者供应商的说明书来安装和维护绿色屋顶，植被必须包括不使用杀虫剂和肥料就能"自我维持的植物"，而且两年内必须达到90%的植被覆盖率。为了符合费城绿色屋顶税收抵免的条件,申请人必须提交文件,展示其灌溉和排水计划,并表明屋顶结构组成的妥善性以及建有通往屋顶的安全通道。

有些地方政府意识到了绿色屋顶的环境和能源效益,提供赠款和激励措施来帮助补偿初期建设成本。辛辛那提、芝加哥和波特兰市为绿色屋顶的建设提供赠款。纽约市和费城也为绿色屋顶建设提供高达 10 万美元的税收抵免,在费城和波特兰还可获得密度奖励。弗吉尼亚也已经加入到鼓励地方政府绿色屋顶激励计划这一趋势中来。2009 年,弗吉尼亚制定一项法律,授权地方政府采取各种激励措施促进绿色屋顶建设。这些激励措施包括许可费用打折,加快对建筑许可的审批,或者减少税收总额。这些激励措施适用于太阳能和植物绿化两种屋顶。现在是弗吉尼亚州的地方政府来制订这些激励计划。

8.4.3 雨水收集要求

雨水收集是一种虽简单但很有效的绿色基础设施工具。尽管通过诸如雨水收集等方式来控制雨水径流已经被证明是一个有效的方法,但也遭到了批评。因为西部的很多州遵守水权的先占原则,不允许水权持有人这么做。在众多批评声中,科罗拉多州最近通过了一项法案,允许在极其有限的情况下收集雨水。在华盛顿州,其生态部目前正在研究相关管制条例,以确定哪些蓄水池和小型雨水收集系统是微不足道的,以及哪些需要获得行政许可。

然而,其他州已在鼓励广泛的雨水收集。例如,2005 年,得克萨斯州立法机构成立了雨水收集评估委员会,由其报告雨水收集的可能利益,并对该州未来的雨水收集活动提出建议。委员会建议,除了其他事项外,市政当局应该制定法令许可建立适当的雨水收集系统。得克萨斯州在鼓励雨水收集方面走得更远，甚至使那些阻碍所有者使用雨水收集系统的限制性契约或契约条款归于无效。

在地方政府层面，包括亚利桑那州图森市、新墨西哥州圣菲县在内的许多县市针对新建建筑都已经拟定了雨水收集要求。西雅图通过申请并获得在市内收集雨水的许可，绕开了华盛顿州关于先占的障碍。

8.4.4 节水型园艺要求

雨水收集远不是市政当局在减少雨水径流方面所能自由采取的唯一绿色基础设施选项。事实上，另一种方法，即节水型园艺，除了减少雨水径流之外，还能给市政当局带来其他可持续收益。节水型园艺是一种景观设计的整体性方法，它利用规划和设计，选择合适的植物种类和节水灌溉技术，以及其他的做法使景观更加可持续。美国国家环保局描述节水型园艺的具体益处包括："减少用水，降低能源使用（需要更少的管道和处理），因为仔细布局的树木而降低供热制冷成本，降低雨水和灌溉径流，更少的庭院浪费，为动植物增加栖息地以及更低的劳作和维护成本。"

佛罗里达州已经制定立法支持节水型园艺景观技术，并要求其市政当局考虑制定节水的景观条款。该法律同时禁止那些妨碍使用节水型园艺的契约。科罗拉多州同样禁止此类契约。在得克萨斯州，地方政府被特别授权制定节水型园艺法令。已经通过节水型园艺法令的地方政府大多位于南部和西南部地区，在佛罗里达州包括赫南多县、萨拉索塔县以及布劳沃德县，在得克萨斯州则包括费尔维尤镇和科林斯市。节水型园艺在一些东北部城市也已经流行起来。马萨诸塞州的费尔茅斯和纽约州的韦斯切斯特县已经制定了借鉴节水型园艺原则的措施。州和地方政府对于节水型园艺的支持可谓在走向可持续景观的正确方向上迈出了一步。

8.5　区域能源系统

2006 年,美国所消费能源的 86％依赖于化石燃料——石油、天然气和煤,核能占了 8％,可再生能源占了 6％。一国将会花费时间来重新定位其能源政策方向以便由核能和可再生能源来供给很大一部分能源需求,与此同时,采取大幅降低能源消耗的战略弥足珍贵。而将关注点放在商业和住宅建筑中的能源使用上是一种特别正确的战略,因为这些建筑的能源消费在过去几十年时间里急剧增长。建筑消耗了全国超过一半的能源,主要是运行采暖、制冷和照明系统等的设备消耗以及隐含在材料和建设过程之中的消耗。

将节能作为关键因素的国家能源战略可以为明智的社区综合规划所用。通过分布式发电系统以及对水加热或者空间采暖的热电联产设施回收余热,可以将建筑能源效率提高 80％。这样的系统应在比单体建筑更大的规模上运行,最为理想的是在相互紧邻的众多建筑之中运行,从而使实现能源效率最大化成为可能。这样的能源效率应该成为社区规划过程的一部分,并且通过 LEED 社区开发和绿色基础设施认证等将其整合到地方所鼓励的可持续发展的努力之中。可以规划能源高效的社区,以鼓励绿色建筑开发、就地发电、使用可再生能源资源、高效的配电系统以及多栋建筑物共享的热电联产系统。

在那些高密度、混合利用的社区,建立区域能源系统会有巨大的节能潜力。区域能源系统以蒸汽、沸水或者冰水的方式产生能源，并通过地下封闭的管道系统向与区域网连接的建筑输送能源。这些区域可以采用机械系统，用于生产电力、供热或者既能供电又能供热，即熟知的热电联产方法。该方法能够更深入地节能和减缓气候变化。区域能源系统可以通过以下能源获取方式来进一步减缓气候变化，包括：诸如生物燃料、城市垃圾等可再生燃料，像天然气这样的低碳替代燃料以及某些区域的风力发电机、太阳能电池板等。

为使区域能源系统运行最为有效，区域应包含具有不同能源需求的建筑物，例如多户住宅建筑、办公室、医院、疗养院、磨坊、工厂甚至污水处理厂。当这些建筑物被合理安置在一起时，每栋建筑物的能源负荷之间能够相互补充（因为在一天中不同的时间段内它们对能源的需求各不相同），可以降低采暖和制冷的成本。在这些建筑中，热交换器能够吸收满足空间供暖和热水所需的能量，并把水通过闭环系统返还给工厂实现再循环。这就消除了在每一个建筑中单独安装锅炉的需要，节省了资金成本。在现有锅炉、制冷装置、水热器及其他冷却和供水设施老旧过时的区域，区域能源系统方法能够低成本满足系统现代化的需求，这一系统本身就具有燃油高效率。

需要调整地方土地利用管制体系允许乃至激励区域能源系统以增加其利用。该系统的使用和实践必须是为地方区划、修建性详细规划管制条例以及地方建筑和能源规范所许可的行为。可以通过区划奖励规定来鼓励区域能源系统的使用，包括放弃区划要求或者对采用该技术的开发商提供额外的开发密度作为奖励。佛蒙特州伯灵顿市修正了它的综合规划,承诺转向可再生能源以及热电联产和采用区域供热,其中包括以生物为燃料的区域供热技术。华盛顿特区的规划者已经意识到它的地方规划法中缺少有关许可区域能源系统的表述会抑制该系统的使用。他们建议修订区划,明文规定允许在所有划分的区域内实施该系统。

这是一个刚刚开始指导地方土地规划的新观念。此类社区规划理应成为州和联邦能源规划的优先项。应该对那些有兴趣学习以下社区规划的地方政府给予支持,包括如何决定何种建筑和用能需要被纳入到一个能源规划区,如何改变土地利用管制允许区域能源系统和热电联产设施的利用,需要何种激励措施来覆盖绿色建筑以及区域能源系统的资金成本,以及如何进行相关的效率测量等。

8.6 环境正义

可持续性的出现很大程度上归因于国际社会对人类活动影响及消费自然资源关注度的增长。20 世纪 70 年代,"可持续性"的用语大量出现在政治性对话之中,随后,在联合国建议的"可持续发展"中将其作为应对经济发展和环境质量之间矛盾的有效手段予以承认。可持续性意在缓解长期存在的资源不公平问题:可持续发展既关注当代人的资源需求,又关注后代人的资源需求。然而,起初可持续性的新奇之处在于这样的建议,即经济发展和工业进步与环境质量之间并不必然是不可兼容的。有一种概念认为,环境保护和经济社会发展的目标只能通过与一种允许相互补充的方法一起进行才能达成。

自此协调经济和环境之间的关系成为可持续发展讨论

的基础。然而,环境的可持续性和经济的繁荣都只是一种提高个人和社区生活质量的手段。因此,第三个因素,即公平将对可持续性的分析扩展为一个"三重底线"。联合国世界环境与发展委员会认为可持续性必须包含三方面内容,即经济增长、环境保护以及社会公平。在众所周知的布伦特兰报告中,联合国世界环境与发展委员会论证认为,可持续性必须优先解决自然资源优势分配不公平的问题:

可持续发展……包含了两个关键的概念:(1)需要的概念,特别是世界上贫困人民的基本需要,应将其放在特别优先的地位予以考虑;(2)由技术状况和社会组织对环境满足现代和未来需要的能力所施加的"限制"的概念。

同样的,按照《约翰内斯堡可持续发展宣言》,"横亘于人类社会富人与穷人之间的深深鸿沟以及发达世界与发展中世界之间日益增大的差距对全球繁荣、安全和稳定构成了巨大威胁。"因此,清楚的是,"从广义上来说,任何可持续设计或者施工都必须考虑如何确认开发对居民以及周围社区所造成的社会影响"。

在气候变化这一背景下,可持续性中的社会公平必须引入环境正义原则。美国国家环保局将环境正义的核心原则定义为,"所有人,不论种族、肤色、国籍和收入,都应得到公平对待并有效参与环境法律、条例、政策的制定、实施和执行"。环境正义认识到气候变化的经济和环境负担不成比例地落在了弱势群体和低收入群体身上。事实的确如此,非洲裔美国人所产生的二氧化碳人均排放量比非西班牙裔白人少了近20%。但是,就像卡里特娜飓风生动说明的:气候变化加剧的暴雨、洪水、火灾及其他自然灾害对低收入和少数民族群体的影响尤其难以忍受。

随着富有的居民和开发商试图利用缺乏投资、地产价值低的城区不断增长的愿望来获利,低收入社区遭受到被改造为中产阶级居住区的压力。为了解决这些不公正,气候变化策略需要引入一个机制确保公平分配气候变化减缓策略的负担与利益。相应的,可持续发展应该鼓励清除位于弱势社区或在其附近的污染产业、设施和棕地。可持续发展还应当帮助低收入群体的经济发展,提高其住房机会,限制将其改造为中产阶级居住区以及提供绿色工作岗位。

环境正义运动长久以来一直关注环境可持续性目标及社会公平原则。首次全国有色人种环境领导者峰会于1991年召开。与会代表起草了定义环境正义的17项原则,解释了什么是环境公正,这些原则用作正在快速扩展的运动的开创性文件,其中有不少是对可持续发展的直接适用。的确,第一条原则说明:"环境公正肯定了地球母亲的神圣性、生态统一和物种间的相互依赖,以及免于遭受生态破坏的权利。"第三条原则宣称"为了人类和其他生物对可持续星球的利益,环境正义要求合乎道德地、平衡地、负责任地使用土地和可再生资源"。根据第六条原则,"环境正义要求停止所有有毒物品、危险废物和放射性物质的生产,所有过去和当前的生产商都应该在生产中去毒和去污染物方面对公众负有严格责任"。第12条准则规定:"环境正义确认了城市和农村对生态政策的需要,即在与自然保持平衡的前提下,清理并重建城市和农村地区,尊重所有群体的文化完整性,为所有人提供公平获得一系列资源的机会。"最后一项原则是有关鼓励个人行动的:

"作为个体,环境正义要求我们从个人和消费者的角度做出选择,尽可能少消耗地球母亲的资源,少制造垃圾;有意识地做出决定,挑战并且改变我们生活方式的优先顺序,为了现在及未来世代保护自然世界的健康"。

一些气候变化减缓策略本身具有环境正义方面的益处。例如,绿色基础设施提高了城市空气质量,同时提供了有关雨水管理和城市热岛效应的环境效益。通过改进获得健康、新鲜食物的途径,鼓励社区花园和农夫市场同样有利于低收入及弱势群体。不仅如此,位于低收入及弱势群体社区的绿色基础设施项目还可以为其居民提供"绿领"工作。然而,如果没有包含适当的保障措施在内,气候变化行动也会对低收入及弱势群体产生不成比例的消极影响。例如,一些试图通过城市改造而降低机动车行驶里程的激励措施和计划可能导致将原有社区改造为中产阶级居住区,并将低收入居民推向更偏远的郊区,在那里他们要忍受必须依靠驾车出行等糟糕的规划政策所带来的冲击。针对能源效益和可再生能源的贷款及奖励可能不足以使能源的改善为中低收入居民所获得,而像根据热电联产价格来定价这样的计划可能会对那些无力负担上涨服务费用的人产生不利影响。

将环境正义原则纳入气候变化和可持续性策略的第一步就是建立开放、包容的公众参与程序。尽管综合规划框架比专门的区划程序能提供更多的公众参与机会,而且以社区为基础的规划甚至能鼓励更多的公众参与其中,但还是忽视了一些群体。通常这些被忽视的群体同时也是承担着消极环境影响、很少享受到环境益处的群体。解决这种现实所采用的一种模范方法是推荐任命一名公众参与协调人与不同群体和利益相关者合作,邀请并鼓励更广泛的公众参与。在康乃狄克州,污染设施如果试图在环境正义地区选址,必须准备"富有意义的参与方案",并与地方行政长官磋商,确定是否需要一份"社区环境利益协定"。

可持续性政策必须引入能力可以负担的住房政策,以此来解决在中产阶级居住区改造对环境正义所产生的影响问题。即随着在城市地区的投资增长和密度增加,中低收入家庭必须有房可住。当地政府能够通过各种方式解决这个问题,例如,制定包容性住房要求,为能力可以负担的住房提供密度奖励等。遗憾的是,绝大多数气候行动计划并没有明显地将能力可以负担的住房和持续性连接在一起。

州和地方政府还应该以实施气候变化减缓战略为目标,为低收入和弱势群体提供激励。例如,很多地方政府针对低收入的不动产所有人制订了住宅密闭节能改造援助计划,帮助他们提高能源效率,减少排放,同时也有助于他们减少采暖成本。同样,棕地计划指导对需要环境修复的城市场地进行开发,这些场地经常位于或者靠近低收入和弱势群体社区。

绿色工作计划同样是可持续和社会公平发展政策的重要组成部分。绿领工作,其中有很多都是中等技能的工作,可以帮助人们摆脱贫困,而且因为很多绿色工作都是不能"外包"的,因而有助于建设和增强当地经济。通过对社区大学和技术学校的赠款计划,提供能源效率和可再生能源技术方面的培训,或者通过激励措施帮助激发起人们对这些能效与可再生能源产品和服务的需求,可以鼓励绿色工作的发展。

随着气候变化的威胁开始自行显现,一些事情也变得明朗起来。各种矫正措施必定要综合运用,重点是把地方政府、建筑所有者、地方雇主以及社区小组都团结起来。那些缺乏公众参与、能力可以负担的住房或者强壮劳动力的社区,会使其成员更多地遭受气候变化所带来的经济和环境负担风险。把社会公平原则编入社区结构之中是实现真正的可持续发展,有效回应气候变化威胁的一项必要措施。

第9章 可再生能源:风能、太阳能及其他

9.1 土地利用与可再生能源设施

近期油价波动,加之国际科学团体确认化石燃料排放为全球气候变暖主要原因的严厉警告,激发了对可再生能源资源的认真检验。风能、太阳能以及其他可再生能源的支持者列举了可再生能源较之于化石燃料所具有的优势,包括:(a)环境效益,例如减少温室气体排放;(b)经济效益,包括稳定物价、创造就业以及为农村社区提供新的收入来源;(c)国家安全效益,通过减少对外国石油的依赖而实现。尽管可再生能源有着诸多优势,但绿色能源的发展仍存在严重的障碍,包括技术和经济上的障碍、可再生能源的不稳定性、传输基础设施不足以及当地的反对。其他国家在可再生能源的承诺方面正在超越美国。如在西班牙,要求所有新建和翻修建筑都要安装太阳能光伏板,并期望通过太阳能提供整个国家 30% 到 70% 的热水。

土地利用管制条例有时可能会阻碍可再生能源的选址,但它也能成为促进可再生能源设施的最有效工具。所有可再生能源(风能、太阳能、生物质能和地热能),包括构

筑物以及土地利用,都必须遵守地方土地利用法律(在土地利用控制方面具有立法优先权的少数州除外)。越来越多的地方政府正在利用他们的区划和管制权来鼓励使用大型和小型可再生能源设施。州政府也正在采取更多措施对州和地方层面的管制进行审查和改革,以鼓励和刺激可再生能源资源的使用。

适合特定区位的可再生能源项目类型取决于一系列因素,包括太阳能项目需要获得阳光、风力涡轮机需要存在足够的风力资源等。决定可再生能源设施选址可行性需要考虑的另一因素是项目能够获得在经济上可承受的土地数量。例如,风力项目每产生一兆瓦电通常需要一英亩土地。农民出租大量土地,但可能仅有其中 10% 用于风力项目,而将其他作为农业使用并非特例。相比之下,太阳能设施每产生一兆瓦电则需要五英亩土地,并且这些土地通常为太阳能接收器所覆盖,几乎没有给该块土地的其他用途留下余地。由于更高的成本和更多的土地需求,土地所有者和项目发起人因而寻求较低价值的土地来设置太阳能电厂。

9.2 风能

风能是目前世界上最清洁和环境中性的能源之一,并且在很多州可大量获得。与常规的化石燃料能源相比,风能发电不会降低空气质量和水质量,并且能够在减少气候变化效应和满足国家能源安全目标方面做出重要贡献。与其他能源相比,直到最近风能发电的高昂成本仍然超过其经济效益。然而,随着风电的价格从 20 世纪 80 年代时每

228

千瓦时 80 美分或更多降低到如今的 6 至 9 美分,风电成本与经济利益之间的缺口正开始闭合。根据美国能源部的说法,美国风力资源发电足够全国每个家庭和企业使用。中西部的许多州,包括但不限于蒙大拿州、北达科他州、南达科他州、怀俄明州、内布拉斯加州、堪萨斯州、俄克拉荷马州以及得克萨斯州的许多地区,具有特别丰富的风力资源潜力,并且海岸地区同样非常适合建设商业风电场。

尽管风能相对于常规能源形式具有许多优势,但也仍然有很多障碍制约了它的广泛发展,这些障碍包括风的不稳定性以及传输基础设施的不足。不同于常规能源,风不能按需获得。鉴于持续和稳定地获得能源对能源电网满足客户的电力需求和预期十分必要,因此单纯依靠风能仍是一大挑战。在许多大规模依靠风力资源的地方,传输问题仍然悬而未决。这是因为风力发电潜力大的地区往往都地处偏僻,远离输电线路容量高的地方。因此,必须建造新的输电线路连接风力涡轮机和公用电网,同时解决基础设施成本问题以及不动产权利和获得设置输电线路所需通行权的费用。

地方主张的风力涡轮机会对不动产价值、健康和安全、噪声、美学以及野生动物保护等产生影响的反对之声也导致了风电发展进程的迟滞。例如,风能设施可能会因为旋转的叶片而产生破坏风景视野或阴影闪烁不定等一系列视觉问题,并且叶片旋转还会发出噪声。风能设施需要安全管制,同时由于风机属高压设备,必须限制对它的接近。此外,涡轮叶片可能会造成落冰,而且偶发的机械故障可能会导致火灾、漏油以及叶片飞落。风能设施可能同时具有负面的环境效应,例如对野生动物包括鸟类和蝙蝠造成干扰。

同时,风电场的建设经常会承受交通拥挤,需要进行重大的道路整修以及基础设施的完善,这些可能对所在社区造成重大影响。

9.2.1 选址中州的作用

在一些州,风能项目选址的权限被按照项目大小一分为二,大型风能设施选址由州机构负责,小型项目选址由地方区划部门负责。州关于选址的典型要求是关注一些普遍关切的问题,包括对美学、后置要求、噪声水平、安全以及阴影闪烁的要求。州选址机构可能同时要求开发者进行环境影响评价,征求当地社区所关切的问题并给予回应。

州和地方权限划分的一个例子是新罕布什尔州。该州的地方政府享有主要用于就地发电的小型风电项目的选址权,而超过 30 兆瓦容量项目的选址则属于新罕布什尔州选址评估委员会的权限范围。在康涅狄格州,州选址委员会对所有超过 1 兆瓦的可再生能源设施的选址进行管制。新泽西州 2009 年的一部法律采取了多少有点不同的措施,它宣布当可再生能源设施位于至少 20 亩的产业规划区中时,许可其使用。[①]

根据威斯康星州法律,市政当局出于保护公共健康和安全的目的,仅对太阳能和风能系统进行限制。根据某上诉法院在 Ecker Bros. v. Calumet County[②] 一案裁定中对该法律条款的解释,县不能制定法律对风能系统进行全面限制;相反,该法院裁决"政府分支机构必须根据个案的具体情况就事论事地进行限制"。华盛顿州最高法院在 Resi-

---

① N. J. Stat. 40:55D—66.11.

② 321. Wis. 2d 51, 772 N. W. 2d 240(Wis. App. 2009).

dents Opposed Kittitas Turbines v. State Energy Facility Site Evaluation Council[①] 一案中适用了该州有关风能项目选址的法律。在华盛顿州,州的选址许可优先于地方政府对能源设施的限制。但是当出现这种情况时,现有条例要求能源项目的申请者采取所有合理的措施来解决与地方法律不一致的问题。法庭判定本案中州拥有优先权,因为开发者在满足县政府的要求上善意行事,包括积极参与大量的听证,提交各种报告和专家意见,并对其计划做出实质性改变来回应县里的关切等。

佛蒙特州最高法院支持批准将转动直径为 315 英尺的 16 个涡轮机建在山脊处 262 英尺高的塔上,这将会为超过 15000 个住户、约占佛蒙特州东北部 45% 的家庭提供电力服务。法院注意到,除了其他事物外,该州法律要求项目要"促进普遍利益",本案"项目会创造新的工作岗位,增加税收收入,给项目所在地的土地所有者带来地租收入,并且就地选取建设材料。[②] 项目同时会为当地镇带来大量税收和减缓影响的费用……并且为新英格兰的所有地方纳税人带来益处"。[③]

其他几个州已经开发了自愿性指南或模范风能法令供地方政府使用。例如,在 2007 年,威斯康星州风能选址改革专门工作组颁发一个模范风能选址法令,以便威斯康星州城镇和县使用。同样在堪萨斯州,州能源委员会为市政

---

① 165 Wash. 2d 275, 197 P. 3d 1153(Wash. 2008).

② 30 V. S. 248(b).

③ In re UPC Vt. Wind, LLC. , 185 Vt. 196, 969 A. 2d 144 (Vt. 2009).

当局发布了一个风能选址指南。这个指南鼓励而不是要求地方官员在大量相关的共同领域采纳标准,包括土地使用管理、噪声管理、自然资源和生物资源保护、土壤侵蚀和水质、视觉影响、安全以及社区拓展。

9.2.2 地方控制

在很多州,包括爱达荷州、伊利诺斯州、爱荷华州、纽约州、内华达州、北加利福尼亚州、得克萨斯州以及犹他州,都由地方区划管理局负责风能设施的审批与选址。尽管一些社区欢迎风电场,并且一些风电开发商已经通过社区拓展和教育克服了当地的反对,但是地方对风力涡轮机的反对仍十分普遍。这种反对通常贴有邻避主义(代表不要在我家后院)的标签。市政当局也是替代性能源的重要消费者。例如,休斯敦市达成了一份风能合同,希望到 2010 年,整个城市能利用 50 兆瓦的风能。

为了应对风能开发的影响,具有风能潜力的市政当局已经开始越来越多地制定条例,管制风力涡轮机的选址、建设、运行和退役。风力涡轮机在某些地区可能会被要求获得特别许可,而在另一些地区则被禁止,或者仅仅被许可建在风能重叠规划区内。所要求的一些特别许可常常与场地设计和环境审查连在一起。风能法令可以分别针对建筑物上安设的涡轮机、发电主要供就地使用的涡轮机以及向电网供应能源的大型风能设施做出单独规定。

地方风能法律通常会对风塔施加高度限制,尽管这些限制实质上有很大差别。后置要求往往是风能法律中通常存在的另一项管制,其作用是减轻对美学的影响,并保护邻近不动产免受涡轮机落冰和倒塌之类的风险。法院在 Matter of Advocates for Prattsburgh Inc. v. Steuben

County Indus. Dev. Agency[①] 一案中认为这些后置要求没有达到征用的程度,并且这些要求"是政府合理履行权力的行为,没有直接侵占私人不动产,尽管其结果可能会损害不动产的原本用途,但普遍认为它们不是宪法条款意义上的征用"。几乎所有的地方风能法律都规定了风力涡轮机距离居民区、电力线路、公路和地界线的后置要求,尽管这些后置距离的计算可能使用了不同的公式。其他共同性的条款包括要求涡轮机和刀片采用中性哑光的着色、输电线路铺在地下以及噪声限值可以被监测到等。出于安全理由,绝大多数法令要求涡轮机具有自动和人工制动系统。

很多地方风能法律还包括退役章节,要求申请者提交一份退役计划,并且交纳履约保证金。由于风电场的建设可能导致植被破坏和道路损坏,因此许多法令也要求交纳履约保证金,确保申请者可以恢复任何受到施工影响的地区。

除了州选址法律对地方控制可能享有优先权以外,越来越多的判例法表明风电场可能构成公共事业,因而要么可以免除地方区划控制,要么可以获得更有利的审查条件。参见 Wind Power Ethics Group v. Zoning Board of Appeals of the Towan of Cape Vincent 一案。[②]

所在社区协议(HCA),作为一个在从住房到垃圾填埋等许多部门得以运用的土地利用工具,也已经被用于风电场项目。所在社区协议的一般理论是,社区将会受到大型项目带来的某些负面影响。为此,不仅是项目所涉及的私

①　48 A. D. 3d 1157, 851 N. Y. S. 2d 759(N. Y. App. Div. 2008).

②　60 A. D3d 1282,875BN. Y. S. 2d 359(N. Y. App. Div. 2009).

人不动产所有者,社区作为一个整体也应该获得益处。所在社区协议旨在缓解某些类型的开发施加于社区的那些不可避免的不利影响。所在社区协议的绝大多数共同要素是某种形式的支付,该支付通常以某种方式与对社区造成的影响相联系。对于风电场,支付通常依据的是安装于该市的每个风力涡轮机输出的最大兆瓦数。任何单个风力涡轮机的实际输出量取决于风容量系数,即某地特定涡轮机输出量占总体可能容量的百分比。由于风速多变,并且实际容量系数被风能公司视为专有信息,所以最常用的是最大额定容量。这也有助于作为风电场接收者的社区,因为支付总量是固定的。第二种最常见的因素是某种形式的道路使用协议。风电场的建设往往是其所在社区所经历过的最大建设项目。大多数的城镇道路甚至某种程度上的县级道路、一些机动车道都几乎不能处理因繁重施工而带来的交通问题。风力涡轮机叶片和风塔以大约 80 英尺长的组件形式被带到某一场地。这些交通工具所必需的转弯半径可能需要拓宽十字路口。混凝土和其他材料运输卡车以及工程起重机都负载极重。在这些项目所支持的许多农村地区,农场或森林间的道路从未按照任何标准设计或建造。公路、涵洞甚至桥梁可能必须在建设开始前被替换,因为它们无法承载这些负载。即使在建设结束后必要的养护车辆,以及在项目结束后参与退役计划的车辆都持续对道路产生影响。

9.3 太阳能

太阳能丰富而且不会耗竭,并且在任何能获得太阳光的地方都可使用。太阳能系统的范围从小型独立安装和屋顶安装的光伏电池到利用反光镜集中太阳光并转化为热能的集中式太阳能发电厂。对于小规模发电而言,通过光伏板捕获太阳能成为一种更具可行性的选择。该系统经常被固定在住宅和商业建筑上。然而,很多地方的法令具有禁止安置太阳能电池板的效果。当美国前副总统艾尔·戈尔试图在自己贝尔米德的家里安装太阳能电池板时就遇到这样的一个法令,他因此请求镇委员会修改了该法令。

太阳能的使用有很多法律问题,从出租和地役权协议到选择屋顶或地面系统、集中式太阳能电站项目的水权,以及对包括环境和土地利用法律在内的许可管制的普遍遵守等。设置太阳能设施所遇到的一些共同障碍包括所规划社区的契约、条件和限制,对建筑规范的遵守,土地利用管制以及历史街区管制。

9.3.1 管制和促进太阳能光电板的地方努力

与太阳能相关的城市法律在一些阳光充沛的州已存在多年,例如加利福尼亚州、亚利桑那州和佛罗里达州。太阳能光伏板在气候不太理想地区也已经越来越常见,因此东北地区的很多社区也开始制定太阳能法令,以确保太阳能系统得到适当利用。历史上来看,地方政府制定太阳能法令倾向于以美学和安全方面的理由进行管制。如今,各市政当局正在制订激励太阳能利用的计划,区划法令和土地利用管制也同样对太阳能的利用予以许可。绝大多数地方政府要求对于在屋顶上安装的太阳能光伏板至少需要一项电力许可,也可能要求获得建筑许可、设计审查或其他规划审批。业主协会、历史街区管制以及最高高度限制可能对太阳能光伏板施加进一步的限制。地面太阳能系统可能要受到一些额外要求的约束,例如最小批量和后置距离。尽管地方管制通常十分繁重,但一些地方政府试图通过将太阳能光伏板指定为合法许可的利用,或者免除其高度限制和历史街区管制来鼓励太阳能的利用。

市政当局可能会在他们的规划和管制条例中特别指出,太阳能和获取阳光是其一般土地利用管制条例的重要公共目的。市政当局可能会制定地方法律允许在独栋住宅区、多户型住宅区和商业地区将太阳能收集器作为法律许可的附加性利用方式。法律的各种条款可能会对太阳能设备进行管制,以确保这些设备在邻近房产和公共区域的可见度降为最低。例如,纽约州奥尔巴尼的太阳能条例允许在所有规划地区将太阳能设备作为附加性利用方式,并且法律明确声明"即使存在美学方面的考虑,但城市已经确定环境和经济的利益胜过对美学的潜在影响"。如果在历史街区,太阳能设备必须获得适当性证书,并且地面安装的设备不能位于前院。纽约州伊萨卡镇允许在所有规划区安置屋顶太阳能收集器,并且允许所有区域将独立式太阳能设备做附加性利用,同时法律要求太阳能设备必须由"有资质的太阳能安装人员"安装,并且规定了太阳能蓄电池的管理和处置。

地方法律也可以对太阳能设备的高度限制做出例外规定。例如,可免除对太阳能收集器的高度限制,地方管制条例可以规定收集器应该限于实现既定目的所必需的高度。当最大高度限制不能适用太阳能收集器时,另一种解决方法是可以规定收集器不能超过屋顶以上 15 英尺,其覆盖面积也不能超过屋顶面积的 10%。华盛顿州西雅图市允许屋顶太阳能收集器在最大高度限制之外向上延伸 7 英尺,包括被允许的倾斜部分增加的高度。

　　一些市政当局制定了审查要求,并且有一些市政当局利用太阳能重叠规划区来实现选址目标。地方法律可专门规定在进行住宅区选址时应考虑最大程度利用太阳能,并且区划申诉委员会在其审查有关实现太阳能目标区域差异的请求时,应该对此予以考虑。科罗拉多州博尔德颁发了一部保护太阳能获取的法令,对该市不同区域规定了不同的保护等级。该法阐明,围绕不动产周围存在一种假设的"太阳护栏",以确保相邻的不动产不至于妨碍适当安置太阳能光伏板所需要获得的阳光。

　　地方政府层面促进太阳能利用的另一种激励方式是减免费用。例如,纽约州的约克镇对于包含太阳能改进的项目减少收取 50% 的建筑许可费用,纽约州的鹿特丹镇对于包含太阳能等绿色节能的项目免收选址规划申请费,而纽约州的南安普顿镇对安装太阳能系统提供税收减免。致力于促进太阳能利用的地方政府也可以考虑使用区划激励,用安装可再生能源系统来换取开发密度奖励。科罗拉多州朗蒙特镇对于朝阳的建筑物提供 1% 的开发密度奖励,而对于主动或被动利用太阳能的设计再增加 5% 的密度奖励。

　　加利福尼亚州的伯克利发起了一项太阳能融资试点计划,即可再生能源和太阳能技术融资行动(FIRST)。对于想为自家安装太阳能集热系统的不动产所有者而言,这个计划向他们提供了从城市可持续能源融资区借钱的机会。该市通过不动产所有者税收账单上的特别税来偿还这项财政支出。这种融资机制以"地下公用区"概念为基础,即城市应该为社区的地下公用电线出资,而该社区随后主要通过税收方式归还。该市解释此计划的优势在于不动产所有者几乎没有什么先期投入。由于总费用可以分摊为 20 年支付，可与传统的房屋净值信用贷款或抵押贷款相比，而由于太阳能系统附属于不动产，因此房产所有者应该有纳税义务。因此，如果不动产被转让或出售，新的所有者就要承担缴纳剩余税款的责任。在试点阶段，该计划向超过十二个太阳能安装项目提供了资金。

　　尽管一些市政当局还没有专门制度区划管制条例来保护太阳能利用，但它们已经通过修改历史性建筑保护法和免除建筑物最大高度限制等放松了对太阳能利用予以禁止或限制的部分规范。例如，马萨诸塞州的北安普顿免除了历史街区委员会对安装太阳能光电板的审查。马萨诸塞州的奥尔良在这个问题上采取了一种更加温和的措施，允许在历史街区安装天窗、风力发电机和太阳能光伏板，只要这样的安装不会破坏建筑物以及街区本身的历史完整性，法令对每种这样的安装规定了指南。新泽西州的柏林没有把太阳能光伏板的高度算入对建筑物总体最大高度的要求之中，但是光伏板高度不能超过 10 英尺或超过最大高度的 10％，并且除非是得到许可的特别利用，太阳能光伏板的高度不能大于其后置于任何地界的距离。

　　得克萨斯州奥斯汀的可再生能源发展计划建议区划法应当鼓励建筑者合理安排住房和其他建筑物的朝向，做到冬季可获得最强日照，而夏季则获得最少日照。此外，该计划要求城市所属的公用事业设施调查并采用可再生能源发电技术，并且该计划建议新的建筑规范应要求承包商或建筑商采用可再生能源技术，并安装具有能源效率的采暖和制冷系统。

9.3.2　州的管制

由于地方管制会大幅增加太阳能系统的安装成本，或甚至禁止安装，所以一些州制定了太阳能获取的法律。例如，超过一半的州已经颁布了太阳能地役权法律，许可不动产所有者取得获取太阳能的权利。一旦取得太阳能地役权，就可以防止相邻不动产所有者用新的建筑物或树木来阻挡阳光。加利福尼亚和佛罗里达等州已颁布了更多的太阳能权利保护法，直接规定这些法律对于禁止或过度管制太阳能系统的地方管制条例和私人契约具有法律优先权。佛罗里达州和亚利桑那州的太阳能权利法案规定了安装太阳能光电板的权利，而不管地方法令或社区契约是否禁止安装。马里兰州的太阳能保护法要求不能对安装太阳能集热系统施加"不合理的限制"。最近，科罗拉多州颁发了"预备太阳能住房"法律，要求住宅建筑商为未来的房屋所有人提供太阳能预埋线，并向购买者提供一份能够使用该技术的承包商名单。此外，购买太阳能光电板有权进行抵押贷款，以解除住房所有人需要先期支付太阳能系统费用问题。这部法律促进了可再生能源一体化建筑，因为对一般住房所有者而言这是最容易负担的。

新墨西哥州的《太阳能登记法》允许拥有太阳能系统的不动产所有者登记获取太阳光的地役权，法律规定的这种地役权时间为冬季的上午9点至下午3点。新泽西州的一部新法对太阳能光伏板免除了有关不渗水覆盖面的区划限制（例如私人车道、建筑物以及阻止水渗入地下的其他地表界面）。这部法律专门适用于各种相关法律，包括城市土地利用、雨水管理、滨水区和沿岸开发、松林地带以及包括进行农业开发的丘陵地带。同时这部新法将"太阳能光伏板"

定义为"一种高架面板或金属板，或者一种顶盖或其阵列，可以获取太阳辐射并将其转换为电能，包括平板、太阳能集热器和光伏太阳能电池，但不包括面板、平板、天蓬或陈列的底座和地基"。[①]

围绕关于将新的"干燥权"法律作为促进太阳能利用方法的争论已经开始表面化。例如，缅因州在 2009 年 9 月生效了一部新法律用来促进太阳能的利用，并避免对太阳能设备使用造成不必要的障碍。[②] 这部法律宣布其立法意图是，住宅不动产的所有者和承租人有权安装和使用太阳能设备，包括太阳能衣物干燥设备。然而，基于保护公共健康和安全，避免建筑物受损，影响建筑物历史性或美学价值，以及根据滨岸区划规定保护滨岸地区等目的，可以对安装和使用太阳能执行合理的限制。

9.3.3 业主协会和限制性契约

对于居住在社区中受业主协会和限制性契约管制的不动产所有者而言，现实中可能存在很多障碍。例如，契约要求要经过建筑审查委员会的事先批准，并且契约中可能存在对安设太阳能设备的明确限制。此外，协会施加的种种限制并非特例，如对包含强制性后置规定、高度限制进行限制，对二手建筑物和构筑物进行限制以及对植被进行限制等。所有这些限制都会影响业主在自己的不动产安设太阳能接收器和收集器的能力。其他普遍存在争议的限制包括对公用设施的要求，设施安放位置的指令，关于可用或不可用的屋顶材质技术规格，对影响管道输送的管制以及关于

---

① N. J. P. L. 2010, ch. 4.

② Ch. 273 of the Laws of 2009.

240

建筑风格的严格标准。

9.4　妨害问题

心怀不满的邻居可能会试图利用相关妨害的法律来挑战太阳能或风能设施的选址。得克萨斯州一个上诉法院注意到,原告不能基于风电场的美学影响而主张一项妨害诉求,因而驳回了有关一个风电场建设和运营妨害公共和私人利益的两项诉求。[①] 然而,西弗吉尼亚州的最高上诉法院裁定一个拥有大约 200 个风力涡轮机的风力发电设施如果紧邻住宅不动产的话,就会构成一项妨害。[②] 法院判决:即使州公共服务委员会批准了风力发电设施,但这种批准并没有废除普通法的妨害原则。而且,尽管风电场自身不是一项妨害,但并不意味着对风电场的使用不会转变成一项妨害。

9.5　联邦选址问题

可再生能源项目通常需要启动《国家环境政策法》下的环境评价,进行联邦审批。例如,土地管理局(BLM)在授予试图进行太阳能、风能或地热项目开发的联邦土地以地役权或租赁权之前,必须根据《国家环境政策法》进行审查。矿产管理局(MMS)在出租离岸土地用于风电场方面也起

---

① Rankin v. FPL Energy, LLC, 266 S. W. 3d 506 (Tex. App. 2008).

② Burch v. Nedpower Mount Storm, LLC, 220 W. Va. 443, 647 S. E. 2D 879(W. Va. 2007).

着类似的作用。而外大陆架流体动力学项目的审查由联邦能源管理委员会(FERC)主导。能源部也可以发布关于可再生能源项目的《国家环境政策法》文件。如果某项目不受《国家环境政策法》下环境评价规定的约束，它仍然可能会被要求通过州一级的类似的一个环境评价过程。

拟议能源项目用地涉及濒危物种栖息地的，必须遵守《濒危物种法》。流体动力学项目中可能会出现违反《濒危物种法》的情形。由于风能项目会对鸟类和蝙蝠具有致命的影响，因此随着风能开发变得愈发广泛，出现违反《濒危物种法》情形的频次也会增加。例如，在 Animal Welfare Inst. V. Beech Ridge Energy[1] 一案中，马里兰州地方法院裁定由于某风电场没有充分研究和披露对印第安纳州蝙蝠的潜在影响，因而违反了《濒危物种法》。该法院命令开发商不得建设任何额外的涡轮机或是运行任何涡轮机(蝙蝠冬眠的冬季除外)，直到开发商从鱼类和野生动物局获得一项附带捕获许可。

除此之外，尽管选址决策一般由州或地方层级政府做出，但根据《2005 年能源法》，联邦能源管制委员会有权在指定的国家利益电力传输廊道内对输电线路进行选址。[2]一些地区如果正"经历着会对消费者产生不利影响的电能传输容量限制或阻塞"，就会被定义为"国家利益电力传输廊道"。根据立法，"如果不具有传输设施选址权的州超过一年仍未批准，，或者不能考虑拟议的在国家廊道内建设的设施所具有的州际项目利益，或者如果传输公用事业服务

---

[1] LLC,675 F. S upp. 2d 540(D. Md 2009).

[2] 16 U. S. C. 824p(a).

的最终用户不在一个州……"联邦能源管制委员会有权考虑建设一条能源传输线路的申请并颁发许可。

9.6　可再生能源配额

大多数州都有强制性可再生能源配额（RPS），要求在公用事业售电中提高本州生产的来自可再生能源的电力百分比。例如，俄勒冈州《2007 年可再生能源法》要求该州最大公用事业的发电中来自于可再生能源的电力到 2011 年至少达到 5％，2025 年增加到 25％。除了强制性可再生能源配额政策，其他许多州建立了自愿性可再生能源目标。按照北卡罗来纳太阳能中心统计，29 个州和哥伦比亚特区预计 2010 年太阳能发电达到 560 兆瓦，2025 年达到 7550 兆瓦。这些目标有望通过直接现金激励、贷款计划和税收激励（39 个州已经提供了个人税收优惠和企业税收优惠，同时 36 个州提供了销售税优惠）等各种措施的混合运用来实现。

为了满足可再生能源配额要求，受管制的公用事业主要关注风能、生物质能和水电，因为它们比其他类型的可再生能源更具成本效益。为鼓励可再生能源生产的多样性，一些州寻求通过可再生能源配额储备或信用倍增来鼓励太阳能生产。其中，配额储备要求一定比例的可再生能源来自太阳能，信用倍增是对太阳能发电给予比其他形式可再生能源更多的信用。已经有很多州建立了配额储备，包括亚利桑那州、科罗拉多州、特拉华州、马里兰州、新罕布什尔州、新泽西州、新墨西哥州、纽约州、内华达州、北加利福尼亚州、俄亥俄州和宾夕法尼亚州，各州规定的太阳能发电幅度范围从少于 1% 到 4.5% 不等。少数州采用了信用倍增，虽然它在促进太阳能产量方面不大有效。

在联邦层级，国会一直在考虑大量有关可再生能源配额的提案，旨在满足《白宫新能源》为美国计划设定的目标。尽管具体方面存在差异，但这些法案都要求电力公用事业在其电力中增加来自可再生能源的发电比例，到 2025 年达到大约 25%。

9.7 净计量

如第四章所提及的，旨在支持可再生能源生产的另一种管制机制是净计量，它要求公用事业以零售价格购买从诸如屋顶太阳能光伏板和住宅风力涡轮机等小型发电设备提供给电网的电力。四十多个州以及波多黎各自治邦和哥伦比亚特区都规定了净计量，尽管其中一些州还没有对风力涡轮机要求净计量，而仅有大约 20 个州对容量超过 1 兆瓦的电力系统要求净计量。例如，佛蒙特州的净计量法律对太阳能光电板、风力涡轮机和燃料电池发电规定的净计量上限是 15 千瓦，但对农民通过沼气发电的净计量上限则是 150 千瓦。在阿肯色州，家庭用户可获得的净计量是 100 千瓦，而非家庭用户的净计量数是 300 千瓦。并且超过这个门槛的电量会被结转到下个月。相比之下，爱荷华州对净计量则没有上限要求。

9.8 可再生能源的财政激励

联邦、州和地方层级都存在鼓励可再生能源开发的各种财政激励。考虑到高昂的先期投入,这些激励对小型可再生能源系统尤为重要。

直接的现金激励能够采取多种形式,包括退税、赠款以及绩效激励。退税计划的一个例子是加利福尼亚州太阳能行动。该行动在 2006 年通过,它在 10 年间为商业、工业和住宅太阳能系统提供 32 亿美元退税奖励。对 30 千瓦以下系统的奖励根据预期性能一次性付清,而对于较大的系统,奖励根据实际发电量按月支付。加利福尼亚州的马林郡提供固定退税奖励,其中,太阳能光伏板 500 美元,太阳能热水器 300 美元,太阳能泳池加热器 200 美元。

间接财政激励一般采取税收抵免和豁免的形式。个人和企业税收抵免可以直接减税,在很多州,可再生能源系统的购买和安装都可以获得这种税收抵免。联邦政府也对个人购买太阳能热水器、太阳能光伏板、风力涡轮机、燃料电池和地源热泵提供高达 30% 的税收抵免,相似的税收抵免也适用于商业和公用事业。超过一半的州还授权对可再生能源发电系统免征不动产税。例如,在北卡罗莱纳州,对于太阳能发电系统评估价值的 80% 免征地方不动产税。大约 20 个州对太阳能设备免征销售税,尽管一些州,诸如肯塔基州、俄亥俄州、犹他州和怀俄明州等限制对商业范围太阳能项目的豁免,而另一些州,如马萨诸塞州和纽约州则限制对住宅设备的豁免。其他州的不动产税豁免适用于更大范围的可再生能源类型。例如,在得克萨斯州,被动式太阳能空间加热器、太阳能热水器、太阳能热电系统、太阳能光伏板、风能、生物质能和厌氧消化系统等都可以获得全部不动产税的豁免。

州和地方层级近期的一个趋势是授权《不动产评估清

洁能源计划》(PACE)进行融资。该计划允许不动产所有者从地方政府借钱来安装可再生能源系统。这笔花费在经过评估后被附加在不动产税账单上,由不动产所有者偿付。由于《不动产评估清洁能源计划》融资提供的是长期固定利率的资金并且贷款可以随不动产转移,因而该项融资颇具吸引力。从 2009 年只有加利福尼亚州和科罗拉多州实施这项政策至今,已有 20 多个州制定法律授权地方政府创设《不动产评估清洁能源计划》融资区。

第 10 章　碳封存

10.1　碳封存的概述

　　碳封存通过长期存储或处理碳来减少二氧化碳排放。碳封存包括生物和物理措施。生物隔离发生在自然吸收和储存碳的植被环境中（如森林、牧场、草地等）。本章的绝大部分聚焦于出于不同的碳封存目的，如何运用法律来保护和加强自然环境。

　　物理措施涉及的是在煤或其他碳密集燃料燃烧时对其产生的碳捕捉并存储起来。这些措施需要用巨大的工程项目来捕捉、压缩并运输二氧化碳到一个储存地、创建地下地质存储容量或使用海洋来储存二氧化碳。这种物理或工程类型的封存在气候变化法中被称为碳捕捉与封存（CCS）。目前关于碳捕捉与封存的法律与技术都处于初始阶段。科学的不确定性、潜在的不利环境影响、法律障碍、技术和财务困难以及与这些技术相关的花费等都限制了当前对碳捕捉与封存的利用。对于碳捕捉与封存项目没有统一的管制体系，相反，其所采用的是多样的、不协调的地方、州和联邦的管制。《清洁空气法》对机械系统及其技术的适用性是不确定的。有关碳捕捉与封存系统管制的州法律还处于形成阶段。当涉及被捕捉的碳需要进行地下存储时，不可避免地会出现复杂的产权问题，包括水泵所在的地面产权、存储碳的地下洞穴产权以及所储存的碳本身的产权。而接近碳存储区域的地下水的所有者权益也牵涉其中。为了使系统工作，运行实体必须购买、租赁、获得许可以及持有这些权利，并就所有各自应承担的责任进行谈判，这无疑增加了交易的复杂性。

另一方面，生物封存会稍简单一些。它是自然发生的，并且科学家能够测量出各种资源的碳封存容量。在当前技术状况下，运用成熟的法律战略能够具有成本效益地推进这种类型的碳封存。例如，土地利用管制能够保护和扩大具有重大碳封存潜力的景观特性。政府间气候变化专门委员会第四次评估报告表明，涉及生物碳封存、具有成本效益的土地利用策略，能够实现到 2100 年在全球水平上固定二氧化碳当量 3450 亿～12600 亿吨。评估报告将这样的土地利用策略确认为重要的气候变化减缓技术。

森林是碳封存的主要生物源。世界上有超过一半的碳存储在森林中。森林覆盖了世界上大约 30％的土地面积。新种植的森林在几十年里会快速地存储碳，之后，森林封存碳的年度增长量会下降。成长的、健康的和强壮的树木比患病的、压力大的和生长缓慢的树要储存多得多的碳。农村森林每英亩所封存的碳大约是城市森林的两倍，但是由于城市树木长得更快，因此他们每棵树比农村的每棵树要封存更多的碳。

对森林最大的不利影响是由于干旱或者火灾，以及回应全球人口增长和人类住区与基础设施的扩张而将森林转换为住宅开发、农业利用和伐木等所导致的森林破坏。从全球看,20 世纪 90 年代由于毁林所导致的每年二氧化碳排放量差一点不到 60 亿吨。

气候变化减缓策略应该首先关注森林地区的维持和增加,其次,增加这些地区的碳密度。减缓气候变化的最优方法是防止毁灭森林的开发,并对森林工业施加可持续管理条件;维持和增加森林碳汇的最佳实践。有效的森林管理活动包括部分维持森林覆盖的采伐体系,最小化有机质死亡的损失,减少土壤侵蚀,要求采伐后植树。

地球表面的将近一半奉献给了农田、得到管理的草地以及永久性作物,包括混农林业。得到管理的牧场和草地有助于碳封存,可以通过土地利用策略加以保护和扩展。然而,农业耕作会增加二氧化碳排放量。例如,在 2005 年,农业贡献了全球人为温室气体排放的 10％～12％。通过改进农作物和牧草管理,主要通过更好的耕作实践和退化土地的修复来减缓这些排放量。随着人口的增长,更多的食物需求会导致来自农地的更高的温室气体排放,这取决于人口的营养需求、生产人口需求的食物所使用的实践做法以及农业操作的区位是远离还是更接近人类住区。

美国二氧化碳排放数据表明自然碳封存归因于森林、农业土壤和城市树木,这些来源减少了国内排放量的近 15％,抵消了来自能源、交通运输、工业以及其他行业的排放。如果没有这些来吸收二氧化碳,美国的总二氧化碳排放量将会是 71.5 亿吨,而不是 61 亿吨。根据美国国会的一项研究报告,美国森林存储了大约 45％的陆地碳。

美国在 1990－2007 年之间的森林增长使得其从大气中吸收二氧化碳的量增加了 26.3％。通过管理土地利用模式和人类住区,能够保护封存碳的土壤和植被,或者将其损失降到最低。将住宅单元的密度增加一倍可以安顿预计到 2039 年新增的 1 亿人，相当于保护了与康涅狄格州差不多大小的未开发地区，并大大减少碳封存资源的损失。

土地利用规划和管制可以用多样方式促进封存碳。市政当局会采用树木法令管制树木的砍伐、修剪以及已开发地段的树木替换。它们也会在综合规划中设定树冠目标，热切期望增加社区中被树木遮蔽的地表面积。市政当局会通过森林采伐法令来管制林业的环境影响问题，通过防止森林采伐、规定维护树木健康的最佳管理实践来增加对碳的吸收。

城市森林和植被能够通过城市植树计划以及区划和修建性详细规划管制得以扩展和强化。具体管制措施包括：防止移除树木，要求树木替换，鼓励或要求开发商种植街边树、建立小公园、建设绿色屋顶、提供景观缓冲区、绿化休闲娱乐与休憩区，在步行区和自行车道两边植树等。在美国大约 8 亿吨的碳存储在城市森林之中。

通过要求住宅小区的簇团式开发，地方政府确保一些已受影响的土地保留其自然状态，并对这些受影响的土地加以管理，保护其包括碳封存在内的环境功能。保护性再分区在这方面更进一步，它要求对于受保护部分和被开发部分的土地都应采取更为积极的自然保护实践做法。在提议对成千上万英亩土地进行再分区开发的高速增长地区，这些做法可以促进对自然景观吸收碳的特性的保护，防止自然景观所储存的二氧化碳释放出来。

在地方区划和再分区的管制中，防止对开发场地土壤和植物扰动的标准具有同样的效果。例如，新兴的低影响开发模式尝试在城市项目中增加建筑物附近的地表植被和

250

绿色屋顶;而在城郊地区的开发中,则利用植物茂盛的洼地取代阻挡物和排水沟来控制雨水,以及采取簇团式开发、树木保留、在施工期间和完工后保留场地的自然植被等措施。从减缓气候变化的视角看,地方的湿地管制条例为碳封存提供了额外的益处,因为绝大多数湿地还没有被先前的开发所干扰。

在农村社区,地方区划能够保护和保留用于耕作的肥沃的农业土壤。农村地区如果接近城市中心,可以通过降低运输食物到城市市场的能源使用来促进减缓气候变化。农村社区的农业区划能够鼓励可持续的农业实践,大大增加封存在农田土壤中的碳含量。这些可持续农业实践包括休耕、增加土壤有机质、种植深根系统作物、限制使用化肥和种植覆土作物。实施有机管理的土壤每英亩可以封存高达半吨的碳。城市社区可以通过许多方法鼓励本地食物生产,包括区划改革、允许农夫市场、在住宅区就地进行食物生产以及扩大食物生产的规模,包括引入新一代的概念,如允许在未利用或未充分利用的建筑物中发展垂直农业等。

10.2 促进碳封存的国际公约

2001年在德国波恩举行的《联合国气候变化框架公约》缔约方会议产生了一项关于土地利用、土地利用变化和林业(LUUCF)的协定。在全球范围内,土地利用和土地覆盖变化(LULCC)对释放温室气体到大气之中而驱动气候变化负有责任。土地利用和土地覆盖变化通过陆地土壤和植被的扰动向大气中释放二氧化碳。这种变化的主要驱动力是毁林,特别是当随后进行农业生产时,会因为耕作而引起土壤中碳的进一步释放。土地利用和土地覆盖的变化也是导致其他温室气体排放发生主要变化的原因。其他温室气体中特别包括甲烷(来自改变的地表水文、湿地排水工程以及牛群放牧)和氧化亚氮(来自无机氮肥的使用、固氮植物的耕种以及生物质燃烧)。波恩举行的缔约方会议产生了一项协定来将这种有害的土地利用和土地覆盖变化最小化。

国际社会已经创设或利用其他一些环境多边协议和论坛来考虑如何通过碳封存去减缓气候变化。这些环境多边协议和论坛包括《联合国防治荒漠化公约》《联合国生物多样性公约》《拉姆萨湿地公约》和《巴厘岛行动计划》。《巴厘岛行动计划》要求缔约各方为发展中国家基于森林的减缓行动创设一项工具,包括财政激励。在巴厘岛,缔约各方还承诺减少来自发展中国家的毁林排放,包括发达国家向发展中国家转让森林保护技术。根据《京都议定书》,各缔约方为了减缓气候变化考虑了多种促进森林保护实践的方法。政府间森林论坛将其注意力置于与可持续森林管理有关的一系列广泛的问题上。

《波恩协定》目的是为发展中国家制定土地利用实践奠定基础,这些土地实践有资格作为满足其减排目标的减排信用。根据减少来自毁林和林地退化排放(REDD)的规则,《波恩协定》关注在相当狭窄的范围内设立森林信用。《京都议定书》名义上在计算发达国家净减排时引入了土地利用、土地利用变化和林业关于碳封存的实践,并引入了设立可交易的经认证的发展中国家减排信用标准,但在界定和批准这些措施方面几乎没有什么进展。

之所以没有取得进展,部分原因是因为保护森林和管制农业实践的做法缺乏持久性，这些做法能够被停止、逆转或改变，对此也需要复杂的条款设计、谈判以及监控和执行它们的程序。鉴于其暂时性特征，这些实践做法被请求作为临时认证的排放信用，而非标准的长期信用。那些临时信用的购买者必须在临时信用到期时负责替换，这制造了进一步监控、执行和财政方面的复杂性。从通过碳封存能达到明显的二氧化碳减排的观点看，这方面缺乏进展是相当遗憾的。

10.3 联邦和州的行动

在19世纪的大部分时间里，联邦政府向居民出售土地，包括森林高覆盖地区，鼓励了全国人口的西进运动。人们为了燃料、建筑材料、铁路或建造农场或牧场的房屋而获取木材。很多土地的林木因此被清除，并不再种植。结果是土地受到严重侵蚀、火灾以及被外来物种入侵。《1891年的森林保护区法》授权总统保护林地，并将其置于公共管理之下。通过《1897年森林管理法》，联邦法律将联邦保护区的目的定义为：保护森林、保护流域以及将其作为全国木材的供应来源。

在20世纪早期，这些联邦土地的焦点是为国家的木制品和造纸业提供可持续的木材供应。到世纪末，国家森林政策变得更倾向于森林的非木材价值，包括水质保护、防止土壤侵蚀、保护生物多样性以及休闲娱乐。

根据《1976年国家森林管理法》，国会注意到毁林威胁到了全球环境，授权进行科学研究来保护国家的可再生资源。《1976年联邦土地政策和管理法》授权内政部长发行管制条例来保护具有关键环境影响的公共土地。根据《1997年国家野生生物保护体系改进法》，鱼类和野生动物局只有在与保护栖息地和野生生物目的相容的情况下，才允许使用其管理下的土地。到了20世纪，有证据表明，联邦森林政策承认碳封存是一个相关的目标。现在在联邦保护区有6.57亿英亩的土地，它们由四个联邦机构管理，即国家公园局、鱼类和野生生物局、土地管理局和森林局。

在美国，四分之三的森林属于私人所有。土地的私人用途主要是州和地方法律管制，并主要委托城市土地利用管制机构来实施。各州已经采取多种方法建立一个环境保护框架。由于采纳了对环境保护的广义定义，这个框架可以用来保护森林和任何其他碳封存资源。其中一些州的法律直接针对森林保护，另外一些州采取的则是间接方式。有些规定可能仅在请求颁发一项改变景观的地方许可时适用。

缅因州要求每个县都要通过森林管理法令。[①] 之后具体每个县的森林法通过在采伐木材之前对私人森林所有者施加最佳管理实践的要求来控制木材产业。马里兰的《森林保护法》要求该州所有市政当局都应该制定森林保护法令。州自然资源部保有一份最佳森林保护实践做法的清单，根据地方森林保护法令，从事建设的开发商必须遵守这些最佳实践做法。

华盛顿州要求地方政府不仅要指定关键地区，并在其综合规划中采取开发管制条例来保护这些地区，而且要利

---

① Conservation，tit. 08. subtitie 19．

用在采纳这些管理条例时最佳可得的科学知识。① 华盛顿州的法律还要求其每个县和城市都要确认重要的农业、森林和矿产资源土地以及其他所定义的关键地区。②

根据加利福尼亚州《环境质量法》，地方机构在其有意执行或批准任何可能具有重要环境影响的项目时，必须准备一份项目环境影响报告。③ 夏威夷州的法律要求州的机构和地方政府对涉及公共土地或基金行动的环境影响进行审查。④ 马萨诸塞州要求地方政府报告所提议的行动的减缓措施和替代方案以及预期的环境影响。⑤

佛蒙特州第 250 号法案赋予州政府对特定规模或高影响土地开发项目的土地利用审批权。⑥ 在佛蒙特州，法律所规定的开发需要获得州政府的许可。州的这项许可独立于并附加于任何地方管制和许可之上。有资格获得这项许可的开发必须满足十项准则，具体包括以下的调查结论：项目开发将不会导致过度的水或空气污染；不会造成不合理的土壤侵蚀；不会对区域的风景或自然景观产生不适当的影响；并且不得毁坏或严重危害必要的野生生物栖息地。

州政府进行间接控制的一个例子是加利福尼亚州 1970 年颁布的《开放空间土地法》，该法要求每个城市或乡村都要采纳地方开放空间规划，对其辖区内的开放空间土

---

① R. C. W. § 36. 70A. 172 .
② R. C. W. § 36. 70A. 170 .
③ Cal. Pub. Res. Code § § 21000 et seq.
④ Haw. Rev. Stat. . § § 343－1 et seq.
⑤ Mass. Gen. Laws Ann. ch. 30 § § 61 et seq.
⑥ Vt. Stat. Ann. tit. 10，§ § 6001－6092.

地进行长期保护。① 地方开放空间规划必须要提交给该州的能源局局长,但是法律并没有给予州政府直接做出许可的权限。

佛罗里达州的地方政府被要求必须把保护要素纳入其综合规划。这些要素必须被用来对社区自然资源进行保存、利用和保护,具体包括湿地、河口湿地、土壤、沙滩、海岸、河漫滩、河流、海湾、湖、森林、鱼类与野生生物以及海洋栖息地。②

10.4　地方环境保护与碳封存

地方环境法以州授予的土地利用权限、地方自治权力和州的各项授权法为基础。其中,州的授权法很多是最近制定的。这些州的法律承认地方政府在预防水和空气污染、湿地消失、土壤侵蚀、地表水沉降、视域退化以及威胁社区生活质量的开发所造成的许多其他不利影响方面具有重要作用。逐渐地,这些不利影响被理解为应当包括气候变化,因此,现今的地方环境法包含了管理气候变化的策略,其中包括碳封存资源的保护和扩大。

为了保护公众重视的资源,环境方面的土地利用法决定并限制对土地的开发,同时允许开发那些受到较少限制的土地。这种区划方法的基础可在《1922 年标准州区划授权法》中找到。该法是绝大多数州相关法律的基础。该法注意到区划的目的之一是"鼓励对土地最适当的利用"。如

---

① 　Cal. Gov,t Code §§ 65302(e),65563 et seq. , § 65910.

② 　F. S. A. § 163.3177.

果地方所通过的环境法的意图不在州政府受托的权限范围之内，或者该法并不是设计用来实施法律允许的土地利用管制警察权，法院会裁定该环境法无效。但如果环境法将区划限制是如何实现最适当的土地利用，包括保护碳封存土地的这一点讲清楚，法院就不太可能使该法无效。

随着时间的推移，支持气候变化减缓的目的和目标清单属于地方土地利用机构权力影响范围之内的法院裁定在不断增加。许多的州法院已经裁定按照授予州的警察权力，农业用地和木材用地的保护是合法的土地利用目标。[①] 湿地或河漫滩保护、土壤保护和有关的生态目标，这些都一一出现在法庭上，并被确认为适当的管制目标。[②] 其他目标，例如野生生物栖息地的保护和风景保护，正逐渐被接受为州土地利用管制的合法目标，并且这些目标的特点是经常与森林和未开发空间联系在一起。而开放空间保护本身被裁定为一项合法的土地利用目标也已经有一段时间了。[③]

其他市政当局在其区划法令中采取明确的保护政策。例如在北卡罗里达州的达拉谟县，区域法令的一个目的即是通过保护土地和水资源、提供充足的阳光和空气、防止土地过度拥挤和人口过度集中来促进本县居民的健康、安全、

---

① Gisler v. County of Madera, 38 Cal. App. 3d 303, 112 Cal. Rptr. 919 (Cal. App. Ct. 1974); Gardner v. New Jersey Pinelands Comm. n, 125 N. J. 193, 593 A. 2d 251 (N. J. 1991); Codorus Twp. v. Rodgers, 89 Pa. Cmwlth. 79, 492 A. 2d 73 (Pa. Commw. CT. 1985).

② Woodbury County Soil Conservation Dist. V. Ortner, 279 N. W. 2d 276 (Iowa 1979).

③ Furey v. City of Sacramento, 780 F. 2d 1448 (9th Cir. 1986).

正常福祉。① 堪萨斯州的曼哈顿区划法令在其目的陈述中包含了一个自然资源保护，包括开放空间保护的附注。② 纽约州多佛镇的区划法令在其目的中包括了自然资源的保护、农业土地和开放空间的保护、增长管理以及大规模连片未开发土地的保护。③除了各种混合利用区之外，法令还建立了密度非常低的农村和资源保护区以保护河漫滩、河流廊道和地下蓄水层。纽约州拉格兰奇镇的区划法令参考了其综合规划，并指出规划和法令都是为了指导该镇的未来发展，保护该镇的开放空间和其他自然、历史资源。④

可以通过区划技术，用额外的方法来保护开放空间及与其相关的自然资源和环境功能。在宾夕法尼亚州，西曼彻斯特镇区修改了该镇对独栋住宅区的管制，要求在未开发区域保护开放空间。法令修改前，地方立法机构准备了表明现有常规区划下潜在未来开发的地图。这一做法经常被形容为一种建设分析，它详细阐明了根据目前的区划法令会失去大量现有的开放空间和农田。此外，立法机构绘制了预期开放空间保护区的地图，向土地所有者和开发商明确表明立法机构所设想的，即跨越地块界线而相互连接在一起的开放空间。

田纳西州诺克斯维尔的区划规范建立了一个开放空间保护区域，规定该区域内土地的主要用途是致力于开放空间和保存与保护公园和休闲娱乐用地、荒野区、海滨和海岸

---

① Durham County. N. C. , Zoning Ordinance § 1. 1. 2.

② City of Manhattan. Kan. , Zoning Ordinance § 2—101.

③ Code of The Town of Dover，N. Y. ，§ 145—3.

④ Code of The Town of La Grange. N. Y. , § 240—13.

线区域、观光路线、自然状态和观光性河流、历史和考古迹地、分水岭和供水区、野生生物及其栖息地。[①] 该区域内的不动产必须满足城市开放空间规划设定的准则。

土地利用规划和管制也能够以各种其他方法促进碳封存，下面阐述这些方法中的几种。

10.4.1 树冠法令或城市森林

城市和都市村庄在其综合规划中会采用树冠目标，并致力于增加树冠遮阴社区的百分比。除了封存碳之外，城市树木可以挡风，减少空调使用成本，减缓城市热岛效应，并使城市环境更加舒适、健康。在高度城市化地区，保存和增加树木和植被会受到某种程度的限制，但是它们对于提供高质量的城市生活十分重要。

城市树木中储存着大约 8 亿吨的碳，其中每年净封存的碳大约为 650 万吨。在美国的城市中如果将城市森林最大化，可以增加 2% 或 3% 的碳封存环境。尽管比例很少，但仍然具有一定的作用。在接下来的 50 年里，如果将城市化地区的树木覆盖从现在 28% 的树冠覆盖率提高到 33%，将会增加 1.5 亿吨的碳储存量。这要求在接下来的 50 年里增加 2.5 亿棵树，即每年 500 万棵。美国大约有 4 万个自治市，如果每个市每年植树 125 棵就能达到这一目标。

土地利用管制和项目审批可以被用来保护城市树木。例如康涅狄格州瓦林福德镇的区划管制要求"在最大可能范围内保护现有的树木"。[②] 根据该镇的管制条例规定，为了减少过多的热量、眩目强光和尘土积聚，提供免受噪音和

---

① Knoxville, Tenn., Zoning Regulations art. IV, § 1a.

② Town of Wallingford, Conn., Zoning Code § 7. 2E.

视觉侵扰的私密环境,防止土壤侵蚀、过量的排水以及由此引发的地下水位下降和水体污染,应保护树木和绿化园林。

在加利福尼亚州的圣塔莫尼卡,其区划管制的目的之一是保护和提高自然环境和建筑环境质量,确保足够的公园和公共开放空间。[①] 每一个城市规划地区的开发都要遵守一定的环境标准。这些标准包括最大单位密度、地块范围、最小地块规模、后置要求、建筑间距以及对开放空间的要求。

一些州的法律明确规定准许地方规划委员会要求私人捐献公园用地或收取替代捐献费。[②] 俄勒冈州的波特兰城市理事会批准一项针对新住宅开发的收费表,该表评估公用场地开发费用的幅度从一居室住房单元4500美元到独栋住宅单元超过8000美元不等。一些州允许当地政府将要求土地捐献或留出公用场地作为项目审批流程的一部分。[③] 一些州的法律对此事项保持缄默或态度模糊。[④] 也有几个州明确禁止用土地捐献充公或收费方式来实现开放空间目标。[⑤]

在纽约州,州的法律授权规划委员会确保住宅小区住户休闲娱乐的需要,并要求留出土地使那些市政当局研究

① City of Santa Monica, Cal., Zoning Ordinance § 9.04.02.020(b) and (d).

② Conn. Gen. Stat. § 8－25(a); Nev. Rev. Stat. § 278.4979; Nc. Gen. Stat. § 160A－372.

③ Mont. Code Ann. § 76－3－606.

④ F.S.A. § 163.3161(3); Ind. Code § § 36－7－4－700 To 36－7－4－713.

⑤ Mass. Gen. Laws ch.41, § 81Q.

表明现在尚未满足或将来还未满足休闲娱乐设施需要的地方符合修建性详细规划的规定。[①] 州规范委员会也可以要求用财政贡献来代替保留土地,但这种要求只能在小区审查中发现该块土地不够大,或者性质不适宜为小区住户建设合适的休闲娱乐区这种特殊情况下,根据具体情况确定。

10.4.2 木材采伐法令

在农村地区中为森林所覆盖的自治市会通过木材采伐法令来管制林业的环境影响,促进增加碳吸收的实践。他们可以从制定识别林地质量和特性的清单开始。这个清单可以把森林分为具有高木材价值和高栖息地价值的森林以及诸如由于坡度和不稳定的土质使得容易遭受侵蚀的环境脆弱的森林等。市政当局的综合规划中会包括关于森林的部分,该部分阐明清单中各种类型森林的目标、目的和策略。对此可以通过引入最佳森林管理实践的方式将其转化为区划内容。

马里兰州的坎伯兰郡设立了一个自然保护区,并规定这一区域只允许用作农业、园艺、林业、休闲娱乐或其他可以保持土地开放的用途。具体而言,该保护区内许可的土地用途包括:农业、园艺、林业;公共或私人公园;休闲娱乐区;历史性区域;自然保护区或其他类似用途。这一规划区内禁止所有居住性利用。[②] 佐治亚州的尤尼昂县在其区划法令中包括了一项山地保护规划,该规划保护坡度大于25度的斜坡、保护野生生物栖息地和山区之美,连同保护邻近

---

① N. Y Village Law §7−730(4), N. Y. Town Law 277(4), N. Y. Gen. City Law §33(4).

② Cumberland,Md,Zoning Ordinance §6. 12.

的湿地、河漫滩等敏感区域。[1]

森林区划会将私人持有的森林根据其不同的用途分为木材采伐区、流域保护区、野生生物栖息地以及休闲娱乐区等不同的区域。木材采伐区包含控制私人采伐活动的具体管理规范。作为野生生物栖息地的森林，其技术规范集中在生物多样性的保护上，特别是对本地濒危物种的保护。宾夕法尼亚州的威廉姆斯镇要求私人森林所有者在任何面积大于2英亩的土地上采伐直径三英寸以上的树木四十棵以上时，应事先获得区划许可。而获得许可之前，采伐者必须准备一份森林管理计划和一份控制侵蚀和沉降的计划。禁止对于面积超过2英亩的林地和坡度超过15度的斜坡采用皆伐方式。

马里兰州查尔斯县的森林保护法令要求计划将林地用作住宅再分区开发的开发商在可行的范围内保护森林。开发商必须提交一份森林保护计划，详细描述所提议开发的再分区的森林、土壤构成以及河道、开发如何影响到森林环境、开发商该做什么来保护森林等。开发商必须遵守由州自然资源部批准的关于在建设过程中保护森林和树木的最佳实践。如果无法保留森林，一旦建设完工，开发商必须提交再造林计划。如果再造林不可行，开发商必须捐钱给保护基金，为在其他区域进行再造林工作提供支持。

10.4.3　密度奖励

在许多州，如果适当区域的项目开发商能够在其项目中提供公共利益，包括提供封存碳的开放空间，那么它就能得到密度奖励。根据一些州的法律规定，开发商可以支付

---

[1]　Union County，Ga.，Code § 30−151.

现金来交换这种密度奖励。在这些情况下，政府收取的现金可以被用来购买建筑场地以外开放空间区域的开发权，包括该区域土地上的保护性地役权。一些运用这种权限的地区举例如下。

内布拉斯加州兰开斯特县的区划方案允许根据一种所谓的"社区单元规划"方法进行开发。① 该规划包括对保护开发场地农村特性、保护自然栖息地、自然环境特征以及现有透水基层的开发予以奖励的内容。开发商会因为节约能源、保护环境敏感区域以及保持农业用地而得到高达 20% 的密度奖励。蒙大拿州格兰汀县的区划法令对保护特定数量开放空间的开发商提供密度奖励。② 为了获得密度奖励，开发商必须提出正式申请，提交一份修建性详细规划，标明所保护的开放空间的区位和数量、现有植被、野生生物和滩涂区域、不动产界址线、地形测量信息和选址地点的其他特性。规划工作人员决定其所提议的开发是否满足该县的要求。

根据威斯康星州新柏林所采取的一项开放空间激励计划，保存开放空间的保护性再分区有资格被增加密度。③ 如果该保护区 55% 的土地用作开放空间，会被许可在区划所要求密度的基础上增加 10%；如果有 60% 的土地用作开放空间，则会增加 20%。在维吉尼亚州的萨福克，提供公园、开放空间、农业区域和关键区域保护、老年住房、现有购物中心再开发、传统社区开发以及簇团式开发或小村庄开发

---

① Lancaster County, Neb. , Code § 14. 003.

② Gallatin County, Mont. , Code § 76－2－201.

③ New Berlin, Wis. , Development Code § 18. 05 (E).

的,可以得到密度奖励。①一项激励性的区划分数表被用来决定对特定类型开发所给予的最大开发分数。在佛罗里达州的米尔顿,用给予增加高度和房屋面积的方式来换取开发商提供通往某开发项目滨水区的公共通道以及换取开发商提供行人导向的特性、休闲娱乐特性、不为公众所见的就地停车场、永久保存的创造性开放空间、园林绿化、节约能源措施、地下公用设施以及所有公用设施的遮挡。②

明尼苏达州的罗切斯特允许对提供开放空间便利设施和能力可以负担住房的私人开发商给予密度奖励。③在科罗拉多州的莱克伍德,授予密度奖励来换取:增加可用的开放空间,增加园林绿化和地被植物,改进视觉效果,增加植物材料,以及任何对居住环境做出重要改进的设计特性。④马萨诸塞州萨默维尔对提供并保持公共开放空间的开发商给予开发激励。⑤

10.4.4　簇团式开发

正常情况下,土地会按照地方区划法令的尺寸要求进一步细分和开发。地方区划法令通常会要求独栋住房要建在最低不小于一至二英亩的地段上。典型的区划会按照这些最低地段大小的要求将一整块地细分为诸多地段,而在细分地段上的建筑需要遵守严格的后置高度以及其他的尺寸要求。举例来说,在一个半英亩的住宅区,开发商会被要求设计一块大小不少于半英亩的地段,并将住房安置在该

---

①　Suffolk, Va. , Code of Ordinance § 31－409.

②　Milion, Fla. , Code of Ordinances art . III § 12.5.

③　Rochester, Minn. , Code § 62.6000.

④　Lakewood, Colo. , Code § 17－6－4.

⑤　Somerville, Mass. , Zoning Ordinance § 17.4.

地段中，按照固定的英尺数来确认住房前、后以及距侧面地界线的后置距离，并且住房高度不超过35英尺。

由立法机构通过的地方法律允许簇团式开发，并授权规划或其他审查委员会来审批。簇团式开发实践中有许多变化，它可以是自愿性的，也可以是强制性的。它可以允许在更小的地段上进行开发，或者允许按照被许可的密度来配置附属建筑或多户型建筑。可以将簇团式开发限于社区内特定的规划区或者地理区域，用以实现从保护开放空间的官能感觉到保护关键环境功能（如碳封存）、提供能力可以负担的住房等诸多目标。

在簇团式开发模式中，地方可许可或要求开发商改变区划的尺寸要求，例如地段的大小、后置要求、建筑类型以及高度。例如，这会导致在一块半英亩的地带仅将住房放置在其中四分之一英亩的地段。通过这种重置可以节约土地（这个例子是节约了50％土地），之后将节约的土地留作不开发的土地。这种留下来的土地归业主协会所有和维护。簇团式开发与保护碳封存环境之间有着清晰的联系。因为如果不采取这种开发方式，这些碳封存的环境就已经被开发了。

簇团式开发是一种土地利用工具，用来在提供土地开发的同时保护开放空间、关键自然资源以及现有社区的特性。簇团式开发具有经济优势，因为它减少了簇团式新住宅所用的道路以及所需要的供水和污水管线的长度，降低了除雪和道路维护成本。簇团式开发通过帮助解决对社区开放空间的需要，减少了地方政府购买开放空间和开发权的需要。簇团式开发同时可以降低场地开发成本，鼓励能力可以负担住房的开发，并通过减少邻近道路的接入点而创造出一种更为安全的交通模式。簇团式开发鼓励了保护树木繁茂区域、湿地以及先前未开发的草地。所有这些都能封存二氧化碳，并允许开发不同的住宅类型，如联排别墅或其他多户型住房。

康涅狄格州的北港镇区划法含有关于开发项目簇团式开发获得特别许可的标准。① 这些标准具体包括：对重要生态区域的永久性保护，以及将湿地、溪流、河流、地下蓄水层、潜在的城市供水区和池塘作为自然资源予以保护。簇团式开发可用于"鼓励土地利用创新以及所建造的构筑物的设计、布局和类型的多样性……"②在新泽西州的大西洋城，其推行簇团式开发的目的之一是鼓励"导致采用更小公用设施和街道网络并因而降低开发和居住成本的高效土地利用"。③ 缅因州刘易斯顿市所规定的簇团式开发诸多目的之一是保护土地上的野生动植物以及土地的其他资源特性。在该市，开发商在建筑选址时必须考虑风景优美、自然地形和潜在的对太阳能的获取。④

地方法律可以授权在特定大小或种类的地块上进行簇团式开发，并强制性要求留出最低限度的开放空间。例如，在马里兰州的蒙哥马利县，簇团式开发的目的是"在兼顾农业和住宅用途，实现二者混合利用上提供更大的灵活性，并在保护风景区和环境敏感区的同时，不损害在部分土地或其毗邻及相邻的土地上从事耕作或其他农业利用"。⑤ 这

① North Haven, Conn. , Zoning Regulations § 4. 3. 3.

② Mich. Zoning Enabling Act; Mich. Comp. Laws § 125. 584(2).

③ Code of The City of Atlantic City, N. J. , § 163－154(B).

④ Lewiston, Me. , Code of Ordinances art. VII, § 6.

⑤ . Montgomery Country, Md. , Code § 59－C－9. 51.

些管制规定只要开发地段的 60％ 被作为开放空间加以保护，就可允许进行住房开发，当然这种住房开发需仔细选址、通过设计降低所感知的密度、保护农业用地。[①] 在康涅狄格州的西摩尔，只有完全位于住宅区域且超过 25 英亩的地块才有资格进行簇团式开发。[②] 诺沃克的保护性开发法令鼓励保护自然资源的簇团式开发，包括保护湿地、海洋和野生生物栖息地以及其他具有保护价值的地区。[③]

根据簇团式再分区的要求和保护性再分区的标准，单个项目所得到的小的景观加起来就会形成重要的碳封存利益，同时促进更多的本地化利益，例如降低城市环境温度、减少密集开发社区的热岛效应以及保护城市人口的公共健康利益。簇团式开发要求开发商保留一定比例的开发地段作为开放空间，并且要求保留开放空间的自然条件，同时对其小心进行管理，以保护开放土地的公众利益。

10.4.5　开发权转让

如果有州法律的授权，地方政府会根据现有的区划条款规定不动产开发权从社区的一部分转移到另一部分。这种方法叫作"开发权转让"或 TDR，它常被用来保存关键环境区域、农场与森林或者有价值的开放空间。1997 年对 3500 个地方政府所做的一项调查以及关于规划文献的一项评议发现，在 25 个州有 107 个开发权转让计划。农村社区以及一些全国的最大城市，包括纽约和芝加哥都已经制

---

① Montgomery Country，Md. ，Code § 59－C－9. 52.

② Seymour，Conn. ，Town Code，app. A；Zoning，§ 10.

③ Town of Norwalk，Conn. ，Building Zone Regulayions art，41 § 118－410.

订了开发权转让计划。

开发权转让计划有三个基本要素,即输送地区、接收地区、开发权转让信用。输送地区由受到保护不进行开发的地区组成;接收地区则是可以容纳增加更大密度的地区,而且该地区得到现有或者所扩展的基础设施与服务的支持;开发权转让信用是抽象开发权的一种法律体现,它被从输送地区的不动产中分离出来,并被移植到接收地区的不动产上。尽管可以设立一个开发权转让银行来促进交易,但开发权转让信用通常在一个自由的市场上交易。当从输送地区的不动产所有者处购买了一个开发权转让信用时,该不动产所有者就要记录一个禁止在其不动产上进行开发的契约限制,开发权转让信用随后会被作为密度奖励应用于接收地区的不动产。

开发权转让是几种真正有能力对一个社区所采取的大规模土地开发模式进行基础性调整的土地利用方法之一。例如,在新泽西州的切斯特菲尔德镇,其开发权转让法令允许将开发的压力从该镇的农业区域、环境敏感区域或开放空间区域转移到指定用作开发的社区。项目允许该镇维持农村本色,同时鼓励按规划开发,并最小化农民与其非务农邻居之间的潜在冲突。切斯特菲尔德镇的计划是根据伯灵顿县《开发权转让示范法》创立的。[①] 相关开发权可以通过一个开发权转让银行进行交易,该银行由新泽西州农业发展委员会运营。经常需要这种来自区域、州或联邦机构的政府间支持来为地方的开发权转让行动提供其成功所需的技术能力类型、运营规模和资源。

---

① N. J. S. A. § § 40:55D−113 et seq.

10.4.6　保护性再分区与低影响开发

保护性再分区也允许进行住房开发,但要求采取比簇团式开发更为积极的保护措施,重点包括受保护的土地和被开发的土地两部分。在成千上万英亩土地被提议进行再分区开发的快速发展地区,这些技术可以促进诸如保护自然景观的吸收特性,防止所存储的二氧化碳释放,同时促进许多其他可持续发展目标的实践发展。在再分区中保护自然资源可以提供除了碳封存以外其他有价值的环境利益,包括湿地和栖息地保护、雨水管理和防洪、流域保护以及防止侵蚀和沉降。

地方政府也可以鼓励或要求开发商种植街边树,建造小公园,建立绿色屋顶,提供景观缓冲区和植被茂盛的休闲娱乐区及休憩区,或树木林立的步行道路和自行车道。

作为新兴领域的"低影响开发"包含了多种创新性景观和建筑设计的实践做法来减少土地开发的环境影响。在城市项目中,这些实践做法包括能留存雨水植被茂盛的屋顶,同样用于雨水留存目的、由大容量植被组成的建筑现场大型花架,或者允许雨水渗透到底层土壤的透水地面和小径。在城市和郊区环境中,"低影响开发"保护自然环境,促进能够储存雨水并让其渗透到土地之中的自然排水系统。低影响开发的标准要求保留原来树木或者通过植树确保树冠达到可以覆盖场地 40% 的面积以及要求在草坪上使用渗透坑,把屋顶水引导到存水容器或草坪上,使用透水性的车道、人行道和游乐场地。

密苏里州格兰德维尤市的再分区法令中,有根据设计标准制定的土地适宜性要求和开放空间的管制性规定。[①]土地适宜性要求阐明："无论凭借何种理由，包括洪涝、积水、排水差、不利的土壤条件、不利的地质构造、差强人意的地形或其他可能有害于公共健康、安全和普遍福祉的条件，如果发现土地是不适宜的，就不应对该块土地再进行细分。"这需要建立一种开发程序，在做其他开发考虑之前先进行生态评估。开放空间再分区条例的条款要求任何人在进行土地再分区时，留出一定比例的土地作为开放空间或者交一笔费用。

佐治亚州切罗基县的法律通过划设保护性再分区来保护开放空间和维持住宅密度。[②] 法令的意图是用具有特定美学或生态价值的区域环绕在小型住宅区周围。法令确定了需要通过区划保护的珍稀植物和动物。这些珍稀动植物包括列入国家濒危物种名录的矮漆树、斑点镖鱼和琥珀镖鱼。此外，法令支持保护"湿地、地下蓄水层、地形或土壤特征、海洋和野生生物栖息地以及其他具有保护价值的景观，包括景点、风光和本地植物等"。

在 Koncelik v. Planning Bd. of East Hampton 一案[③]中，法院维持了规划委员会对一个再分区地块的附条件批准。审批时所施加的几个条件是为了保护"广袤区域内静谧的森林，以及分布在整个地区的大量珍贵植物物种"。

10.4.7 修建性详细规划管制条例、保护和碳封存

修建性详细规划管制条例适用于管制不再分区的大型

---

① Grandview, Mo., Subdivision Ordinance § 27. 51.

② Cherokee County, Ga., Code of Ordinances § 23. 1.

③ 188 A. D 2d 469, 590 N. Y. S. 2d 900(N. Y. App. Div. 1992).

地块开发,其中包括对诸如公寓楼或其他具有共同利益的住宅社区等规划单元的开发,所开发的土地由每个住房单元的购买者以联合租赁的方式持有。现有九千万美国人住在这些社区中。这巨大的土地面积大体上是由包含在地方区划和修建性详细规划管理条例中的标准进行管制的。纽约州的法律专门授权地方政府制定修建性详细规划条例,规定适当停车、通道、景观、建筑物区位的标准,保护"相邻土地用途和物理特性",以及由地方立法规定的"任何额外的要素"。①

　　法院在 Pomona Pointe Association v. Incorporated Village of Pomona 一案中,②将"任何额外的要素"解释为包含环境方面的考虑。该案中,原告拥有两块陡峭的斜坡地。该村落的斜坡法律规定需要获得一项特别许可才能扰动法律上定义的"非常陡峭"或"极端陡峭的斜坡"。原告挑战这部法律,认为该法赋予村规划委员会的权限超越了州修建性详细规划法律所包含的范围。法院认为,根据州关于修建性详细规划审查法律的规定,对陡坡标准的考虑在授予村庄的权限范围之内。法院裁定保护"相邻土地用途和物理特性"的规定授权村庄通过管制来保护陡坡。这些管制斜坡的条款"与扰动非常陡峭斜坡所可能产生的影响直接相关,这些斜坡可能存在水的径流或者是一个由土壤、岩石、树木和植被所组成的具有内在稳定性的整体"。法院认为,很明显,对修建性详细规划的审查特别是当相邻资源

---

　　① 　N. Y. Town Law § 274 − a(2); N. Y. Village Law § 7 − 725 − a(2); N. Y. Gen. City Law § 27a(2).

　　② 　185 Misc. 2d 131,712N. Y. S. 2d 275(N. Y. Sup. Ct. 2000).

可能受到不利影响时,会包括自然资源保护方面的考虑。

修建性详细规划管制条例可能要求足够比例的开放空间和绿地。新罕布什尔州授权地方立法机构在其修建性详细规划管制条例中对开放空间和绿地做出规定。修建性详细规划审查法律授权地方规划委员会规定对现场及其周边区域进行和谐、美观、令人满意的开发。① 新泽西州的修建性详细规划法律要求地方政府采用地方标准保护开发场地上现有的自然资源,并对其进行适当的隔挡与美化。② 新泽西州修建性详细规划法的其他条款则促进修建性详细规划布局和设计的灵活性与经济性。

罗得岛州东普罗维登斯市的法令要求按照规划单元进行开发,其初期修建性详细规划要包括关于开放空间"权属、维护和保护的规划"。③ 法令的目标之一是将"鼓励提供开放空间和公共通道,并对园林景观的质量和设计给予适当的考虑"作为开发审批流程的一部分,地方立法机构授权就留出开放空间事宜与开发商进行谈判。最终,为了确保地块的相关部分保持"开放"状态,开发商被要求或者保留产权,并同意保护开放空间;或者将开发空间的产权转给地方政府或一个非营利的保护组织。法令进一步规定,任何保护开放空间地役权的协定必须"确保开放空间将绝不会按照非预定用途进行开发,并且也不会进行诸如停车场、道路等辅助用途的建设与开发"。

---

① N. H. Rew. Stat. § 674:44.

② N. J. S. A. § 40:55D—41.

③ East Providence, R. i. , Rew. Ordinances ch. 19, art. V, § 19—364j.

10.4.8 产权保护与土地的取得

美国最高法院讲述有关征用的法律认为,土地利用管制可能在限制土地利用方面走得太远了,它对不动产权的限制如此繁重以致成为事实上的征用。这就是说,一些土地利用管制会阻碍土地利用,就好像是被政府宣告作为公共目的的土地了。在这种不常见的情况下,地方政府被要求对受影响的土地所有人给予公正的补偿,或撤销管制并赔偿损失。这个话题将在本书第十一章进行探讨,为防止在遭受因气候变化造成的海平面上升所引起的洪水泛滥区进行开发,地方政府会对土地利用进行限制。在这样富有戏剧性的背景下,上述问题就出现了。

在土地利用管制被设计用来保护能够封存碳或服务于其他环境和经济目标的自然资源时也可能产生征用问题。然而,由于簇团式开发、保护性再分区以及低影响开发的标准允许对部分相关地块进行开发,这样就避免了对这些做法本身以及认为其构成总体征用的挑战。美国最高法院就此指出:"在不允许对土地进行生产性和经济性利用这种特别的情况下,过于迁就立法只调整经济生活的益处和负担,这种通常的假设是不现实的。"①

本章所讨论的管制中,绝大部分允许对各块土地进行一些获利性的开发。结果,当这些管制受到被认为是管制性征用的挑战时,不是根据 Lucas 一案的标准,而是根据美国最高法院再审的另一个案件,即 Penn Central Transp.

① Lucas v. South Carolina Coastal Council, 505 U. S. 1003, 112 S. Ct. 2886, 120 l. Ed. 2d 798(1992).

Co. v. New York City 案①所建立的标准来进行审查的。根据 Penn Central 案建立的标准，普遍适用的管制，如再分区和修建性详细规划管制条例等被假定为宪法性的权限，异议方要证明构成管制性征用，其举证负担非常沉重。根据 Penn Central 案，法院考虑三个因素：管制对申诉方的经济影响、管制对明确的投资预期的妨碍以及政府管制的特征。由于对公众而言，气候变化的后果越来越明显，在确定征用条款中管制的法律有效性时，意在促进碳封存的管制特性是一个重要的积极因素。

10.4.9　土地取得策略

不管促进碳封存的法律是否容易受到根据征用条款所提出的质疑，基于科学、政治或公平角度来看，积极的管制可能不是保护碳封存资源优先选用的方法。在这种情况下，当地政府可以选择通过征用权的行使来获得有价值土地的产权，或者取得该土地的开发权或保护性地役权。

1. 土地征用权

假设能够表明是出于必不可少的公共需要，政府机构可以为了公共休闲娱乐或保护自然资源而行使征用权来取得土地，参见 Perati v. United States 案（维持征用土地，将其纳入约塞米蒂国家公园范围）；②United States v. 0.16 of an Acre of Land 案（内政部长根据《火岛国家海岸法》的授权，征收位于火岛国家海岸界线内的一小块土地。《火岛国家海岸法》的目的之一是为未来世代保护和保存相对不受

----

① Co. v. New York City, 438 U. s. 104, 98 S. Ct. 2646, 57 L. Ed. 2d 631 (1978).

② Perati v. United States, 352 F . 2d 788(9th Cir. 1965).

污染的海滩和沙丘）；①Pastan v. City of Melrose 案（城镇为了建造公园而征用土地符合宪法规定，即使小镇的隐秘动机是阻止开发具有独立产权的公寓）。② 例如，科罗拉多州的法律授权任何城镇可以取得土地或土地权益以保护开放空间、场地和具有休闲娱乐价值、历史性、美学价值或者其他公众利益的风景。③ 考虑到征用政治上不得人心，政府机构在大多数情况下通过与所有者签订自愿协议的方式来取得土地。科罗拉多州提供税额抵免的激励形式来鼓励私人所有者将其不动产捐给政府或非营利性组织。

2. 保护性地役权

保护性地役权是不动产所有者与当地政府、土地信托或其他有资格的私人组织和政府单位签订的一项法律协议，其目的是保持不动产本身所固有的自然资源价值或其他公共价值。地役权的操作如同一个针对所有者就其土地用途所施加的限制性契约。契约可由地方政府土地信托或有资格的组织强制执行。保护性地役权的效果是限制减损土地的保护性价值，包括碳封存。由于不动产的性质、所有者的意愿以及持有地役权组织的利益差异，不同地役权协议的条款也各不相同。

亚利桑那州的法律规定，为了保护不动产的历史、建筑、考古和文化价值或者为了保护开放空间和野生生物，可以授予保护性地役权。④ 在得克萨斯州，通过具有法律授

---

① United States v. 0. 16 of an Acre of Land，517 F. Supp. 1115（E. D. N. Y. 1981）.

② Pastan v. City of Melrose，601 F. Supp. 201（D. Mass. 1985）.

③ Colo. Rev. Stat. § 31－25－301.

④ Ariz. Rev. Stat. Ann. § 33－271 et seq.

权的保护性地役权,1300 多万亩的私人土地被州公园与野生生物部写入强调生态系统保护方法的州野生生物管理计划之中。[①]

在威斯康星州,50 多个土地信托保护了州内超过100000 英亩的土地。集水保护组织是一个帮助州土地信托和社区保护土地和水资源的联盟组织。戴恩县的邓恩镇开展土地保护工作已经超过了 25 年。在 1997 年,该镇与戴恩县自然遗产土地信托合作,在威斯康星州发起了首个为保护土地而购买开发权的项目。[②] 该镇设立镇土地信托委员会和农村保护计划的法令言明:委员会"应保持与公共机构和私人机构的联系,最大可能利用各种资源,并协同努力来保护本镇的农村特征"。土地信托委员会的七名委员中必须有一名该县非营利保护组织的代表。法令授权该镇的监事会通过购买保护性地役权来购买产权,向非营利组织付费以及自愿转让等来保护土地。该镇的农村保护计划已经保护了超过 1700 英亩的土地。

3. 购买开发权

当地方政府有可用的财政资源时,他们可能会考虑购买开发权计划,并通过该计划购买封存碳的土地开发权,其作用在于避免土壤扰动、森林皆伐以及其他与土地开发有关的对有机碳封存过程的干扰,防止产生土地存储碳的流失。早些时候我们讨论过在一些州的社区不得不通过基于开发商密度奖励来换取现金,得到的现金连同地方政府和州政府其他可用的财政资源,被用于购买具有高碳封存价

① Tex,Nat,Res,Codeanh, §§183.001et seg.

② Town of Dvnn,Wis,Ordi—Nance. No. 4—3.

276

值的目标不动产开发权。土地信托持有的基金也被用于同样的目的。

为达此目的,必须根据目前的区划和土地利用管制条例来计算开发权的价值。这些开发权可以从相关土地产权的所有权中分离出来。这样,开发权就可能随后被卖给地方政府或土地信托或其他适当的实体,并通过信托持有来确保土地不会被进一步开发。这个方案将土地产权留在私人所有者手中,由其继续缴纳不动产税,只是其土地价值会因土地开发权的丧失而受到影响。该方案在结果上与购买地役权以排除对环境产生不利影响的特定类型开发的方案很相似。

4. 地方资金渠道

根据州法律的授权,地方政府有几种方法可以用来筹集取得土地所需的资金。下面阐述根据州授权法所采取的几种不同方法:

● **年度拨款**:作为地方预算的一部分,地方政府可以从来源于本地不动产税的财政收入中拨出部分用于取得开放土地的权益。

● **多年拨款**:为了取得土地权益,市政当局可以要求其选民批准一项增加地方不动产税率的多年拨款计划。

● **城市债券**:可以发行城市债券,并将其用于取得开放土地上的权益。城市债券的发行可能会受到要求公民投票的约束或者地方立法机构亲自采取行动将债权方案交付投票表决。

● **不动产转让税**:州立法机构可授权地方政府在其管辖范围内对不动产权的转让征税,授权进行征税需要经过公民投票。

● 减少评估的计税额：地方政府可以从所有者手中租赁开发权来换取在租赁期间减少不动产税评估的计税额。所有者可能同意将一定期限内的土地开发权出租，在该期限内土地可能会被施加保护性地役权。在此期限内，将采用减少后的评估计税额以降低土地所有者必须支付的税款。

● 土地购买的分期付款义务：地方政府可采取一项解决方案，授权地方政府在分期付款的基础上负担直接从土地所有者手中购买的开放土地的产权或其开发权的债务。土地所有者变成了当下拥有土地或其开发权的市政当局的债权人。市政当局取得土地的利息可能会在长达30年的期间内付给土地所有者。对土地所有者的所有利息支付是免税的。支付本金可被推迟到分期付款的最后阶段，任何相关的资本利息税也因而被延迟。土地所有者所拥有的地方政府分期购买义务可遗赠给其继承人，或出卖给城市债权的投资者。

5. 州的资金渠道

除了直接的年度预算拨款外，各州已经注意到多种资金渠道。如普通信用担保债券等渠道虽然可以提供可观的资金注入，但并非永久性的资金来源。而其他的一些资金渠道，像不动产转让税、抵押税、入港手续费、彩票收益、州销售税或者体育用品特别销售税等，可能提供的资金较少，但可以持续进行。一些州正在探索用这样的资金流来创建一个信托资金，以便能够为未来取得土地产生确定的资金流。

下述列表显示了作为样本的各州采取的各种资金渠道：

● 康涅狄格州《受保护开放空间和流域土地取得赠款计划》为社区和非营利土地保护组织取得开放空间和流域的土地提供匹配资金支持。① 该州已经设定了全州的保护性土地取得目标,并要求当转让开放空间的土地时,受让方必须执行保护性地役权,限制对土地的开发。

● 佛罗里达州的立法机构已经设立了大量计划来保护遭受到开发压力的封存碳的自然区域。《保护佛罗里达2000 年信托基金》为了开放空间和自然资源保护,利用州财政债券的收益来取得产权或开发权。② 《永远的佛罗里达计划》是一项为期十年,每年有 3 亿元债券资金支持的计划,该计划用来购买具有重要环境意义的土地和水资源开发项目。债券收益被存入"永远的佛罗里达信托基金"。其中,基金的 24% 配置给"佛罗里达社区基金",用来资助地方政府和非营利性的环境组织取得开放空间。③

● 爱荷华州的《资源增强与保护法》用一般性立法拨款来取得湿地。④ 爱荷华州立法机构已经授权利用保护性地役权强化其可执行性,并将适用地役权的目的扩大到对农业土地和开放空间的保护。⑤

● 缅因州法律建立了"为了缅因州未来土地基金"。⑥ 基金的收入包括销售债券的收入和来自公共和私人为购买土地来保护生物多样性和开放空间所进行的捐赠。"公众

---

① Conn. Gen. Stat. Ann. §7－131－d.

② Fla. Stat. Ann. §259.101,§375.045.

③ Ch.99－247.

④ Iowa Code Ann. §§455A.15 et seq.

⑤ Iowa Code Ann. §§457A.1－.2.

⑥ Me. Rew. Stat. Ann. 5 §§6200 et seq.

获得缅因州的水基金"被授权取得具有保护价值的土地,并且接收来自"为了缅因州未来土地基金"债券的资金。① 州授权通过保护性地役权来保护自然的、风景的或开放空间的保护区。② 另外,根据题为"永远的荒野开放空间"计划,为了保护被其定义为"开放空间"的土地,允许减税 20% 至 30%。③

● 马里兰州的《农村遗产计划》由该州立法机构制定,该计划是为了增强对自然资源的保护,同时维护农业和森林土地的活力。④ 由州给当地政府和土地信托提供资金,从有意愿的卖主那里购买土地和开发权。州的资金来源包括州不动产转让税的一部分、一般性信用担保债券、无息债券。马里兰州还有一个 3500 万美元的《绿色打印计划》,该计划被设计用来保护对州的长期生态健康至关重要的绿色基础设施用地。⑤

● 马萨诸塞州的《社区保护法》授权镇和城市通过公民投票建立一项"社区保护基金"。⑥ 基金将被用于对开放空间和景观资源、历史性资源的保护以及建设能力可以负担的住房。公民投票批准将社区范围的不动产税提高 3%,并且使社区有资格获得州的匹配资金。

● 密歇根州的《自然资源信任基金法》被部分用于取得

---

① Me. Rew. Stat. Ann. 5 § § 6203A, 6207, 6209.

② Me. Rew. Stat. Ann. 33 § 476 et seq.

③ Me. Rew. Stat. Ann. 36 § 1106 — A.

④ Md . Code Ann. , Nat. Res. § 5 — 9A — 01.

⑤ Md . Code Ann. , Nat. Res. § 5 — 15A — 01.

⑥ Mass. Ann. Laws. ch. 44B § 2.

景色优美或者具有重要环境意义的土地。[①]

● 俄勒冈州的《自然遗产计划》通过私人土地所有者与公共土地经营者的自愿合作来保护自然区域。[②] 被指定为自然区域的土地可获得不动产税豁免。州法律还授予了保护性地役权。[③]

● 罗德岛的《自然遗产保护计划》拯救具有景观、自然、生态、教育或农业价值的开放土地。基金接收联邦政府的资金、馈赠、遗赠和债券收入,并给市政当局和保护组织提供无息贷款。[④]

---

① Mich. Comp. Laws Ann. §§ 318. 504 et seq.

② Or. Rew. Stat. §§ 273. 563－591.

③ Or. Rew. Stat. § 307. 550.

④ R. I. Gen Laws § 2－18. 1－3.

第 11 章　海平面上升的适应和恢复

11.1　气候变化调适

11.1.1　气候变化、海平面上升和自然灾害

气候变化最富戏剧性的后果之一是海平面上升。政府间气候变化专门委员会的《2007 年第四次评估报告》预测 21 世纪海平面将上升 7.2 至 23.6 英寸。然而,由于政府间气候变化专门委员会的研究没有充分考虑到极地地区冰雪融化增加的贡献,这些预测被认为过于保守。《美国气候变化科学计划》近期的一项报告注意到:"深思熟虑的预防意味着应该在未来规划和政策的讨论中对到 2100 年全球海平面上升 1 米的问题予以考虑。"

沿海地区占国家土地总面积不到 20%,却居住着全国一半以上的人口。皮尤(Pew)海洋委员会 2002 年关于沿海地区蔓延的研究发现,1997 年大西洋中部区域沿海流域的 30% 被开发;新英格兰沿海流域的 17% 被开发;加利福尼亚的 15% 被开发;大西洋南部/海湾区域的 12.5% 被开发。按照目前的开发速度,研究预测到 2025 年,所有沿海流域的四分之一将会被开发。大西洋中部区域沿海流域的 60% 将会被开发,同时,新英格兰、加利福尼亚和大西洋南

部/海湾地区的 25％至 30％将会被开发。

在美国,海平面上升将会严重影响到这些新的开发和那些沿海岸和河口建造的、与海平面相同或接近的既有社区。这些社区现有的建筑、铁路以及其他基础设施所面临的风险不仅来自海平面上升,也来自肆虐的风暴以及其他与气候变化有关的自然灾害。海平面上升将会侵蚀海滩、淹没沼泽和湿地,毁坏作为屏障的岛屿、栖息地、生态进程,引起海水倒灌,侵入淡水生态系统和地下水系统,淹没地势低洼区域并损害公私财产及基础设施。

美国海洋政策委员会在其最终报告即《21 世纪海洋蓝图》中强调,需要对国家沿海资源进行协调一致、基于生态系统的管理。委员会承认:"海洋、陆地和大气紧密联系在一起,影响地球系统某一部分的行动也可能会影响到系统的另一部分。"委员会呼吁协同所有层级的政府,并在联邦机构以及州和地方利益相关方之间建立伙伴关系,以缓解对沿海的损害,控制发展,保护、恢复沿海陆地及栖息地。委员会声明:

美国海洋和海岸资源的管理应该反映生态系统的所有组成部分,包括人类和其他物种及其生活环境之间的关系。采用这一原则要求按照生态系统边界,而不是政治边界来定义地理上的管理区域。

政府间气候变化专门委员会在其 2007 年的报告中得出结论认为,作为气候变化的回应,极端风暴事件的大小和频次很可能会发生改变,这些事件包括骤发洪水、风暴潮、野火、干旱、飓风以及台风。地方政府会利用授予他们的土地利用权限来创建灾害的恢复性社区,以便提高对政府间气候变化专门委员会所预测的自然灾害影响的适应能力,减少财产损害、环境影响和生活损失。

在生态系统的语境中，"恢复力"一词被联合国国际减灾战略定义为：

一个系统、群体或社会对于所暴露的潜在危险的适应能力，通过抵制或者改变使功能和结构达到或维持在一个可以接受的水平。这取决于社会系统在多大程度上将自己组织起来，增强其从以往灾害中学习的能力，在未来更好地进行防护，并改进措施、降低风险。

开发灾害恢复性社区和进行灾后重建既需要地方政府的能力也需要政府间的协同。2000年，美国国会对国家灾害应对、修复以及减缓的努力进行清查，并为各层级政府的规划制定了一个更具协同性的方法，该方法为各方都分配了任务。《灾难管理法》(DMA)于当年通过。该法为联邦、州以及地方的合作提供了一个框架，这为联邦政府在一般性气候变化管理方面采取更为全面性和综合性的方法提供了样本。

《灾难管理法》明确表示，国家立法的目的是提供机会增强地方的减缓规划与实施，协同州与地方的土地利用规划以及促进灾害减缓的管制条例。《灾难管理法》规定，为了有资格获得联邦政府的减灾拨款，州和地方政府必须制定并提交一份减灾规划供联邦政府审批。减灾规划应概要说明对其管辖范围内自然危害、风险以及易受损害的区域进行识别的程序。《灾难管理法》要求州政府通过支持制订地方减灾规划、为地方政府提供技术帮助以及对全州范围内的减灾计划进行确定与优化等方式，来协调相关的危害评估与减缓活动。

11.1.2　适应:海平面上升规划

正如国家环保局、Pew 报告和美国海洋委员会所一致强调的,管理沿海资源、保护海岸免受海平面快速上升影响的主要责任和权限传统上归于地方政府和州政府(目前实践中,联邦、区域、州以及地方政策之间缺乏协调)。地方政府通过他们的土地利用权力、地处水边的战略地位以及掌握的有关地方生态系统和发展趋势的第一手知识,在管理沿海土地及资源方面有着独特的地位。沿海地区的社区越来越意识到海平面上升对可能被淹没地区的开发所具有的威胁,并因而开始调整其土地利用管制。

迈阿密戴德县气候变化专门工作组在其 2008 年的报告中这样写道:

> 正如我们所知,随着海平面上升 3～4 英尺,发达的迈阿密戴德县将会发生重大的改变。春季高潮水位将会增加 7－8 英尺;淡水资源将会消失;在迈阿密戴德县西面的大沼泽地市将会被淹没,堰州岛也将被大量淹没;风暴潮将是毁灭性的;垃圾填埋场将会被暴露侵蚀,污染海洋和沿海环境。

专门工作组一个委员会的一项早期报告强调"重新考虑该县的管理、区划、基础设施建设和规划等每一个方面"的迫切性,建议制订反映海平面未来上升情景的方案来帮助决定必须采取何种行动来保护该地区的宜居性,以及需要何种基础设施来"适应不断上升的海平面"。报告要求全县的各个部门提供尽量详细的文件,包括基础设施的高度、易受侵蚀和污染地区、排水和风暴潮风险以及供水。相关数据和随后对不同海平面上升情景的建模分析被汇编在委员会的《气候变化简报》中,《气候变化简报》主要是讨论县对海平面上升的易受损害性,并对采取的具体适应性步骤分类汇编。

华盛顿州班布里奇岛市在其综合规划的环境要素中处理潜在的海平面上升问题。综合规划于 2004 年通过,它承认班布里奇岛市可能受到海平面上升的相关影响,包括洪水泛滥、海水侵蚀。综合规划环境方面的总体目标是避免可能的不利影响,随着时间的推移最小化、降低或消除相关影响,补偿不可避免的影响。规划概要描述了对关键地区的保护。这样的规划包括转让或购买开发权,保护海洋鱼类和岸线栖息地,强制性要求城市现有水生资源不会出现净损失,要求维护提议的开发区域与水生资源之间的植物缓冲带,要求保留河道、保护或恢复岸边栖息地的自然功能。

综合规划在防洪方面的具体建议措施包括对开发和改变自然的河漫滩进行限制;保存河道和天然的保护屏障;修改洪灾保险费率地图以反映洪水多发地区的自然变迁;采取非建筑性保护方法,像建筑物的后置要求和利用自然植物等。

11.1.3 恢复:灾害规划

北卡罗来纳州的《1974 年沿海地区管理法》鼓励州与地方政府之间的合作性土地利用规划。[①]该州的政策是"应当准备好适当的灾后重建规划,并在灾害到来之前,事先协调政府的所有层级"。[②] 州关于地方危害减缓的设计与建设指南进一步规定沿岸的社区应该"概要描述灾后许可程

[①]　N. C. Gen Stat. §§1131—100 to 134. 3(2009).

[②]　N. C. Admin. Code. 15A§07M. 0501(2008).

序,促进修复,同时坚定地保留减缓未来灾害之所需"。达到这一要求的一个方法是在灾害发生后创设一个建筑暂停期,为社区留出评估损害和考量减缓措施的时间。

北卡罗来纳州的纳格斯黑德镇就采纳了灾害事件后的建筑暂停措施。纳格斯黑德镇位于外层海岸,以飓风频发而著称。灾害之后,该镇的法律对于替换受到破坏的建筑物自动强制施加了 30 天的建筑暂停期。在这一期间,地方规划人员和立法机构可以按照风暴所造成的任何新的水湾或侵蚀地区来调整区划标准,并采取新的灾害减缓标准。随后的建设必须遵守这些新指定地区相应的管制标准。这一创新机制使得地方政府能够重新设计符合灾后实际情况的标准。

作为一个沿海社区,同样位于外层海岸的北卡罗来纳州的杜克镇已经通过地方管制条例来实施州的沿海政策。其《改建和重建法规篇》阐明了损害评估的程序,宣布一个建筑暂停期,并对破坏性风暴过后可能宣布的各种类型的建筑暂停进行了定义。法令意在确保灾后重建有序进行,同时提供识别风暴过后地区的适当变化以及创新的机会。

在新罕布什尔州,法律要求地方政府如果采纳了区划管制条例,那么它们就必须采纳包含自然灾害问题在内的各种要素的总体规划。[①] 市政当局被授权制定沿海保护法令来执行有关保护自然资源和自然灾害地区的总体规划的政策。新罕布什尔州准许市政当局使用各种创新性土地利用机制来有序、逐步地实施增长,并通过许可在地块的不同部分进行簇团式开发来保护开放空间和自然资源。

[①] N. H. Rev. Stat. Ann. §§674:2,674:16,674:18(2009).

为了符合联邦《海岸带管理法》的相关政策，将州与联邦的行动链接起来，新罕布什尔州通过了《滨岸土地保护法》。多佛市也通过了《最重要地区法令》作为回应，其立法权限依据的是州的土地利用授权法。多佛市的法令通过保护其管辖范围内州由政府指定的滨岸地区的湿地、水道和陡坡等，将联邦与州的沿海行动联系在一起。通过将保持海水的高质量作为其立法目的，多佛市法令直接指向了《联合国海洋法公约》这一国际公约的目标。《公约》声称陆上活动不应造成对近岸海域的水污染。

11.2 适应

11.2.1 州的应对

1. 研究和规划

佛罗里达州：尽管佛罗里达州是最易受到海平面上升影响的州之一，但它在实施适应气候变化的政策方面行动迟缓。但佛罗里达州的区域规划委员会已经开展了大量关于海平面上升的调查。作为 2002 年由美国国家环保局发起的一项计划的一部分，西南部佛罗里达区域规划委员会协调在全州范围内开展了一项关于海平面上升的研究。珍贵海岸区域规划委员会（2005）的报告调查了现有的州和地方的相关岸线行动，并迫切要求地方政府在所有高于海平面不足 10 英尺的沿海地区土地利用法的修正案中考虑海平面上升问题；绘制显示一英尺等高线的海岸带地区地形图，为地方规划提供帮助；规划者应考虑海平面上升的长期影响，而不是采用 10 年或 20 年的时间框架。

2. 规划

纽约州:该州在其环境保护部下设立气候变化办公室来引领温室气体减排计划和政策的开发,帮助社区和居民适应气候变化影响。这些目标将通过以下途径达成:温室气体减排计划、排放清单、温室气体减排技术的评估,与全纽约州的公共和私人实体建立伙伴关系,将气候变化因素引入其决策过程,并及时通知公众,他们将如何为气候变化之战提供帮助。

2008年,纽约州能源研究与发展局发起了一个气候影响评估项目,该项目聚焦于六个最易受气候变化影响的部门,即海岸带、农业和生态系统、能源和相关基础设施、交通和通信基础设施、公共健康、水资源及相关基础设施。目前,各部门的工作组已经组织利益相关方会议来决定需要什么信息、可以得到哪些数据并定义州的易受影响性。待信息收集完成之后,会利用建模和案例研究的方式开发潜在的适应战略。

南卡罗来纳州:南卡罗来纳州的海洋与海岸资源管理(OCRM)办公室通过了如下政策声明:

已清楚地表明,持续的海平面上升、缺乏综合性海滩管理规划、包括建造坚固的控制侵蚀的构筑物在内的规划不周的海滨地带开发,已引起了本州海滩或沙丘系统的侵蚀问题。21世纪的海平面上升是一个为科学所证明的事实。今天,我们的海岸线正遭受其影响。必须承认,不论如何对上升进程进行干预,作为海平面上升和周期性风暴的结果,大西洋将最终迫使那些过于靠近滨海地带的建筑向后撤退。

海洋与海岸资源管理办公室的结论是:

长期来看,公共物品和私人物品是相同的。如果因为本州的人民和政府自然资源管理者不能保护海滩或沙丘系统而使得本州干燥的沙滩消失不见,那么未来世代将不会再有机会来利用和享受这一有价值的资源。

华盛顿州:2008年1月,由华盛顿大学的气候影响课题组和州政府的生态部联合完成的报告中提出了一系列关于该州沿岸水域海平面上升的预测。报告发现"对华盛顿州21世纪海平面上升的中等估计是在普吉特海湾,当地的海平面上升将会接近全球海平面的上升水平"。报告宣称:沿海地区管理决定,即"长时间轴、低风险承受力的决定"应该考虑对低可能性、高影响的评估,考虑快速冰川消失的影响,而这并没有包括在政府间气候变化专门委员会最近对全球海平面上升的评估之中。

根据华盛顿州用来实施联邦《海岸带管理法》的《海岸线管理法》,地方政府必须制订海岸线管理计划保护海岸线资源,确保公众能够进入海岸。一些地方规划已经直接提到了海平面上升。根据州的《增长管理法》,绝大多数的华盛顿地区采纳了综合性规划。该法被修改设立了一个气候变化项目,与选定的地方政府来开发应对全球变化,包括海平面上升的对策。

3. 规划和管制

加利福尼亚州:《1976年加利福尼亚沿海地区法》创设了一个从平均高潮线向内陆延伸1000码的海岸带地区。加利福尼亚海岸委员会负责该法的实施,并批准地方的沿海地区计划。在海岸带地区的开发必须经过许可,并必须符合地方规划的要求。委员会在2001年的一个报告中调查了潜在的海平面上升。旧金山湾保护与发展委员会在海湾区域海平面上升的规划方面比较活跃，并在 2007 年发布了"关于旧金山湾海平面上升的规划"。

缅因州：缅因州将海平面上升纳入其规划和管制条例之中已经有十几年了。该州的《沿海地区沙丘规则》认识到沙丘系统的脆弱性和动态性，以及未来海平面变化程度的不确定性。州环境保护部"预计在下一个一百年中海平面将会上升近 2 英尺"，并得出结论认为"在海平面上升的任何情景假设之下，沙丘地区的广泛开发和构筑物的建设增加了沿海沙丘系统以及构筑物本身遭受损害的风险"。所有的项目标准都要求如果因为在随后的一百年中海平面上升 2 英尺而使得"项目可能遭受严重损害"，那么就可能不许可该项目。

马里兰州：马里兰州是在海平面上升规划方面最先进的州之一。自从 2000 年开始，州自然资源部就鼓励采取政策来应对 21 世纪海平面上升 2 至 3 英尺的情况。在 2007 年，州长设立了气候变化委员会，委员会 2007 年 9 月发布的《未来建筑环境和基础设施适应方案部分》《州部门适应行动目录草案》关注的就是海平面上升问题。马里兰州的"活力海岸线"计划提出的管理方案为："允许通过植物、石头、沙土填埋以及其他结构和组织材料来进行战略布局，保留天然岸线的进程。"马里兰州还肩负着与其相邻的特拉华州和弗吉尼亚州一道发起的州际沿海地区保护行动。

马萨诸塞州：马萨诸塞州的《沿海地区计划》正为应对 21 世纪海平面上升一英尺而制定规划。在联邦应急管理机构制定的 V 字区域，海平面上升速度是一百年之内升高 2 英尺。州设立了沿海地区危害委员会，为本州海平面上升的绘图和建模提供建议。该州已经发布了关于人工育滩的最佳管理实践和技术指南，并在《马萨诸塞州沿海地区危害风险管理建议》中专门处理海平面上升问题。《沿海地区计划》中的"风暴智慧海岸"网站鼓励在海平面上升规划中采用无不利影响的方法，并提供了一系列有关沿海地区危害的规划信息。

《马萨诸塞州湿地条例》对沿海地区沙丘实施的是无不利影响标准，如果该沿海沙丘：

被确定为在防治风暴损害、控制洪水或保护野生生物栖息地等方面具有重要意义。对于沿海沙丘或沿海沙丘100英尺之内地区的任何改变或不应该对沿海沙丘具有不利影响，具体包括：

● 影响波浪从沙丘中带走沙子的能力；

● 扰动植被致使沙丘动摇；

● 造成沙丘形态的改变，增加了遭受风暴和洪水损害的可能；

● 干涉沙丘向陆地或侧面的移动；

● 人为地从沙丘中取沙；

● 用绘图或其他识别方法来干涉鸟类的筑巢地。

北卡罗来纳州：北卡罗来纳州的《1974年沿海地区管理法》(CAMA)旨在鼓励州和地方政府之间的合作性土地利用规划。所有的沿海社区必须采用符合《1974年沿海地区管理法》的土地利用规划。州的政策是："在灾害发生之前，应事先做好灾后重建规划准备，并做好所有层级政府之间的协调。"

美国国家海洋和大气管理局(NOAA)在其《沿海地区计划》关于海平面上升行动的摘要中指出，尽管《1974年沿海地区管理法》和州的行政管制并没有提到海平面上升，但它们都认识到海岸线正处于持续变化之中。《1974 年沿海地区管理法》禁止加固滨海地带的构筑物。滨海地带开发的后置要求与海水侵蚀率相连:"从其本身的性质看,与长期海水侵蚀率相连的开发后置要求考虑到了海平面的上升。因为海水侵蚀率由海岸线的变化决定,而海平面上升是海岸线变化的主要驱动力之一。"

对于在公共信托的海岸线上进行新开发的后置要求是必须从正常高潮线,而不是平均高潮线向陆地方向后退 30 英尺。这里的正常高潮线是"根据现场条件(例如植物的存在及其位置)以及明显高潮线的位置等所确定的正常程度的高潮线"。

罗得岛州:罗得岛州区划授权法的目的条款包括:"提供有序的增长和发展,承认沿海和淡水池塘、海岸线、淡水和沿海湿地的价值及其动态本质。"州根据资源的自然特性和侵蚀率制定了对沙丘、屏障海滩以及其他沿海资源进行开发的后置要求,即在沿海地貌 200 英尺范围进行活动需要经过许可,限制在沙丘地区进行建设或改造,对于未开发的沿海屏障仅可以进行软结构的保护,禁止在未开发的沿海屏障或中等开发的沿海屏障上进行建设与改造,禁止在所有屏障性海滩新建基础设施。

2008 年 1 月,州沿海资源管理委员会在《罗得岛沿海管理计划》中增加了第 145 节:"气候变化和海平面上升与罗得岛的沿海地区管理计划",为接下来的规则制定做准备。有关事实的调查发现阐明了海平面上升的科学基础,并描绘出快速海平面上升的可能影响。诸多政策之中包括为预计 21 世纪海平面上升 3 至 5 英尺制定规划,并为甚至更大程度的海平面上升制订应急计划。

（4）公共信托下的所有权

俄勒冈州：根据俄勒冈州全州范围内的规划方案，土地保护与开发委员会首先采纳了州的规划目标和规则，并对地方政府按照州的管制条例所通过的综合规划进行审批。俄勒冈州主张对太平洋沿岸"普通高潮和极端低潮之间的潮间带，从俄勒冈州和华盛顿州的北部边界到俄勒冈州和加利福尼亚州的南部边界"的区域拥有所有权。俄勒冈州维护公众进入干沙滩的权利，调查发现自 19 世纪以来，公众"频繁和不间断地使用海洋海岸"已经为公众利用此海岸区域直到法定或设定的植被分界线进行休闲娱乐创设了一项永久性的地役权。该项地役权已经得到法院的支持。俄勒冈州州长设立了气候变化办公室，该办公室与《俄勒冈州海洋拨款计划》一起，正在为气候变化立法准备一份报告。

得克萨斯州：《1959 年得克萨斯开放海滩法》将公众进入平均高潮线以上干海滩的权利予以法典化。该法 1991 年的修正案授权政府土地办公室负责人发布海滩或沙丘规则。在 2006 年的一个报告中，政府土地办公室负责人发现，州登记的地役权从来不是固定的，而是根据海岸的自然进程向陆地方向移动。

12.2.2 海平面上升的地方行动

1. 土地利用规划

在 2005 年，华盛顿州的奥林匹亚预测每一百年其海平面可能上升 10 英寸至 1.5 英尺，并提出一项应对方案，要求全市共同努力来控制城市蔓延，降低城市增速，进行滨水区的区划，保护关键区域，设立沿海土地缓冲区，取得敏感土地，保护基础设施以及应急管理。2007 年该市发起一项对可能的海平面上升做持续分析的项目。

2. 基础设施规划

纽约市在解决大都市区周围所面临的海平面上升威胁方面采取了重要的步骤。该市有一项关于适应气候变化，包括适应海平面上升的全市规划程序。在 2008 年，布隆伯格市长推动成立适应气候变化专门工作组和纽约市气候变化专家组来拟定适应战略，确保城市基础设施免受气候变化的影响。成立特别小组是该市长期可持续性规划即"纽约规划"所建议的 127 项行动之一。

适应气候变化专门工作组将对下列事项编制清单：

处于气候变化影响风险之中的现有基础设施；基于纽约市专项气候变化计划拟定协同性的适应规划确保这些资产的安全；起草新基础设施设计指南，考虑预期的气候变化影响；确定超出个体利益相关方范围之外的有待进一步研究的适应战略。

纽约市气候变化专家组模仿政府间气候变化专门委员会将会给适应气候变化专门工作组提供咨询意见。专家组将拟定一套统一的气候变化计划，设定指导新基础设施设计的保护水平，并完成一份关于气候变化对城市局部影响的技术报告。

适应气候变化专门工作组和纽约市气候变化专家组的工作以纽约市环境保护部在 2008 年 5 月所发布的关于其资产的适应气候变化规划为基础。环境保护部的这项规划概括阐述了应对海平面上升所导致的海水泛滥可能采取的方法。环境保护部的建议包括将关键设施的高度提高到设计的防洪高度之上，推动从最具危险的地区逐步退出，或将这些地区改作诸如公园用地等其他用途。

3. 影响分析

佛罗里达州科里尔县土地开发规范的资源保护一章，要求对所有提议的海岸线开发进行强制性海平面上升影响分析，证明在海平面上升六英寸以后该项开发仍能保留其预期用途的全部功能。项目申请者如果不能满足这个要求，就必须提供做出改变的相关技术规范，而这些改变是保证开发满足相关要求所必需的。

4. 后置规定

马萨诸塞州巴恩斯特布的地方法律要求开发须从湿地退后 35 英尺，从指定的沿海区域退后 50 英尺，从特定的大型地表水域退后 100 英尺。华盛顿州的奥林匹亚采纳了一个关键缓冲区域标准，为河流和重要的滨水区域建立 250 英尺的缓冲区，并根据华盛顿州湿地等级体系，在西华盛顿建立了许多宽度从 50 英尺到 300 英尺不等的湿地缓冲区。

在加利福尼亚州的马里布市，其土地利用管制条例要求进行后置性的开发，并要求开发达到足够的高度，以"消除或最小化预期海平面上升对经济寿命达到百年的构筑物所带来的最大可能风险"。

5. 区划限度与限制

俄勒冈州的曼扎尼塔市通过了一个沿岸沙丘管理重叠规划区。规划区内四个管理单元的利用，包括每个单元内和单元之间沙的转移、植物固化和集沙、沙丘补救分级以及前坡塑形等全部需要经过许可。在两个管理单元内，许可对沿岸沙丘进行详细分级。除非城市批准，否则禁止在所有管理单元内除沙。并且禁止对具体地块或管理规划中没有做出详细规定的区域进行景观分级。

北卡罗来纳州的纳格斯赫德镇创设了一个特殊的环境

296

区域。有关该区域的要求包括距离受保护资源的后置规定、建筑物高度限制、场地范围限制等。修建性详细规划标准、场地开发以及再分区要求保护沙丘和植被,除了供特定地段建筑物之用的就地取水之外,禁止抽取地下水,禁止改变自然排水模式。

华盛顿州的太平洋县实施了海岸规定,禁止在特定"天然环境"岸线上建造构筑物。在敏感性较低的地区,获得许可的项目被附加了诸如设立 100 英尺的缓冲区以及遵守规定的后置要求等许可条件。太平洋县的海岸规定还禁止任何会改变低于海平面以上 24 英尺高度沙丘的构筑物。

缅因州颁布了海岸沙丘规则,为沙丘地区的所有项目设立了标准。规则规定如果一个项目在下一个一百年海平面上升两英尺的情况下"可能会遭受严重的破坏",那么该项目就不会被许可。

纽约州的北托纳旺达采取了滨水区划制度,只允许为实施其地方滨水区域复兴计划目标而进行的以水为主的利用,如果提供了滨水公共通道,则仅允许特别许可的非以水为主的利用。

6. 重叠区划

纽约州长岛多年来一直对海平面上升进行规划与管制,并在其综合规划中考虑对海平面上升做出详细规定。作为其综合规划中的沿海管理部分,该镇采纳了地方滨水区域复兴计划。东汉普顿镇声称:

> 未来的规划应该检验全球变暖对镇所属岸线的影响,包括海平面上升和暴风雨、飓风活动的增加。为应对这些影响,在规划之初评价对公共资源和基础设施的潜在破坏,评估保护方法及相关成本对未来沿海管理至关重要。

东汉普顿镇也采取了沿海地区的利用需后置 150 英尺的要求，以及在高度危险的河漫滩设立禁建区。在东汉普顿镇海岸侵蚀重叠规划区，对岸线保护性构筑物的建设和变更进行管制。为了保护自然岸线，该镇严格限制海岸侵蚀构筑物的建设。该镇全镇范围内还有海岸和湿地缓冲区的规定。禁止在湿地和湿地缓冲区内进行建设。污水处理装置必须自湿地的高地边缘后置 150 英尺安置。草皮不得在离边界不到 50 英尺的范围内定植。设立自悬崖线或者沙丘顶部 100 至 150 英尺的沿海地区利用的后置要求。

7. 再分区与修建性详细规划管制条例

加利福尼亚州马里布市的《海岸带岸线和悬崖法令》规定，如果再分区后新地块的开发在其全部一百年的经济寿命期间可能会要求进行岸线保护或者建设稳定悬崖的构筑物，则禁止进行这种再分区。而在海滩或滨海悬崖上所进行的新的开发，必须在开发所计划的一百年经济寿命期间的任何时间可能遭受海滩或悬崖侵蚀、淹没或者波浪上冲的区域之外进行选址。如果完全避开这种区域进行选址行不通，那么新开发的高度必须高于联邦应急管理局设定的洪峰基线，并且尽可能向陆地侧选址。

佛罗里达州的艾斯坎比亚县在其《海岸保护和管理要素》中提出了一项在环境敏感区减缓建筑物有害影响的政策。获得许可在敏感地区域进行的开发必须通过一系列措施的运用来减缓其不利影响，包括簇团式开发、场地差异与后置要求、减少施工足迹、改良或创新施工技术以及采用能够最小化负面环境影响或结果的土地利用和开发技术。

8. 特别利用许可

罗得岛州的南肯辛顿设立了一个高度危险重叠规划

298

区,凭此可以对在海岸前丘地带后面所进行的施工授予特别利用许可。在授予这样一个许可之前,该镇保留要求申请者提供额外信息的权利。额外信息包括含有大量环境信息的详细地图,比如高潮和低潮位、土壤类型、沙丘和其他自然的保护性屏障、现有的洪水和侵蚀控制方法、当前排水工程的海拔高度和等高线以及该地块利用的详细设计计划。

9. 低影响开发

华盛顿州奥林匹亚的低影响开发和簇团式开发管制条例通过要求采用低影响开发技术——狭窄的街道、小的建筑物足迹和雨水径流的就地控制,以及通过大量的树型管制条例来保护位于普吉特湾海岸的绿湾溪。

纽约州的蒂沃利镇为了实施其地方滨水区域复兴计划,以哈德逊河和另外一条流经小镇的主要河道为界设立一个土地保护区域。这个地区允许依法利用,但必须要获得一项特别许可,即土地用途限于农业、野生生物保护和户外娱乐设施、公园和游乐场。

10. 开发协定

马萨诸塞州巴恩斯特布尔的《管制性协定法令》允许镇和科德角委员会与有资格就特定海岸线地区的土地利用提出审批的申请者签订开发协定。协定的谈判由规划局主持,在由镇管理者执行之前,协定必须经规划局和镇理事会批准。申请者的提议包括土地捐献、土地保护或保护社区特征和自然资源的其他利益。而镇的要约则可能会包括优化开发审查程序或者保护协定使其不受未来地方管制条例变化的影响。

11. 自然资源保护

马萨诸塞州的法尔茅斯镇通过广泛的湿地管制条例来明确处理海平面快速上升所产生的影响。湿地法令和管制条例确定具体的资源保护区,包括海岸湿地、海滩、沙丘和沼泽地;遭受潮汐活动、洪水、泛滥或海岸风暴流的土地;以及在受保护的资源地区 100 英尺以内的任何土地。管制条例要求对海岸盐沼地的向陆漫滩、海滩、沙丘、堤岸以及屏障性海滩予以特殊保护。设计这些区域之中的任何建筑物都需要考虑海平面上升问题,即在联邦应急管理局指定的 A 类地区海平面每 100 年至少上升 1 英尺,在 V 类地区每 100 年海平面上升至少 2 英尺。

在华盛顿州的阿纳科特斯,根据其《水滨植物景观法令》,对于特定活动要有一个经该市批准的植树计划,并且必须要保持指定的森林覆盖率。园林绿化规范要求紧邻海洋岸线进行的以非水利用为主的新开发和再开发,应在未设保护的岸线向陆地带或岸线保护层边缘的向陆地带 15 英尺宽的狭长地区建立滨水植被层。植被层必须最小为 6 英尺宽、10 英尺长,并且最少要达到新开发项目岸线长度的 50%,以及再开发项目岸线长度的 25%。景观规划必须确定耐盐的滨水品种,并且对这些滨水品种的保护规划必须得到一个植物专家的认可,必须从种下的植被层中移除非本地物种。

12. 地下水保护

在北卡罗来纳州,纳格斯黑德镇的林地特别环境区域包含修建性详细规划、场地开发、再分区的标准,要求保护沙丘和植被,除了供特定地段建筑物之用的就地取水之外,禁止抽取地下水位,禁止改变自然排水模式。

13. 城际规划与行动

在 1998 年,韦斯切斯特县对长岛海峡流域拥有土地利用管辖权的三个城市、三个镇和四个村庄加入了意在防止长岛海峡污染的城际合作协定。名为"长岛海峡流域城际委员会"(LISWIC)的工作组同意就开发城际兼容性的综合规划、区划和土地利用管制开展工作。该工作组向州提交了一项联合资金申请,请求州为其多个目标的开发提供帮助。根据联邦法律,这些市政当局可以共同来担负雨水管理责任。

11.3　恢复

11.3.1　恢复与土地利用法

在过去的 30 年间,美国发生了近 100 次自然灾害,造成超过 10 亿元的财产损害,总损失超过 7000 亿元。其中没有包括对生态系统及其功能的损害,因为这是无法测算的。如果不是更频繁的风暴、更多与干旱相关的野火、潮湿天气所产生的更多的侵蚀与沉降,气候科学家的预测会更猛烈。在这些易受攻击的地区,制定适应这些未来事实的策略是非常必要的。

《2000 年联邦减灾法》要求州做出灾害规划,制订一项减缓计划,概要描述确定其所辖区域的自然危害、风险以及该区域易受损害性的程度,并经联邦政府批准。这里的"减缓"指的是减少灾害在地球上造成的损害,而不是像本书在其他地方使用该术语所指的减少造成气候变化的原因。准备和采取一项涵盖全部管辖范围的自然灾害减缓计划是取得联邦《灾害减缓拨款计划》项目拨款的条件之一。如果州采纳的是一项增强的计划,能够证明州保证采纳的是由地方政府参与的综合性减缓计划,那么州就有资格获得比标准计划更多的拨款,标准计划并没有要求将州和地方政府联系起来。

开发一项增强的计划为州机构提供了一个独有的机会来参与地方政府塑造人类住区所必须的土地利用管制权。灾害减缓计划的目标之一是预防,它通过综合规划的调整、区划法令和地方层级的开发审批程序,能够最为有效地确保预防未来的损害。灾害减缓的另一个目标是保护,即通过对灾害的预先考虑,进而减轻损害的风险,并为将要发生的损害提供安全港。

土地利用规划在预防和保护两个方面都做得很好。它能够评估易受损害的区域或地区,并通过设立非建筑区或在那些区域采纳限制性、恢复性开发的标准来限制开发。它能够要求设计的建筑物要在风力或地震的冲击下通过移动或倾斜而免受损害;能够强制要求建设事先考虑并避免洪水;能够在住房周围提供防卫空间,保护其免受火灾;能够鼓励有安全房和风雨遮蔽所的建筑物;并能够管制对山脊线的开发,防止滑坡或在发生滑坡时将损害降到最低。

自然的、未被扰动的环境具有恢复力,会随着灾害的来去而消长。建筑环境阻止了这样的自然进程。本书第十章所讨论的地方政府保护开放空间和自然资源的权力,能够被用来确保这种自然恢复力不被打断或当受到既有开发妨碍时修复它。

11.3.2 地方行动

在北卡罗来纳州,杜克镇的《暂停重修和重建法令》要求损害评估团队在一场暴风雨之后立即对财产损害进行评

302

估,并向该镇的建筑物检查员提出建议。随后,检查员按照损害程度对构筑物进行检查和分类登记。当在杜克镇宣布了一项建筑暂停令时,"最初暂停令"期限会持续 48 小时,在此期间不颁发建筑许可。一项"毁坏建筑物暂停令"可以在最初暂停令期限届满之后延展 30 天。在此期间将不会颁发更换受破坏建筑物的许可。为了获得建筑许可,暂停令之后所有建筑物的更换或修理都必须符合可适用的城镇区划和其他规范要求。大部分"受损建筑物暂停令"也可以在最初暂停令期限届满后延展 7 天,而一项"轻微受损建筑物暂停令"则与 48 小时的最初暂停令期间相一致。

在俄勒冈州的蒂拉穆克县,在海岸前丘地区已经得到许可的建筑极易遭受正在进行的海岸侵蚀、滑坡、沙子淹没等伤害。该县的法令中引入了一个海滩和沙丘重叠规划区,禁止在遭受洪水和其他自然灾害的活动沙丘区域进行开发;要求在沿海地区将侵蚀和地下水位下降最小化;规定只有特定日期之前开发的不动产才可以获得建设海滨防护性建筑物的许可。地方规划必须列出遭受侵蚀、滑坡或洪水侵扰的区域清单,并且必须将防护免受确定的危害作为获得建筑许可的条件。

在加利福尼亚州,马里布市的《海岸带岸线和悬崖法令》要求对特定不动产施加行为限制,禁止在开发项目期间的任何时间对岸线保护建筑物进行施工。这样的限制是为了确保"任何岸线保护建筑物不应被提议或建造以保护所批准的开发项目"。允许采取"软"保护措施,包括沙丘修复、沙子涵养以及关于后置要求的设计准则和提高建筑物基础等。

根据北卡罗来纳州纳格斯黑德镇的《海洋灾害地区再

开发通用标准》,毁坏建筑物、大部分受损建筑物和轻微受损建筑物,如果没有区划管理人员对场地进行现场检查、没有一项腐败部分的改进许可以及没有根据受损程度而提出的特定后置要求,就不可以进行重建。已经毁坏的或大部分受损的建筑物的重建,还必须是地块临近街道的镇供水是可恢复的,建筑场地的电力服务是可恢复的,并且必须要有直接的、不中断的场地车辆通道。

在佛罗里达州,希尔斯伯勒县的《灾后再开发与减缓法令》设立了灾后建筑标准。建筑物受损低于其重置成本50%的,可以按照目前的建筑和安全规范进行重建。而受损更大的建筑物只有在遵守联邦海拔高度要求、地方防洪要求、建筑和安全规范以及其他州和地方要求的情况下,才可以按照其原来的大小和用途重建。

11.4 其他工具和方法

本书在第十章第四节对能够用于保护地方开放空间及其碳封存资源的地方土地利用方法进行了广泛的讨论。其中绝大部分能够被用来将在容易遭受海平面上升和自然灾害伤害的沿海地区的开发最小化。第十章第四节还对地方政府在其区域内从一个地区向另一个地区转让开发权以及地方用来购买处于高度风险区域不宜开发土地的相关资源进行了讨论。在适应海平面上升和发展恢复性社区的背景下,这两种方法尤其相关。由于本章第五节要讨论的管制性征用问题,以及由于海平面上升和自然灾害的风险而需要指定一些不应该被开发的区域,社区需要对其可获得的方法通盘考虑,以便其对于购买经过区划和开发评估土地而受到影响的所有者体现公平。

在州法律允许市政当局制订开发权转让计划的地区，应该将开发权转让作为一种防止在高风险区域进行开发的方法予以考虑。像这些不可能为灾害事件所淹没或损坏的地方会被考虑作为输送地区，开发权从该地区转让给社区其他部分，即接收地区。而在无权采取开发权转让行动或者开发权转让不可行的地方，社区会考虑为开发权付费的各种方法，包括购买开发权计划、通过捐赠或购买从私人所有者处获得保护性地役权、购买或简单通过付费将土地征为公用以获得绝对产权等。有多种方案可以保证这些购买所需的资金，本书第十章对此也有阐述。

社区正开始使用其他值得关注的方法。根据"买者自慎之"的普通法格言，开发者在购买不动产时，必须评估与取得该不动产相关的风险。在一个易受海平面上升影响地区某一地块的区位是开发商应该注意的地块特性之一。随着有大量报告和研究来解释海平面上升的可能性，以及随着有各种方法来确定究竟海平面上升多少会影响特定的沿海不动产，所有者应该了解其中涉及的风险。

一些地方政府通过其开发协定来补充上述的普通法原则，要求开发商在其提交的计划中显示预计的海平面，并拟定一项计划，通过适当的设计和开发方法来防止未来可能造成的损害。这给开发计划的提议者施加了一项负担，即其要展示开发是可行的并且在该地进行开发是如何既能获利又安全的。这种制图和设计程序能够帮助确定如何开发不动产，而不至于给未来的承租人、所有者以及周围的邻居造成损害。

11.5 财产权利与海平面上升

为回应海平面上升和与气候变化相关的自然灾害挑战,土地利用管制条例要求对于所有的不动产开发施予限制。例如,在预计海平面上升的地区创设一个非建筑区来告诉不动产所有者未来其无权开发该区域的土地。这样的管制可能会被视为违反了美国宪法第五修正案的征收条款而受到挑战。在 Lucas v. South Carolina Coastal Council 一案中,[①]美国最高法院声称:"在不允许对土地进行生产性和经济性利用这种特别的情况下,期待立法只调整经济生活的益处和负担,这种通常的假设是不现实的。"

Lucas 一案的初审法院裁定州《海滨管理法》使得土地所有者的两块滨海土地失去价值。根据该法所进行的管制禁止在为防止海滩侵蚀而建立的后置线范围内进行开发。美国最高法院援引了 Holmes 大法官在 Pennsylvania Coal Co. v. Mahon 一案[②]中的告诫,即"尽管不动产可能会受到一定程度的管制,但如果管制走得太远就会被视作一项征用"。法院注意到,"如果每一项一般法律在做出这种改变时没有为其付费就不能在某种程度上减少不动产的价值的话,那么政府就几乎不能进行这种改变"。然而,在 Lucas 一案中,最高法院阐明:"法律留给土地所有者一些没有经济利益或没有多少产出的土地利用方案——像本案一样,典型的是要求实质上让土地保留其自然状态——带给

---

① 505U. S. 1003,112S. CT. 2886,120L. Ed. 2d 798(1992).

② 260 U. S. 393,43 S. Ct. 158, 67 L. Ed. 322 (1922).

土地所有者一种升高的风险，即假借减缓严重的公共伤害而将私人不动产纳入某种形式的公共服务"。

根据初审法院的判决，最高法院对 Lucas 案判定原告土地的所有经济效益性利用都已经被带走，法院继而裁定州必须赔偿原告土地的这些价值，除非在发回重审时，州能够"支持妨害和不动产法背后的原则是禁止它在目前不动产所涉的情形下进行利用"。也就是说，如果管制施于土地的限制是"土地产权所固有的"，那么即使该土地的所有经济效益性利用都被带走，这种限制也是有效的。当发回重审时，如果没有发现这样的原则，就会要求州政府支付原告其土地的全部价值损失。

诸如开发权转让、购买开发权以及购买产权或地役权这些方法，它们通过确保土地具有经济价值而有助于避免受到被视为管制性征用的挑战。通过要求开发商证明他们知晓其不动产具有易受海平面上升和风暴潮损害的属性，地方政府指出易受气候变化后果的影响是土地开发的固有限制，最近的土地购买者应该像履行其"买者自慎之"责任一样，通过适当注意对这种限制加以了解。这些精心准备的策略能够帮助不鼓励海岸开发的地方政府对抗认为其土地利用控制构成管制性征用的诉求。

州和联邦行动的现代模式取代了像本章所描述的许多地方法律那样，不鼓励海滨开发的做法而转向鼓励开发。联邦和州的意外保险计划和其他行动使得住房所有者获得抵押来购买未来可能受损的地块和住房，并保护这些不动产免受暴风雨损害成为可能。这些实践是由经济因素所激发的，比如鼓励旅游、经济活动和就业，以及增加地方不动产税收。美国最高法院最近的一项裁决反映了在佛罗里达州由州和地方政府资助的海滨涵养实践做法。①

　　佛罗里达州立法机构1961年通过的《海滩和海岸保护法》是根据佛罗里达宪法来履行州负有的保护自然资源,包括海滩的职责。② 在佛罗里达州,根据公共信托原则,该州对海滩向海方向直到平均高潮线的部分拥有法定权利。③佛罗里达州1200英里的海岸线中近400英里被列为受到严重侵蚀的海岸线,需要依法进行修复。海滩和海岸保护法律授权州发起一项填沙护滩项目,在地方政府要求时,州需要维护按此项目所修复的海滩。在进行填沙护滩项目时,法律还固定了平均高潮线上州与私人所有不动产之间的界线。

　　在还未实行海滩重建的地方,普通法使海滨的所有者承受自然的摆布。佛罗里达州和绝大部分州的普通法规定,平均高潮线应该根据侵蚀规律随着海平面逐渐升高而向陆地方向移动。如果海平面逐渐下降,海滨的所有者会通过自然添附而获得土地,这是另一项普通法原则。潮涨潮落会慢慢调整州和私人海滨所有者之间的边界线。

　　一些海滨所有者对《海滩和海岸保护法》提出挑战。④他们的主要诉求是:规定固定的、不可移动的不动产界线构成对其自然添附这一普通法权利的管制性征用。州高等法院并不赞同这种主张。法院裁定:根据佛罗里达州的普通法,当土地发生突然性增减时(土地的陡变),不动产界线并

---

① Stop the Beach Renourishment, Inc. v. Floria Dep't of Envtl. Prot., —U. S.—, 130 S. Ct. 2592,177 L. Ed. 2d 184 (2010).

② Fla. Stat. §§161.011—161.45(2005);Fla. Const. art. II, §7(a).

③ Fla. Const. art. x, §11.

④ Inc.,998 So.2d 1102(Fla. 2008).

308

不像土地自然添附或自然侵蚀那样而发生移动；它仍然是以之前所固定的平均高潮线为界。这样的突然性土地增减事件发生之后，州和丘陵的所有者都有一段合理的时间来恢复其失去的土地。佛罗里达州先前的判例法确立了飓风是突然性事件，其所造成的本州部分海滩的权益损失可以通过自我救助的方式来进行修复。

佛罗里达州高等法院裁定：海滩和海岸保护法律在事件发生前将平均高潮线作为固定的边界线这种做法只是简单地将该州恢复被风暴毁坏土地的普通法权利予以法典化。美国最高法院在 Stop the Beach Renourishment 案中同意这一裁定。最高法院认为："佛罗里达州的法律正如其在沃尔顿决定之前所坚持的，允许州填充自己的海床，并且将由此产生的之前被淹没土地突然露出水面视为权属的一种陡变。自然添附的权利因而从属于州政府的填充权利。"

佛罗里达州的《海滩和海岸保护法》涉及美国对抗猛烈的并且现在正在上升的海洋的长期实践。2100 年海平面会上升一米或者更多，气候科学家们的这一预测提出这样的一个问题，即美国的这种长期实践是否是可持续的。地方政府为了其地方经济和税收利益，可能会不断向佛罗里达州政府提出请求来重建正在受到侵蚀的海滩。只要有资金和这样做的政治意愿，州政府可能都会积极做出回应。

在地方政府制定非建筑区或制定有效防止开发易受损害的私人土地的其他策略时，Lucas 案至少在目前对此展示出了一种强大的阻力。这意味着地方策略强调的是土地取得、开发权的转让或者对建筑物的限制性而不是预防性管制。最后，联邦和州政策（甚至可能包括美国最高法院关于管制性征用的法律学说）都可能会因预计的气候变化及其对海岸不动产的影响而发生改变。

第 12 章　气候变化和可持续发展研究的互联网指南

12.1　律师私人博客

"绿色建筑法博客"是 Obermayer Rebmann Maxwell & Hippel LLP 律师事务所的 Shari Shapiro 律师来维护的。这个博客包含了诸如碳抵消、经济学、联邦主义、绿色保险和标准、LEED、诉讼和太阳能等诸多有关气候变化的主题,该博客还有与其他资源的链接。网址:http://www.greenbuildinglawblog.com/。

"环境法和气候变化法博客"由 Stehpen M. Taber 律师维护。这个博客涵盖了当前环境和气候变化法发展的信息,包括几个子目录以及与每周发布一次的环境法和气候变化法通信的链接。该博客总结了许多环境法案例,同时还有一个转换键用来提供环境法信息,包括《清洁空气法》《清洁水法》以及其他环境法的详细情况。网址:http://taberlaw.wordpress.com/。

"环境法律和诉讼"由加拿大律师 Diane Saxe 维护,它包括几个类别的帖子,例如污染场地、气候变化、农药和有毒物质以及有毒物质侵权等。这个博客定期发布新闻分析。网址:http://envirolaw.com/。

"全球气候法博客"是由一群具有侵权法和保险法等不同背景的律师维护的,该博客旨在思考和讨论与全球气候法律和诉讼相关的问题。博客所讨论的主题包括证券信息披露、国际诉讼和保险理赔等,并且每个页面都包含几个与主题页相关的帖子,主要是近期新闻和立法。网址:http://www.globeclimatelaw.com/。

"风电法"是由 Cooper Erving and Savage LLP 律师事务所的 Clifford C. Rohde 律师维护的。这个博客聚焦于风能,特别是纽约州与风能相关的土地利用和区划法,但也处理一些其他问题。这个博客除了作者的帖子之外,也包括其他网站和博客的链接。该博客还有一个关于风能资源的链接,包括投融资以及有关风电和风电工程相关组织的信息。网址:http://windpowerlaw.info/about-wind-power-law/。

12.2 律师事务所博客

"气候变化律师博客"由 Silverberg Zalantis LLP 律师事务所维护,它包含了有关气候变化的国际信息和美国国内信息,如新闻文章、报告和管制条例,其中一些是由联邦监管机构发布的,其他则是州和县发布的。网址:http://www.climatechangeattorney.com/。

"气候变化洞察"由 McKenna Long and Aldridge LLP 律师事务所维护,是一个对气候法律和政策进行评论性分析的论坛。它处理从总量控制与交易到美国政策等各种不同的主题,并有许多外部资源链接,如未来能源联盟和美国可再生能源理事会等。网址 http：//www.climatechangeinsights.com/。

"气候变化法博客"由 Holland and Hart 律师事务所维护，它"致力于气候变化给公司带来的快速出现的法律和战略性挑战"，内容包括碳封存、煤炭、公司信息披露、美国国家环保局规则制定的发展、林业管理和关于报告的要求与州的立法发展。该博客还包括美国国家环保局网站和各州特定网站在内的 15 个以上与气候有关的网站。网址：http：//www.hhclimatechange.com/。

"气候变化法律实务团队博客"由 Davis LLP 律师事务所维护，这个博客尽管不是定期更新的，但它包含了有用的与事务所出版物的链接。事务所的出版物部分是定期更新的，包括发表在国家杂志和《气候变化法公报》上的很多文章，博客中贴出的文章范围涵盖农作物残留、排放交易和木质颗粒能源等多个主题。文章定期发布，提供当前影响气候变化的事件和有关法律的相关信息。网址：http：//www.davis.ca/en/blog/climate-change-law-practice-group/tag/carbon-finance。

"法律与环境"是 Foaley Hoag 律师事务所环境实务团队的博客，许多帖子包含了联邦管制条例和联邦法院案例的信息，同时有专门针对马萨诸塞州的实质信息，其中包括有关马萨诸塞州环境保护部的特定部分。网址：http：//www.lawandenvironment.com/tags/climate/。

"SPR 环境法博客"由 Sive，Page and Riesel 律师事务所维护，提供定期更新的新闻和环境与法律问题。这个博客包含有关文章，并对诸如土地利用和开发、湿地、可再生能源和固体废物等各种环境主题进行更新。博客还包含关于兴趣、环境法杂志、政府机构、联邦环境法、纽约州法律及学术和政府机构等相关新闻的链接。网址：http://blog.sprlaw.com/category/climate-change/。

"Zizzo Allan 气候法"是由一家多伦多律师事务所维护的博客。该所擅长能源和碳的法律与政策。博客上面的帖子包括按照排放源分类的加拿大排放水平的相关数据，并提供加拿大与德国、英国和美国相关排放的对比分析。博客还包括有关加拿大 BC 省清洁能源法、自愿性碳市场以及水与气候变化的帖子。网址：http://zizzoclimate.com/。

12.3　法学教授的网站和博客

"Flatt Out Environmental"由北卡罗来纳大学的环境法教授 Victor B. Flatt 维护。这个博客围绕环境、能源和气候变化等法律和政策的交叉问题进行探讨。博客包括从诸如阿拉斯加的海上钻井等州层面的具体环境问题到要求所有联邦机构创建排放账单以表明其减排努力的新执行令的各种不同信息。网址：http://www.chron.com/commons/persona.html? newspaperUseid＝victorflatt & plckpersonapage＝personablog&plckuserid＝victorflatt。

"土地利用教授博客"由多个法学教授维护，包括社区设计、综合性规划、农业以及清洁能源和气候等多个主题。网址：http://lawprofessors.typepad.com/land_use/。

"土地法"博客由奥尔巴尼法学院教授 Patricia E. Salkin 维护，该博客每日提供有关土地利用法、地方环境法和气候变化法的案例法摘要和新的法律与管制条例。网址：http://www.lawoftheland.wordpress.com。

12.4 其他个人和专业人士的博客

"气候股份公司"博客由马萨诸塞州大学管理与营销专业教授 David Levy 博士维护,主要探讨未来几十年气候变化对商业的影响方式和商业回应、商业行为的经济学以及公共政策如何支持应对气候变化的行动。网址:http://climateinc.org/。

"气候政治:国际关系和环境"是由学生、领军学者和法律制定者等编辑的博客。该博客包括论文、有关全球新闻的各种不同观点、音视频讲座和学术博客的帖子。该博客聚焦于国际关系,它是从国际关系的视角来看待气候和环境问题的。网址:http://www.e-ir.info/? cat=562/。

"气候进展"由 Joseph Romm 博士编辑,提供气候科学、气候解决方案和气候政治的革新性观点,它是"美国进展行动基金中心"的一项工程。网址:http://climateprogress.org/。

"气候法律和政策教学"是为了那些在研究生层次讲授气候变化法的人所创建的博客。博客分享了这一领域的大量资源和相关问题的分析。网址:http://www.teachingclimatelaw.org/。

"绿色焦点"是一个展示绿色设计、绿色商业和绿色生活相关信息的博客。该博客由 Miriam Landman 维护,她是 M. Landman Communications and Consulting 的创始人。她撰写值得关注的产品、网站、出版物和其他资源的简要说明,为博客的总体性焦点提供支持。该网站定期更新。网址:http://www.thegreenspotlight.com/。

"资源更新研究院——绿色规划"是一个致力于涵盖全球绿色努力的综合性网站。目前该网站包含瑞典、荷兰、新西兰、欧盟、法国、新加坡、墨西哥城和英国等相关信息。网站主页上所描述的定义一项绿色规划的十个特征提供给读者关于绿色规划的基本理解。各国的相关链接包含历史背景、详细的绿色计划以及绿色计划的实施进展。网址：http://www.rri.org/greenplans_action.html。

"温暖化法律：在法庭上改变气候"致力于就联邦法院的气候变化诉讼提供法律分析。这是一个有关联邦法院判例结果和"有待观察案例"信息的综合性博客。网址：http://theusconstitution.org/.blog.warming/。

12.5　协会和组织的网站与博客

"美国规划协会"是一个推进良好规划实践与政策的专业规划人员组织，已经通过了许多可持续政策指南，并提供可持续发展、气候变化和土地利用法方面的培训与资源。网址：http://www.planning.org。

"气候政策"是美国气象协会的一项工程，对探索与政策选择相关的气候变化问题进行评论。几位博士、教授和研究人员负责对其不定期进行更新。该网站还包括关于气候变化的几个科学报告以及研究中心其他资源的链接，此外，还包括与气候变化领域其他博客的链接。网址：http://climatepolicy.org/。

"新都市生活会议"是一个推动步行、可持续社区以及混合利用开发的组织。该组织的合作伙伴包括诸如美国住房和城市发展部、美国国家环保局、交通工程师学会等许多联邦组织和部门,旨在推动学校、商店和其他日常设施都在步行可达范围之内的宜居社区,同时推动为不同收入和背景的人提供购房选择。该组织在恢复和使社区重换生机以及鼓励社区成员成为社区改变的建筑师方面拥有专业技能,具有前瞻性。该组织网站提供大量其他用来呈现新都市生活的资源,包括可下载的出版物和图片。网址:http://www.cnu.org/。

"效率第一"是一个致力于将从事家居工作的劳动力组织起来的行业协会,其目标是进行政策倡导,为可持续的住宅翻修市场建立基础。该网站主要聚焦于旨在为消费者改进住宅效率的翻修提供激励的计划,即《2010年住房之星法案》,该法案目前仍搁置在参议院。该网站包括有关住房产业绿色就业以及住房性能改造承包商的融资资源的在线研讨。网站其他有用的链接包括产业标准和产品评级、研究报告以及与其他行业协会和专业组织的链接。网址:http://www.effiencyfirst.org/blog。

"Envirosphere"是由纽约州律师协会的环境法部门负责维护的博客,其中的帖子包括最近的新闻直至正处于通过程序之中的立法等。网址:http://nysbar.com/blogs/environmental/。

"GreenWire and ClimateWire"是环境与能源出版社的出版物。站点涵盖各种突发新闻,它以一种中立、不带偏见的方式呈现相关信息。网站绝大多数报道涵盖的领域通常包括立法、替代性能源、全球能源资源、技术、空气和水的问题以及有害物质等。环境和能源出版社还有一个由能源政策领先者进行问题分析的特色网络直播节目以及一个就自然资源政策问题提供专业知识的出版物。网址:http://

www.eenews.net/gw/。

"国家完整街道联盟"由交通专业人士组成,提倡共同努力制定完整街道的政策。设计完整街道是为了促进行人、自行车和摩托车骑行者的安全。通过将街道建设的焦点由只关注汽车通行转变为关注行人和自行车骑行者,街道将变得更加安全,更强大的社区将会建立,对汽油的依赖也将会减少。网址:http://www.completestreets.org。

"新都市生活"包含与各种都市生活相关网站的链接。该网站主要聚焦于交通、更加高效的选择方案以及创造行人友好城市的益处,并提供相应的支撑性统计信息。网址:http://www.newurbanism.org。

"智慧增长"是用以处理智慧增长的社区关切而形成的政府组织网络。其在线网络希望鼓励开发,提高有关智慧增长对社会积极影响的意识,并促进最佳实践。从该网站可以获得的资源包括网址、案例研究和其他在线数据,以及新闻头条的文章等。网址:http://www.smartgrowth.org/。

"美国智慧增长"旨在改善城镇规划与建设的方法。通过与国家、州和地方组织的紧密合作,"美国智慧增长"倡导历史性建筑保护、开放空间保护和社区振兴。最近的几个项目包括城市活力、智慧学校和闲置物业的振兴等。"美国智慧增长"创立关于社区设计的州长研究院,用来为州长或其他政府首脑提供建议帮助其实现增长。从网站上可获取大量的指导手册、报告和新闻文章。网址:http://www.smartgrowthamerica.org/。

"可持续自然保护"是一个致力于通过运用个人和企业参与保护的战略来促进自然资源利用和保护的网站。"可持续自然保护"的气候、空气和生物多样性行动已经得到国家的认可。最近的项目集中在生物质发电、乙醇、机动车再生利用以及安全港协定。网址：http://www.suscon.org/。

　　"自然保护基金的绿色基础设施计划"是系统性、整体性推进自然保护活动的合作项目。基金提供计划的评估、培训和出版，并有一个为访问者提供有关基础设施资源的资源网页，网页中的资源多种多样，包括文章、书籍以及资助项目和案例研究等。网址：http://www.greeninfrastructure.net/。

　　"城市林业南方博览会"是专门致力于南方林业的资源。该网站的访问者可以获得城市林业手册以及新闻通信等其他出版物。网站包括树木法令和管理计划等信息。网址：http://www.urbanforestrysouth.org/。

　　"美国绿色建筑委员会既有建筑 LEED 标准"网站包含帮助建筑所有者测量和改善建筑运行的信息。这一项目从"建筑物整体性"观点出发着手建筑运行的改善，包括诸如建筑物外部维护的再生利用方案等。评级体系可以在线获得，并有申请评级所需表格的链接。网址：http://www.usgbc.org。

　　"Windusry"是一个为公用事业代表、农业管理教育者、银行人员以及农村土地拥有者提供信息的非营利性组织。该组织推动"先进的可再生能源解决方案"，并与组织成员合作在社区开展风能方面的教育。"Windusry"有多个项目，包括社区的宣传活动、一个信息热线和一些教育材料。网址：http://www.windustry.org。

12.6 研究机构的网站

"生物多样性中心的气候法研究院"提供环境法和科学故事的更新。发布的新闻话题广泛,从濒危物种的保护到海上钻井问题等。该研究院最基本的关注点是人与自然的关系。网址:http://www.biologicaldiversity.org。

"环境法研究院"为对环境法感兴趣的人们提供了一个综合性的网站。研究院推出了大量的出版物,旨在为环境问题提供可行性解决方案。同时它还制作研究报告和建议。研讨会系列包括帮助理解气候变化法律的录音资料,为该领域的专业人员所设计。最近的主题包括气候变化对证券信息披露和宪法的影响以及与可再生能源和碳金融有关的问题。网址:http://www.eli.org。

"城市土地研究院"是一个旨在引领负责任土地利用的非营利性研究组织。研究院聚焦于产业发展趋势和重要问题,最近项目关注的是交通以及停车场、零售店和其他日常生活设施的开发、不动产融资和资本市场等。该研究所有一个社区行动项目用来为组织成员提供机会向社区介绍可持续发展。那些对参加最佳实践、金融、设计与营销等强化项目感兴趣的人可以获得不动产开发研讨会的信息。此外,书籍和其他出版物也可以在网站上获取。网址:http://www.uli.org/。

12.7 国外资源

"加拿大绿色建筑行动绿色星球"是一个绿色建筑的指

导与评估计划,提供评估协议、绿色施工的最佳实践指导、一个评级和认证体系以及促进简便快捷进行在线评估的软件工具。该计划为新建建筑和既有建筑提供网络研讨等。网址:http://www.thegbi.org/green-globes/

"国际可持续发展法中心"是一个以加拿大人为基础的组织。网站提供多种网页链接,其中包括气候变化法律这一部分。气候变化网页关注与该中心有关的项目、出版物及相关资源。网址:http://www.cisdl.org。

"世界自然保护联盟"(IUCN)是一个全球性组织,它通过支持研究、非政府组织和公司开发政策和最佳实践来探求应对环境与发展挑战的解决方案。网站包括多种刊物以及从土壤到生态系统服务的各种话题。许多网页都有评估与报告的链接以及与 IUCN 工作密切的组织链接。网址:http://www.iucn.org。

《联合国气候变化框架公约》为了应对全球气候变暖而建立。之后加入到条约之中的《京都议定书》是一项世界范围内温室气体减排的约束性协定。《公约》网站含有各种与《公约》有关的信息,包括来自世界各地的数据、报告和新闻稿等。网址:http://unfccc.int/2860.php。

12.8　美国各州的网站和行动

"纽约州能源研究与开发局"提供了一个网站来促进纽约州能源目标的完成。网站包括了许多与该局有关的项目信息,以及为那些实现纽约州设立的能源目标而工作的研究机构、开发者和个人提供资助机会的链接。网站还包括"纽约州能源研究与开发局"提供经济激励的相关信息,如为既有建筑提供能效服务、为医院和客户提供能源审计和节能信息,以及鼓励废水设施采用高效技术的成本共担研究项目等。网址:http://www.NYSERDA.org。

"下一步"是为明尼苏达州可持续社区网络的成员提供网络链接信息和机会的网站。网站列出了全国范围内可持续性的信息以及可获得的赠款和贷款信息。尽管绝大部分信息是专门针对明尼苏达州,但相关原则可以被应用于其他州。网址:http://www.nextstep.state.mn.us/。

12.9 联邦计划和联邦部门

美国能源部维护着一个致力于联邦、州和地方风能的网站。网站详细列出了影响风能开发的大量联邦政策。该网站还有一个与州可再生能源和能源效率激励措施数据库的链接,其中包含了联邦、州和地方政府为促进能源效率所制定的激励措施。网址:http://www.leere.engry.gov/windandhydro/federalwindsiting/policies_regulations.html。能源部还有一个致力于建筑能源规范的网站,网址:http://www.energycodes.gov/,以及一个致力于美国太阳能城市计划的网站,网址:http://www.solaramericacities.energy.gov/。

美国国家环保局有一个绿色基础设施网站,该网站致力于落实以推进绿色基础设施为目标的四个国家组织之间所签署的协定。协定旨在促进减少雨污、改善空气质量以及减缓污水外溢现象等。该网站包含与其他网站的链接,这些其他网站提供有关绿色屋顶、雨水灌溉的花园以及促进绿色基础设施的其他专题信息。网址:http://cfpub.

epa. gov/npdes/greeninfrastructure/technology. cfm。

联邦公路管理局的自行车和行人计划旨在推进自行车的使用、安全和可达性。该计划发布指导方针,期望各州自行车和行人计划的协调员理解并实施这些指导方针。网站提供联邦资助、资金如何分配以及有关行人和自行车项目立法的有用信息。网址:http://www.fhwa.dot.gov/environment/bikeped/index.htm。

联邦公共交通管理局维护着一个环境分析和审查的网站,该网站是一个为公共交通机构提供指导的信息交换所。通过网站可以获得有关国家环保局、环境政策、第13274号执行令和专业开发机会的信息。公共交通导向开发的网页聚焦于对公共交通导向开发的界定,即一种在公共交通设施附近进行的混合利用式开发。联邦公共交通管理局还关注环境的可持续性,其公共交通合作研究计划主要探索公共交通机构在温室气体排放中的作用及其如何减排。网址:www.fta.dot.gov/planning/programs/planning-environment_6932.html。

《美国全球变化研究计划》开始于1989年,并通过之后的《1990年全球变化研究法》得到了国会授权。该计划将全球环境变化及其对社会含义的研究整合在一起,它是13个部门和机构努力合作的结果,这些部门和机构的活动已经确认了全球的环境改变及其对社会的影响,以及与这些改变相关的易受损害性和风险,并提供了对气候变化更清晰的理解。最近《全球气候变化对美国的影响》报告可以在下述网页上找到:http://globlechange.gov/publications/reports/scientific-assessments/us-impacts。

12.10　产品相关信息

"能源之星"网站提供的信息包括大量的能源之星产品、如何找到一个商店、在哪里可以获得折扣、如何改进你的住房以及对新建住房的能源之星产品所提供的激励措施等。此外,能源管理指导以及与商业建筑设计相关的信息也可以在网站上获得。网址:http://www.energystar.gov/。

12.11　其他资源

"Building Green"是一家独立的出版公司,它以不带偏见的、非党派的方式来呈现绿色设计的相关信息。信息包括 LEED 有关问题以及有关绿色设计的论坛和新闻。公司还有一个部门提供诸如门、窗、家电、家具等绿色产品的实例。并且也可以通过项目名字、地点和建筑设计类型来查询相关案例研究。网址:http://www.buildinggreen.com。

"校园绿色建筑者"是一个为学术机构提供绿色建筑信息的互联网资源。该网站定期更新在线资源,包括电子废弃物再生利用方案以及有关绿色建筑的指南。网站还包含有关可持续性、绿色建筑和高等教育的各种会议、网络研讨和工作研讨会信息。网址:http://www.campusgreen-builoding。

"气候变化案例图表"由 Arnold 和 Porter 维护,包含美国与气候变化有关的案例法图表以及国际法方面的挑战与链接。网址:http://www.climatecasechart.com/。

"气候变化法律与政策项目"聚焦于人权与气候变化的

关系。该项目旨在易受影响的社区保护健康、财产和文化，倡导政策决定的包容性，并识别和推进避免全球变暖的政策实施。尽管网站有几个与相关资源和出版物的链接，但网站没有更新。网址：http://www.climatelawpolicy.org。

"GreenBiz"包括有关商业的新闻、观点和其他资源。网站的专题资源中心包括从营销和沟通到设计与包装的相关信息。网站有可用的视频和播客以及工作职位的帖子和关于专业事情方面的信息。网址：http://www.greenbiz.com。

"绿色屋顶"是一个聚焦于全世界绿色屋顶计划和项目的网站。除了该话题的新闻稿和博客之外，网站上还有关于绿色屋顶的文章与出版物的帖子。网站还列出了与绿色屋顶相关的问题信息，如防水、农药泄露、不受欢迎的野生动植物问题以及灌溉方面的要求等。目前支持绿色屋顶的国家中有德国、瑞士、加拿大、美国和日本等。网站上也有特定国家相关立法和新闻的信息。网址：http://www.greenroof.com。

"可持续场地行动"是由美国景观建筑师协会、约翰逊夫人野花研究中心和美国国家植物园为促进可持续发展与设计而设立的一个计划。计划提供自愿性的国家指导手册和性能标准，以及一个按照指导手册进行场地性能评估的评级体系。网站提供大量的案例研究和当前项目信息。计划关注的领域包括水文、土壤、植物、材料和人类健康与福祉。网址：http://www.sustainablesites.org。

"维多利亚交通政策研究院"提供有关开发、可持续社区以及如何实施规划的信息。它通过图表形式提供此种开发模式的各种统计数据，同时它也处理开发对摩托旅行和公共交通的影响。网址：http://www.vtpi.org。

12.12　期刊

《碳气候法律评论》关注碳市场的演进,并提供碳交易和其他与温室气体管制主题有关的文章。这是一个以欧洲为基础,但由美国人资助的专业期刊。出版的杂志包括了最近市场趋势及其相关文献等碳市场当前发展的信息。网址:http://www.lexxion.de/en/cclr-home。

《气候与发展》是一个处理气候与发展关系的为国际同行评议的期刊。网址:http://www.earthscan.co.uk/?tabid=29957。

《气候法》是澳大利亚葛瑞福斯法学院出版的一个关于气候变化与法律的期刊。该期刊聚焦于气候法演进中出现的各种法律问题。网址:http://www.iospress.nl/load-top/load.php? isbn=19786553。

《生态法季刊》由加利福尼亚州伯克利法学院出版,这是一个聚焦于环境法律仅在网上发行的出版物。《生态法季刊》还出版了一个在线期刊,即《生态法动向》,这本杂志含有一个包含250多个非盈利机构、政府机构和私人公司名单的目录,为寻找环境法律方面工作的人提供帮助。网址:http://elp.typepad.com/currents/climate-change/。

《国际气候变化战略与管理杂志》主要发表应对气候变化和政策制定方面的文章。除了其他主题外,该期刊包括海洋、灾害、适应和自然维持能力等。网址:http://info.emeraldinsight.com/products/journals/journals.htm? PHP-SESSID= r747b64os6ee399mojrtrup5o1&id=ijccsm。

《天气、气候和社会》是由美国气象协会发行的季刊。

该期刊除了包括天气、气候与社会之间的关系,还包括关于政策、制度、行为和经济因素的研究文章,文章主要由科学家撰写。网址:http://www.ametsoc.org/PUBS/journals/wcs/index.html。

12.13 法学院计划

哥伦比亚法学院气候变化中心聚焦于开发应对气候变化的法律技术。该中心追踪气候立法,拟定模范法律和最佳实践,为学生、雇员和社区成员提供新管制条例的培训。中心还维护着一个在线资源中心,并在上面发布会议视频与相关资料等。网址:http://www.law.columbia.edu/centers/climatechange。

《哈佛国际气候协定项目》通过强调几个出版物来确认和倡导具有科学性的、经济合理、政治务实的公共政策方案来处理全球气候变化。网址:http://belfercenter.ksg.harard.edu/project/56/Harvard_project_on_international_climate_agreements.html。

"GreenLaw"是佩斯大学法学院顶级环境法计划的博客。最初作为一个环境法的新闻杂志,"GreenLaw"提供当前事件与环境和可持续发展法领域发展方面的信息、背景和评论。网址:http://greenlaw.blogs.law.pace.edu/。

佩斯大学法学院在法律硕士的环境法方案中为学生提供两种新的发展路径。毕业生可以从土地利用与可持续发展、气候变化两个方向中任选其一。气候变化方向设置六门课程,包括气候适应性管理、气候与保险、气候与公司实务、气候变化实习、灾害法与应急准备、州和地区的气候行

动。网址：http：//www. pace. edu/page. cfm? doc＿id＝
33340。土地利用与可持续发展方向按照需要开设可持续
发展、土地利用、环境争端解决、先进土地利用法等课程以
及 12 门选修课。网址：http：//web. pace. edu/page. cfm?
doc_id＝35799。

斯特姆法学院制定了一项《可持续社区开发规范与改
革行动》，处理自然灾害、能源、环境健康和社区开发事宜。
该《行动》就可持续社区开发了一套模范规范。目前，这套
模范规范作为一个基本框架正被盐湖城和华盛顿特区用于
新规范的开发。网址：http//law. du. edu/index. phg/rm-
lui/sustainable-community-development-code-and-reform-
initiative。

澳大利亚国立大学法学院建立了一个气候法律与政策
研究中心。中心主要关注人权与气候变化、气候法中的政
治学、气候法和可再生能源法中的国际问题。中心发表了
大量文章但主要是对与澳大利亚有关问题的探讨。网址：
http：//law. anu. edu. au/CCLP/index. asp。

乔治城气候变化中心的工作是通过聚焦于诸如温室气
体减排和气候变化适应等问题来推进美国气候变化政策的
发展。该中心通过与州、联邦的官员以及其他个人合作来
增强相互之间的联系。中心提供对联邦政策的分析、新闻
和相关立法动态。网址：http：//www. law. georgetown.
edu/gcc。

俄勒冈大学的《气候变化行动》是全球环境民主项目的
一部分。该项目的目标是教育并将气候法律问题与法科学
生、法律制定者以及其他个人联系在一起。与气候法律相
关的新闻文章发布在其网站上。网址：http：//enr. uore-

gon. edu/climatechange/。

范德堡气候变化研究网络隶属于范德堡大学能源与环境学院。当前的研究包括温室气体排放与怠速机动车调查、气候变化风险的成本收益评估以及碳计算器在输出与转换过程中的差异等。网址：http://law.vanderbilt.edu/academics / academic - programs / environmental - law / climate-change-network/index.aspx。

加州大学洛杉矶分校的艾美特气候变化与环境中心关注加利福尼亚州以及美国国家和国际气候变化问题。网址：http://www.law.ucla.edu/home/index.asp? page＝2390。

12.14　国际会议与协定

斯德哥尔摩会议是1972年召开的国际会议，本次会议开始"鼓舞和指导世界人民保护和提升人类环境"。该会议《宣言》包含了关于环境与发展的26项指导原则。这次会议是环境政策的转折点，影响到整个欧共体的政治。斯德哥尔摩会议内容全文可通过以下网址获得：http://www.unep.org/Documents.Multilingual/Default.asp? documentid＝97&articleid＝1503。

联合国经济和社会事务部可持续发展司是联合国内部的一个资源。它推动可持续发展，旨在在世界范围内将可持续发展的环境层面整合到政策之中。它主要通过与国际间的政府组织合作，建立共识并赢得政策支持来实现其自身目标。可持续发展司也向发展中国家提供技术帮助和建议。《21世纪议程》是联合国系统内的一项全球行动计划，已被世界上超过 178 个国家所采纳。《21 世纪议程》全文可通过以下网址获得：http://www. un. org/esa/sustdev/documents/agenda21/English/agenda21toc. htm。

《联合国栖息地议程》是在承认经济社会发展与环境保护重要性的基础上制定的。《议程》旨在通过国家与有影响力的合作伙伴之间的合作来改善全世界人民的生活质量。《联合国栖息地议程》的全文可通过以下网址获得：http://www. unhabitat. org/content. asp？ID ＝ 1176&catid ＝ 10&typeid＝24&subMenuId＝0。

《人类住区的伊斯坦布尔宣言》是对 1996 年栖息地（二）会议上所同意的《栖息地议程》的重申。可以通过以下网址找到它：http://ww2. unhabitat. org/declarations/Istanbul. asp。

《约翰内斯堡可持续发展世界峰会宣言》于 2002 年通过，本次会议有时也被称为地球峰会。该《宣言》建立在诸如斯德哥尔摩会议和里约热内卢会议等先前会议的宣言之上，其内容聚焦于威胁世界人民可持续发展的世界条件，如饥饿、非法毒品问题、外国侵占和武装冲突等。《宣言》文件通过以下网址可以获得：http://www. un. org/sustdev/documents/WSSD_POL_PD/English/POL_PD. htm。

联合国千年生态系统评估于 2001 年启动，其目的是评估生态系统变化对人类生活的影响后果。通过世界各国专家的分析，本项评估发布了 6 个分析报告，对世界生态系统发展趋势以及控制变化的潜在解决方案进行了综述。报告可以在网址找到：http://www. millenniumassessment. org/en/Synthesis. aspx。

《哥本哈根协议》是美国为巴西、南非、印度和中国所起草的一份文件,其中包含的信息被建议给《联合国气候变化框架公约》。文件不具有拘束力,不构成对加入《京都议定书》成员国的约束。批准的《哥本哈根协定》见网址:http://unfccc. int/files/meetings/cop _ 15/application/pdf/cop15_cph_auv. pdf。